FACULTÉ DE DROIT DE TOULOUSE

DROIT ROMAIN

DU NAUTICUM FŒNUS

DROIT FRANÇAIS

DU

CONTRAT D'ASSURANCE
CONTRE L'INCENDIE

THÈSE POUR LE DOCTORAT

PAR

J. DE PASSEFONS DE CARBONNAT

AVOCAT A LA COUR D'APPEL

PARIS

LIBRAIRIE NOUVELLE DE DROIT ET DE JURISPRUDENCE

ARTHUR ROUSSEAU, ÉDITEUR

14, RUE SOUFFLOT ET RUE TOULLIER, 13

1890

DU

CONTRAT D'ASSURANCE

CONTRE L'INCENDIE

DU

CONTRAT D'ASSURANCE

CONTRE L'INCENDIE

PAR

J. DE PASSEFONS DE CARBONNAT

DOCTEUR EN DROIT
AVOCAT A LA COUR D'APPEL

864

PARIS

LIBRAIRIE NOUVELLE DE DROIT ET DE JURISPRUDENCE

ARTHUR ROUSSEAU

ÉDITEUR

14, RUE SOUFFLOT ET RUE TOULLIER, 13.

1890

DROIT ROMAIN

DU NAUTICUM FŒNUS

INTRODUCTION

Le prêt est un contrat par lequel une personne fournit et procure une chose à une autre personne, pour
que celle-ci use de cette chose et, au bout d'un temps
déterminé ou non, la rende ou en restitue l'équivalent.
Il y a donc deux sortes de prêts, celui par lequel on
s'engage à rendre la chose même qu'on a reçue et celui
dans lequel on acquiert la propriété définitive de cette
chose, en raison d'une restitution équivalente qu'on
promet de faire au bout d'un certain temps.

Ces deux conventions étaient pratiquées à Rome ; elles
y étaient même considérées l'une et l'autre comme des
contrats, c'est-à-dire que le Droit civil leur accordait la
faveur très rare de les munir d'actions.

La première, aujourd'hui qualifiée de prêt à usage ou

de commodat, était désignée sous le nom de *commoda-
tum.*

La seconde, qu'on appelle aujourd'hui prêt de consommation ou simple prêt, empruntait sa dénomination à la forme qu'elle revêtait. On pouvait stipuler
la somme prêtée, — c'était alors une stipulation, contrat unilatéral, donnant lieu à une *condictio certi* ou *incerti,* c'est-à-dire à une action de droit strict ; on
pouvait aussi recourir à la *transcriptio,* contrat qui présentait avec la stipulation de grands points de ressemblance, était comme lui unilatéral et de droit strict
mais remplaçait les paroles solennelles par des écritures
également solennelles. On pouvait enfin user du *mutuum,* qui, au lieu d'être un moule très étendu comme
la stipulation ou restreint comme la *transcriptio,* constituait une forme spéciale au prêt de consommation.

Le *mutuum* était, comme le *commodat* et plusieurs
autres conventions, rangé parmi les contrats réels, il
était parfait par la tradition. La nature des choses exigeait en outre que l'emprunteur eût la chose non plus
seulement en sa possession, mais en sa propriété, puisqu'il s'engageait à en rendre une autre, gardant celle qui
lui était livrée. L'objet de la restitution pouvait-il être
modifié par la convention des parties ?

En ce qui concerne la nature des choses, rien n'empêchait les contractants de la modifier, sauf à être alors
liés par un contrat nouveau.

Dans le cas où aucune des deux restitutions ne portait

sur une somme d'argent, les parties faisaient un échange
au lieu d'une vente, c'est ce qui arrivait quand, par
exemple, l'emprunteur d'une mesure de blé promettait
une mesure de seigle.

Il arrivait sans doute rarement que l'emprunteur pro-
mît une chose d'une qualité ou d'une quantité inférieure
à celle qu'il avait reçue ; à Rome comme ailleurs c'était
le créancier et non le débiteur qui faisait la loi dans les
contrats. Le créancier, pour agir dans ses intérêts,
ne devait pas accepter une clause désavantageuse laissant supposer une intention libérale de sa part : or une
telle hypothèse devait se présenter rarement en pratique ; peut-être même était-elle impossible à rencontrer
à l'origine (1).

Quoi qu'il en soit, si la promesse d'une chose infé-

---

(1) Nous faisons allusion à une opinion d'après laquelle tous les contrats
de droit strict — et l'on sait que ce sont ceux qui firent les premiers leur
apparition — dériveraient d'un contrat unique le *nexum*. Le *nexum* qui
mettait les parties contractantes en présence de plusieurs témoins et d'un
libripens, exigeait la pesée d'un lingot de cuivre, d'où lui vient le nom de
solennité *per æs et libram*. Cette pesée, d'après l'opinion que nous men-
tionnons, ne pourrait pas, au début, être considérée comme un symbole,
mais indiquait toujours la fixation du prix promis ; on en a conclu qu'à
l'origine tous les contrats étaient à titre onéreux. Ce système est évidemment hasardé ; les législations primitives sont trop riches en symboles et
en solennités dépourvues de signification pratique pour qu'on soit obligé
d'admettre qu'à Rome les contrats avaient toujours été à titre onéreux.
On invoque bien en sens contraire, deux textes où le jurisconsulte Ulpien
paraît considérer comme équivalent au mot *contractus* le terme grec
συναλλαγμα qui désigne un contrat synallagmatique (L. 7 § 2. D. *de pact.*
II, XIV. — L.19 *de verb. signif.*) Mais il est à remarquer qu'Ulpien ne se
propose pas de définir le contrat, son but est simplement d'opposer *contractus* et *actus* et de déterminer le sens respectif qu'ils présentent dans le
texte relatif aux actes passés par une personne qui subit plus tard une
capitis deminutio.

rieure en qualité ou en quantité à celle qui avait été
livrée, n'était pas sanctionnée par les actions dérivant
du *mutuum*, le Droit prétorien n'en donna pas moins sur
ce point, dès une époque reculée, satisfaction à la convention des parties.

Pour appliquer la théorie prétorienne à l'ordre d'idées
qui nous occupe, lorsque l'emprunteur avait promis de
ne restituer qu'une qualité ou une quantité inférieure à
celle qu'il avait reçue du créancier, il était certain que
cette convention serait exécutée à l'aide d'une exception
pacti conventi qu'il opposerait au créancier lors de sa
poursuite. Au contraire si l'emprunteur était obligé de
rendre une chose plus considérable en quantité ou en
qualité, rien ne l'empêchait de ne pas respecter ses engagements et le créancier ne pouvait exiger de lui que
l'équivalent de ce qu'il lui avait livré (1).

Cette dernière règle, en admettant qu'elle fût absolue
à l'origine, cessa de bonne heure d'être appliquée aux
prêts de denrées ; on décidait que par un pacte adjoint
au *mutuum*, l'emprunteur pouvait valablement s'engager à rendre plus qu'il n'avait reçu (2).

Le prêt d'argent restait sous l'empire des principes
et leur application était d'autant plus gênante que cette
variété du prêt était, comme il l'est encore aujourd'hui,
de beaucoup la plus pratique et la plus importante.

Des intérêts pouvaient bien être promis, mais ils ne

(1) Paul. *Sentent.* II, 14, § 1. — L. II, § 1. D. *de reb. creditis*, XII.
(2) L. 12. — L. 23. C. *de usur.* IV, 32.

pouvaient pas l'être par un pacte adjoint au *mutuum* ; une simple convention ne suffisait pas, et il fallait recourir à la forme ordinaire des engagements, la stipulation. Deux contrats étaient donc conclus simultanément, un *mutuum* pour la restitution de la somme prêtée, une stipulation pour l'addition d'intérêts.

Cette stipulation devait certes être d'un grand secours, mais les transactions auraient été singulièrement entravées si elle avait constitué le moyen unique de promettre des intérêts : on sait à quelles formalités était soumise la stipulation : interrogation solennelle et faite, au moins jusqu'à une époque très avancée, dans des termes rigoureusement déterminés ; réponse également solennelle et formulée de la même manière que l'interrogation ; continuité entre la demande et la réponse. L'inobservation de la moindre de ces formalités entraînait la nullité du contrat tout entier. La stipulation exigeait la présence même des deux parties ; le stipulant ne pouvait réclamer la prestation promise qu'en prouvant cette présence ; dans le cas même où elle était constatée par un acte écrit, le promettant avait la faculté de démontrer la fausseté d'une pareille énonciation (1) ; il en fut ainsi jusqu'à la fin du Droit romain, quoique Justinien eût rendu cette preuve contraire plus difficile (2).

Or les nécessités du commerce empêchaient sou-

---

(1) L. 1, C. *de contrab. et comm. stipul.* VIII, 38.
(2) L. 14, C. *de contrab. et comm. stipul.* VIII, 38.

vent la présence simultanée des deux parties. Un prêt
intervient fréquemment entre absents au moyen d'intermédiaires. Nous verrons que les intérêts pouvaient
également être promis en employant un contrat *litteris*,
mais que ce procédé n'était pas encore satisfaisant.

Quoique le commerce n'eût pas acquis à Rome, le
développement qu'il a atteint depuis, on sentit la nécessité de remédier à un pareil inconvénient et de permettre à un emprunteur de promettre des intérêts en même
temps qu'il s'engageait à restituer la somme qui lui
avait été prêtée.

Toutefois on ne songea pas à tous les prêts commerciaux et peut-être faut-il attribuer cette lacune au mépris dans lequel les Romains tenaient le négoce. On sait
qu'à Rome le commerce était en général soumis aux
règles du Droit commun.

Il n'en était autrement que du commerce maritime
régi par des lois particulières qui ne présentaient pas
le caractère d'originalité qu'on a souvent remarqué dans
le Droit romain et qui étaient empruntées à des législations différentes : la *lex Rhodia de jactu*, au témoignage
des empereurs eux-mêmes (1), gouvernait la mer à l'exclusion des lois romaines.

C'est peut-être également à un pays étranger que
furent empruntées les règles spéciales du *nauticum fœ-*
nus ou prêt maritime, mais ces règles étaient d'une si

_____

(1) L. 9, *de leg. Rhod. de jact.*, XIV, 2.

grande utilité qu'on peut aussi bien les attribuer au génie du peuple romain et les faire dériver de la nature même des choses. La principale était, comme nous le verrons, la faculté pour les parties de stipuler des intérêts au moyen d'un simple pacte. Or nous venons de montrer que le commerce maritime eût été réduit à un état bien précaire, si on avait, sur ce point, appliqué les principes généraux ; la même observation peut s'appliquer à d'autres règles, que nous aurons également l'occasion de déterminer.

Sans doute le *nauticum fœnus* existait dans des législations plus anciennes que celles de Rome. La Grèce l'a pratiqué, on a même cru le rencontrer dans d'anciens monuments de l'Inde. Mais cette ressemblance peut fort bien être fortuite ; on ne peut s'étonner de voir les mêmes besoins engendrer des institutions analogues.

Notre étude sur le *nauticum fœnus* sera divisée en quatre chapitres.

Nous examinerons dans le premier, après avoir donné la définition au *nauticum fœnus*, les circonstances dans lesquelles on peut contracter un prêt maritime, c'est-à-dire une convention soumise aux règles spéciales qui seront ultérieurement déterminées.

Dans le second, nous étudierons la nature du *nauticum fœnus*, en recherchant s'il constitue un contrat spécial ou s'il rentre au contraire dans le *mutuum*.

Le troisième chapitre sera consacré aux obligations des parties.

Enfin nous nous demanderons, dans le dernier chapitre, par quelles actions sont sanctionnées ces obligations.

CHAPITRE PREMIER

DANS QUELS CAS Y A-T-IL NAUTICUM FŒNUS ?

L'expression de *nauticum fœnus* présente, en Droit romain, plusieurs significations différentes.

Elle désigne d'abord l'intérêt stipulé dans le prêt maritime ; le sens propre du mot *fœnus* correspond en effet à notre mot français *intérêts*, et désigne comme lui le loyer du capital.

On entend quelquefois par *nauticum fœnus* le capital prêté lui-même : « *Cum proponas*, porte la loi 3 au Code de *nautico fœnore* (1), *te nauticum fœnus ea conditione dedisse*..... » Cette signification est d'ailleurs très rare. Le capital prêté et sujet à restitution est d'ordinaire désigné sous le nom de *sors* ou *caput*, et spécialement le capital d'un prêt maritime est appelé par les textes *trajectitia pecunia*.

Enfin le sens le plus usuel du mot *nauticum fœnus* se rapporte au contrat de prêt maritime lui-même, dont il est nécessaire de donner maintenant la définition.

Le *nauticum fœnus* est le prêt d'une somme d'argent fait à une personne qui se propose de l'employer dans un commerce maritime, avec cette condition qu'en cas

(1) Lib. IV, tit. 33,

d'heureuse arrivée, l'emprunteur payera comme prix
du risque couru par le prêteur des intérêts généralement élevés, mais qu'en revanche, si le capital périt par
fortune de mer sans compensation pour l'emprunteur,
le prêteur ne pourra réclamer même la somme principale. Ce contrat, encore usité aujourd'hui, est nommé
prêt à la grosse aventure dans les usages du commerce
et dans les textes législatifs.

Notre définition se compose de deux propositions : le
nauticum fœnus est fait en vue d'une entreprise maritime ; il met à la charge du prêteur les risques, et de
l'emprunteur un chiffre d'intérêts fixés par les parties.

La dénomination du contrat semblerait indiquer que
la première de ces conditions seule est essentielle ; puisqu'il s'agit, en effet, d'un prêt maritime, ne suffit-il pas
et n'est-il pas en même temps indispensable que la
somme prêtée soit employée au commerce de mer ?

Cette opinion serait doublement erronée ; car l'usage
maritime de la somme prêtée n'est ni nécessaire ni suffisant pour qu'il y ait *nauticum fœnus*.

Il n'est d'abord pas suffisant, pour produire les effets
spéciaux que nous déterminerons plus tard, et notamment mettre à la charge de l'emprunteur des intérêts
considérables par un simple pacte ; il faut que le contrat
contienne de la part du prêteur une renonciation conditionnelle au remboursement du capital prêté. La réciproque est également vraie.

Les textes ne laissent aucun doute sur ce point ; ils

proclament l'obligation du prêteur de supporter les risques : « *Et interest utrum etiam ipsæ* (*merces*) *periculo
creditoris navigent, tunc enim trajectitia pecunia fit* (1).
Ils ajoutent que, si la convention n'a pas été faite en ce
sens, le prêteur ne peut réclamer les avantages qui dériveraient pour lui d'un *nauticum fœnus* et notamment
exiger des intérêts supérieurs au taux légal : *quum.....
nec incertum periculum quod ex navigatione maris metui
solet, ad te pertinuisse profitearis, non est dubium, pecuniæ creditæ ultra licitum modum te usuras exigere non
posse* (2). Quant à la nécessité, pour l'emprunteur, de promettre des intérêts considérables en compensation des
risques que supporte le prêteur (*periculi pretium*), elle
n'est pas moins essentielle au *nauticum fœnus*. Le prêteur qui aura prêté, en vue d'une éventualité déterminée,
son capital sans se faire accorder en retour des avantages sérieux, fait une libéralité conditionnelle à l'emprunteur.

Nous avons dit en second lieu que malgré la dénomination même du contrat, le *nauticum fœnus* peut exister
en dehors d'un prêt maritime, pourvu que les obligations que nous venons d'énoncer et que nous étudierons
plus tard en détail, se rencontrent à la fois chez le prêteur et l'emprunteur.

Cette proposition peut paraître, au premier abord,
paradoxale ; elle est en contradiction non seulement

(1) L. 1, D. *de nautic. fœnor.* XXII. 2.
(2) L. 2, C. *de nautic. fœn.*

avec le nom du contrat, mais avec l'idée qu'on s'en est toujours formée dans les législations anciennes et modernes et même avec certains textes. Son exactitude n'est néanmoins pas contestable.

Le titre de *nauticum fœnus* indique bien qu'il s'agit d'un contrat introduit dans l'intérêt du commerce maritime ; mais il n'en résulte aucunement qu'une pareille convention ne soit pas sanctionnée dans toutes les autres circonstances où la même utilité se produit. Si les législations de tous les temps et de tous les pays considèrent le *nauticum fœnus* comme une institution spéciale au commerce de mer, c'est que là seulement il est de nature à se présenter fréquemment, en raison des risques spéciaux du négoce maritime ; encore faut-il ajouter que le prêt à la grosse aventure, — forme moderne du *nauticum fœnus*, — devient de plus en plus rare en raison du développement énorme d'une autre institution qui atteint par des moyens plus simples le même but, nous voulons parler de l'assurance maritime.

Quant aux textes du Droit romain, il en est un qui semble supposer que le *nauticum fœnus* est essentiellement maritime. Il définit, en effet, la *trajectitia pecunia*, l'argent destiné à traverser la mer : *Trajectitia ea pecunia est quæ trans mare vehitur* (1). Mais outre que l'idée qu'il exprime n'est pas, même pour le prêt maritime, complètement exacte, — car il y a *nauticum fœnus* non pas seulement quand l'argent prêté est destiné à traver-

_____
(1) L. 1, D. *de nautic. fœn.*

ser la mer, mais aussi quand il sert à l'achat d'un navire
ou de marchandises à transporter au delà de la mer, ou
à l'équipement d'un vaisseau, ou au payement des frais
de la traversée, — ce texte n'a pas pour objet de restreindre la dénomination de *nauticum fœnus* à une convention relative au commerce de mer. La phrase qui suit
celle que nous avons citée détermine nettement le sens
de cette dernière, qu'elle est destinée à expliquer :
« *Cæterum si eodem loco consumatur non erit trajectitia* ». Il n'y a pas *nauticum fœnus*, si l'argent emprunté
est destiné à être employé sur place sans qu'aucun risque extraordinaire soit assumé par le prêteur. Cette
solution est certaine et résulte avec évidence des développements que nous avons déjà donnés.

Un autre texte (1) montre au contraire de la manière
la plus formelle que le *nauticum fœnus*, ou du moins un
contrat qui présente absolument les mêmes caractères,
peut exister en dehors du commerce de mer : « *Periculi*
» *pretium est si, conditione quamvis pœnali non existente*
» *recepturis vis quod dederis, et insuper aliquid præter*
» *pecuniam, si modo in aleæ specie non cadat ; veluti ea*
» *ex quibus conditiones nasci solent, ut si manumittas, si*
» *non illud facias, si non convaluero, et cætera ; necdubi-*
» *tabis si piscatori erogaturo in apparatum plurimum*
» *pecuniæ dederim, est si cepisset redderet ; actiletæ unde*
» *se exhiberet exerceretque, ut si vicisset redderet* ».

Ce texte, dont l'autorité est d'autant plus grande qu'il

(1) L. 5, D. *de nautic. fœn.*

figure au titre même de *nautico fœnore,* indique, sans
contestation possible, que le *nauticum fœnus* existe souvent dans des opérations autres que celles qui concernent
le transport par mer, et même dans des circonstances,
— les exemples cités par la loi 5 le prouvent, — étrangères au commerce en général.

Il reste à déterminer dans quels cas et à quelles conditions une convention de ce genre est sanctionnée par
la loi, et la réponse à cette question présente de sérieuses difficultés en raison de l'obscurité de la première
partie du texte que nous avons transcrit plus haut.

Il est difficile de l'admettre sans corrections ; car on
aboutirait à une contradiction entre les deux phrases
qui se suivent et dont l'une suppose qu'aucune condition n'a été apposée au prêt, tandis que l'autre se place
dans l'hypothèse contraire. En outre le membre de
phrase *et si conditione quamvis pœnali non existente* présenterait une grave incorrection et serait même complètement inintelligible, en raison de la place occupée par
le mot *quamvis.*

On a cependant essayé de traduire notre texte, sans
lui faire subir aucune modification, de la manière suivante : « Il y a prêt à intérêt, si même sans clause pé-
» nale exprimée, tu te fais promettre la restitution de
» ce que tu as donné et en outre une somme d'argent
» (pour le risque couru, *periculi pretium*), pourvu que
» le contrat ne dégénère pas en convention de jeu, et
» que la restitution soit subordonnée à une condition. »

Il suffirait donc que la restitution fût subordonnée à une condition quelconque pour qu'une convention semblable au *nauticum fœnus* pût être faite. L'auteur ancien (1) qui a proposé l'explication que nous rapportons, fait, il est vrai, une distinction ; il n'admet la validité de cette convention que si la condition naît de la nature même du contrat, c'est-à-dire dépend d'un événement auquel sont soumis les risques de la chose en raison du but du prêt : cette solution lui paraît indiquée par les exemples que donne le texte. On ne peut donc pas exiger le prix des risques si le contrat prévoit un simple cas fortuit.

L'explication que nous venons de rapporter nous paraît insuffisante ; car, sous prétexte de suivre le texte, elle le traduit d'une façon manifestement inexacte ; c'est ainsi que le mot *quamvis* est absolument retranché. En outre elle propose une distinction qui n'a aucune base.

Il nous paraît préférable de supprimer purement et simplement le mot *non* qui précède *existente* ; cette correction ne peut pas être considérée comme trop hardie, car dans beaucoup d'autres textes on est d'accord pour la regarder comme nécessaire. Le texte signifiera alors que, même dans le cas d'une clause pénale, un contrat semblable au *nauticum fœnus* est permis, pourvu que l'opération devienne aléatoire.

Cette explication n'est pas encore satisfaisante : d'abord elle rend la tournure du membre de phrase par lequel

(1) Doneau, *De nautic. fœn.*

débute le texte assez singulière ; le mot *quamvis*, interprété selon cette opinion, serait, en effet, mieux placé
avant *conditione*. En outre on maintiendrait la distinction proposée par le système précédent, entre le cas
fortuit ordinaire et celui qui est spécial à l'objet du
prêt ; le *nauticum fœnus* ne serait possible que dans le
second cas.

Peut-être vaut-il mieux, avec Cujas (1), au lieu de
supprimer le mot *non*, le transposer entre *quamvis* et
pœnali. Le texte ne présentera plus alors aucune incorrection. Il signifiera que, dans le cas même où la condition à laquelle les risques ont été soumis n'est pas
pénale, on peut se faire promettre des intérêts par un
pacte accessoire au contrat. La solution se comprend
d'elle-même ; elle fait allusion à l'hypothèse où le créancier aurait, pour le cas d'inexécution de l'obligation
principale, imposé au débiteur une clause pénale, c'est-
à-dire l'obligation d'acquitter une certaine somme
comme dédommagement. A l'aide de cette clause on
pouvait augmenter le capital prêté ; la loi 5 permet d'arriver au même résultat, en soumettant le contrat à une
condition quelconque, qui, si elle est accomplie, obli-
gera l'emprunteur à payer des intérêts et si elle fait
défaut, lui permet de ne pas rendre le capital.

Quant aux mots *si modo aleæ speciem non cadat*, ils
sont, nous l'avons dit, également impossibles à expliquer sans correction, puisqu'ils nient la possibilité

_____

(1) Sur la loi 5, D. *de nautic. fœn.*

d'une convention de ce genre dans les contrats aléatoires, alors qu'elle n'est, on le sait, possible que dans ces
contrats.

On pourrait encore ici supprimer la négation ; le
texte, ainsi corrigé, exigerait, pour la validité de la convention, que le contrat la contenant fût aléatoire, c'est-
à-dire que le prêteur consentît à perdre son capital en
cas de défaillance de la condition. Cette idée étant de
toute évidence, et n'étant cependant exprimée par aucune
partie du texte, la correction que nous proposons ne
soulève aucune objection.

Cujas fait au texte une autre modification, qui nous
paraît plus difficile à admettre. Au lieu de *si modo in
aleae speciem non cadat*, il lit *si modo in aliam speciem*.
Il donne donc l'interprétation suivante ; la promesse,
etc. est possible, pourvu que le contrat ne dégénère pas
en une opération d'une autre espèce. Nous ne pouvons
croire que le texte se soit exprimé d'une manière aussi
vague ; et cela d'autant plus que Cujas est forcé d'introduire dans la suite de ses expressions une nouvelle correction. Le mot *conditiones* devrait être remplacé par
condictiones. Les exemples donnés (*ut si manumittas*,
etc.) se référeraient à des hypothèses d'*aliæ species*, où
la convention que nous étudions ne serait pas possible.

Voici, en somme, la manière dont on traduirait le
texte : Il y a un prix des risques, si, en présence d'une
condition même pénale, le prêteur s'est fait promettre
une somme additionnelle au capital prêté, pourvu que

2

l'opération ne dégénère pas en une autre espèce, comme
dans les hypothèses d'où naît d'ordinaire une *condictio*.
Cela est certain si je donne une somme à un pêcheur
pour qu'il l'emploie à acheter des engins de pêche à la
condition qu'il me la rende s'il fait une bonne pêche ;
ou à un athlète pour qu'il combatte, à la condition qu'il
me la rende s'il remporte le prix.

Il est certain, en effet, que la loi 5 fait une opposition
entre deux séries d'hypothèses, celles où l'emprunteur
peut réaliser un bénéfice dans l'opération en vue de laquelle il a contracté, et celles où ce bénéfice est impossible ; dans le premier cas seulement une convention
soumise aux règles du *nauticum fœnus* est possible. Et
nous convenons qu'en supprimant, comme nous le faisons, purement et simplement la négation, nous ne faisons aucune distinction entre ces divers cas. Aussi som-
mes-nous forcé d'admettre l'omission, avant le mot *ut*,
d'un membre de phrase destiné à annoncer que le pacte
n'est pas possible quand le prêt n'est pas fait en vue
d'un bénéfice à réaliser dans une opération déterminée.

Quoi qu'il en soit, il n'est pas douteux que le prêt ne
puisse être soumis aux mêmes conditions que le *nauticum fœnus* en dehors du commerce de mer. Il suffit que
les parties aient eu en vue un bénéfice déterminé à faire
par l'emprunteur et que le prêteur ait consenti à perdre
son capital si ce bénéfice n'avait pas lieu. Le contrat
est alors soumis à toutes les règles du *nauticum fœnus*,

quoiqu'il n'en porte pas le nom. C'est ce qu'indique le paragraphe 1 de la loi que nous avons analysée : « In » his autem omnibus et pactum sine stipulatione ad » augendam obligationem prodest ».

Néanmoins, c'est dans le prêt maritime que les conventions de ce genre devaient, nous l'avons dit, se rencontrer le plus fréquemment. Le commerce de mer a toujours exigé des capitaux considérables. En outre, les désastres étaient assez nombreux pour faire craindre la perte du navire et des marchandises, et par suite l'insolvabilité de l'emprunteur. De là l'importance du prêt à la grosse aventure, qui avait l'avantage pour le prêteur de lui faire espérer une rémunération importante de ses capitaux et pour l'emprunteur de le décharger de toute dette au cas où son entreprise ne devait pas réussir.

C'est donc désormais en face d'un prêt à la grosse aventure réalisé en vue du commerce maritime, c'est-à-dire en face du *nauticum fœnus* proprement dit, que nous nous placerons.

CHAPITRE II

Le *nauticum fœnus* est, en réalité, un prêt, mais un prêt ayant un objet spécial. Il emporte par essence, nous l'avons dit, la convention d'un intérêt généralement très élevé, alors que le *mutuum* non seulement n'appelle pas nécessairement l'idée d'un loyer mais est opposé aux intérêts, lesquels ne peuvent être promis qu'en vertu d'une convention distincte et revêtue des formes obligatoires. En outre, le prêteur dans le *nauticum fœnus* consent à la perte conditionnelle de son capital, ce qui ne se produit pas d'ordinaire dans le *mutuum* (quoique le contraire puisse y être stipulé).

Malgré ces caractères remarquables, il n'est pas douteux que, dans une législation qui interprète avant tout les conventions des parties et ne les subordonne pas à des formes déterminées, le *nauticum fœnus* ne doive être considéré comme une variété du prêt; aussi le Code de commerce français l'appelle-t-il *prêt* à la grosse aventure.

Mais on sait qu'en Droit romain très peu de conventions étaient décorées des titres de contrats et sanctionnées par des actions. On se rappelle que le Droit civil ne reconnaissait que la stipulation, le contrat *litteris*, quatre contrats réels et quatre contrats consensuels. Les prudents y ajoutèrent les contrats innomés, lesquels comprenaient la plupart des conventions synallagmatiques et ne se formaient qu'après que l'une des deux parties avait exécuté sa propre obligation.

Le *nauticum fœnus* est incontestablement un contrat ; l'existence d'un titre spécial consacré à cette institution tant au Code qu'au Digeste, et les règles énoncées dans les textes de ces titres ne laissent sur ce point aucun doute ; la difficulté est seulement de savoir dans quelle catégorie ce contrat doit être rangé.

On peut immédiatement affirmer que le *nauticum fœnus* n'est ni une stipulation, ni un contrat *litteris*, ni un contrat consensuel, et que des quatre contrats réels, trois au moins doivent être écartés sans discussion.

La stipulation exigeait jusqu'aux derniers empereurs des formes solennelles, mais se formait, en revanche, aussitôt que ces formes avaient été accomplies. Nous avons dit déjà et nous verrons encore dans la suite que ces formes n'étaient pas nécessaires dans le *nauticum fœnus*, où les intérêts couraient en vertu d'un simple pacte. D'un autre côté, la somme devait être mise à la disposition du prêteur, dont l'obligation de restitution ne pouvait évidemment pas prendre naissance avant qu'il n'eût reçu la chose qu'il s'engageait à rendre. Le *nauticum fœnus* exigeait donc tout à la fois plus et moins que la stipulation. Sans doute la stipulation de la somme prêtée pouvait suivre la conclusion du contrat ce qui substituait aux actions ordinaires les *condictiones* résultant de la stipulation ; mais c'est qu'alors un contrat nouveau s'était substitué au premier.

Le contrat *litteris*, aussi bien que la stipulation, n'allait pas sans de certaines formes, seulement ces formes étaient écrites au lieu de consister, comme dans la stipulation, en des paroles, le créancier inscrivait sur son *codex accepti* et *expensi* qu'il avait déboursé une somme déterminée pour le débiteur ; et peut-être celui-ci inscrivait-il également sa dette sur un *codex* (1).

La *transcriptio*, c'est-à-dire l'écriture qui constituait le contrat *litteris*, pouvait constater le *nauticum fœnus* aussi bien que le *mutuum* (2). Mais ici encore c'est un contrat nouveau qui venait succéder au premier. La *transcriptio* ainsi opérée prenait le nom de *transcriptio*

---

(1) Théophile sur le *prœmium*, liv. III, tit. 21, *de litterar. obligat.* — Voy. en sens contraire : Gaius, *Comin.* III, § 137 ; Cicéron, *Epistol. ad. Attic.* VII, 23.

(2) Une objection pourrait être élevée contre cette idée: En compensation des intérêts exorbitants qui lui sont promis, le prêteur consent à la perte de son capital pour le cas où l'entreprise maritime ne réussirait pas ; l'obligation de l'emprunteur est donc conditionnelle. Or le contrat *litteris* est un de ces *actus legitimi* qui n'admettent pas la condition. Il nous suffira, pour répondre de rappeler que les *actus legitimi* peuvent se diviser en deux catégories, si l'on se place au point de vue des raisons qui y excluent la condition ; ces raisons sont tirées tantôt du but même de l'acte dont l'essence est d'être pur et simple, — il en est ainsi, par exemple, de l'adoption et de l'adition d'hérédité, — tantôt de la forme, comme dans la mancipation (L. 77, D. *de regul. jur.*, t. 17). Dans le second cas, la condition tacite, c'est-à-dire celle qui n'est pas formellement exprimée dans l'acte, est permise. Or si le contrat *litteris* ne souffre pas de condition expresse, c'est parce que deux numérations y sont feintes, et qu'une numération ne peut être conditionnelle (*Fragm. vatic.*, § 329). La condition tacite y est donc permise : car c'est là un motif de pure forme.

a rè in personam, parce qu'on était désormais débiteur à un titre nouveau.

Dans les deux cas de stipulation et de contrat *litteris* succédant au *nauticum fœnus*, une novation s'opérait. Il est cependant plus exact de réserver ce terme à la stipulation ; on sait en effet que la novation consistait à Rome dans une obligation verbale. Elle exigeait des conditions qui, dans l'espèce, se trouvaient forcément réunies : même objet que l'obligation à étendre, obligation nouvelle donnant naissance à une action *ex stipulatu*, et enfin élément nouveau (*aliquid novi*). L'élément nouveau était le changement de cause : les Romains considérant comme cause de l'obligation les formes dont on la revêtait, il y avait changement de cause par ce fait seul que la stipulation succédait à une obligation constatée sous une autre forme (1).

Il nous paraît d'ailleurs certain que la novation, — au sens français du mot, — qu'elle dérivât d'une stipulation ou d'un contrat *litteris* ne se dépouillait pas des prérogatives du *nauticum fœnus*, c'est-à-dire de la possibilité de convenir d'intérêts considérables : il suffisait que la formule prononcée ou écrite les comprît.

On voit que le prêt maritime ne pouvait, — et cette observation lui est commune avec le prêt ordinaire ou *mutuum*, — faire l'objet d'une stipulation ou d'une *transcriptio* sans perdre sa qualité de contrat spécial et rentrer dans l'une de ces deux conventions et ceci suffit

(1) L. 24, D. *de pecun. constit.* XIII, 5.

à montrer qu'il était, par essence, différent de ces deux contrats.

Il ne saurait être question davantage de ranger le *nauticum fœnus* parmi les contrats consensuels. Par essence encore, nous l'avons dit déjà, le *nauticum fœnus* exige la *res*, c'est-à-dire la mise de la chose prêtée à la disposition de l'emprunteur ; le simple consentement ne suffit pas à former le contrat. On sait d'ailleurs que le Droit romain ne reconnaît que quatre contrats consensuels : la vente, le louage, la société et le mandat. Or, le *nauticum fœnus* présente-t-il avec l'une ou l'autre de ces conventions la moindre ressemblance ?

Au contraire, une incontestable parenté l'unit aux contrats réels. Mais ici, une distinction toute naturelle se présente à l'esprit ; nous avons déjà séparé le *mutuum* de tous les autres contrats réels : dans le dépôt, le commodat et le gage, la mise en possession n'est que temporaire ; le dépositaire, le commodataire et le gagiste, s'engagent à restituer, — soit à première réquisition, soit dans un délai ou à la suite d'un événement déterminés —, la chose qui leur a été confiée. Il en est autrement dans le *mutuum* ; là l'emprunteur acquiert la propriété définitive et incommutable de la chose ; ce n'est pas l'objet prêté lui-même qu'il s'engage à rendre mais un objet semblable et d'une valeur équivalente, ou même, — nous l'avons dit, — inférieure.

Dans le *nauticum fœnus* il est également certain que l'emprunteur n'a pas à rendre les deniers prêtés qui doivent servir à l'aider dans une entreprise maritime, mais des deniers qu'il se procurera lors de la restitution. A ce point de vue, le *nauticum fœnus* est un véritable *mutuum* ; seulement nous avons vu que dans le *mutuum*, la convention des parties tendant à la restitution d'une chose supérieure en valeur à la chose prêtée est dépourvue de sanction et nous avons ajouté, sauf à le prouver plus tard, qu'il en est autrement dans le *nauticum fœnus*. Est-ce là une raison suffisante pour reconnaître dans le *nauticum fœnus* un contrat différent du *mutuum* ? Quant à la perte conditionnelle du capital prêté elle est également, en fait, restreinte au prêt maritime mais rien n'empêche de la stipuler dans le *mutuum* ordinaire.

Si l'on admet que le *nauticum fœnus* n'est pas un *mutuum* tout ne sera pas encore terminé, car on pourra se demander si c'est un contrat spécial ou s'il doit être rangé parmi les contrats innomés.

Les contrats innomés, comme le *nauticum fœnus* et le *mutuum* sont subordonnés à la *res*. Il est vrai que ce mot prend ici un sens général et désigne non plus le transport de la propriété d'une chose, mais l'exécution de l'obligation de l'une des parties : cette exécution forme le contrat et nécessite de la part de l'autre partie l'exécution de l'engagement qu'elle avait elle-même contracté. En un mot les prudents, en créant le contrat innomé, ont songé à sanctionner les conventions ou pactes non munis d'actions par le Droit civil et à contraindre les contractants à l'exécution de leurs engagements lorsqu'ils avaient obtenu le bénéfice qu'ils avaient stipulé.

Le *nauticum fœnus* serait un contrat *do ut des*, les deux prestations consistant dans un transport de propriété.

Le *nauticum fœnus* est-il une variété du *mutuum*, une subdivision des contrats innomés on un contrat spécial ? Nous n'avons pas, pour le moment, à faire ressortir l'intérêt de la question qui résultera des développements postérieurs, et notamment du chapitre où nous étudierons les actions dérivant du contrat.

Deux raisons, l'une historique, l'autre juridique, nous empêchent de voir dans le *nauticum fœnus* un contrat innomé, quoique l'opinion contraire ait été sérieusement soutenue.

Pour écarter tout d'abord cette opinion, il suffit de faire un simple rapprochement entre la date de la première apparition du *nauticum fœnus* et celle où les contrats innomés commencèrent à être en vigueur.

On ne connait pas, nous l'avons dit, l'origine du *nauticum fœnus* ; on ignore même si c'est une institution originale ou si elle a été empruntée à une législation plus ancienne ; mais on sait, tout au moins, que le commerce maritime romain était, dès la République, assez développé pour rendre le *nauticum fœnus* nécessaire. Les rares textes relatifs à ce contrat ne laissent pas soupçonner qu'il ait été introduit à une époque tardive. Bien mieux, la loi 2 relate une opinion de Labéon sur une question relative à la portée de l'action de créancier ;

c'est donc que dès ce moment, et sans contestation, le contrat était reconnu par le Droit civil. Une autre loi (1) nous montre que déjà à l'époque où vivait Servius Sulpicius, c'est-à-dire avant la fin de la République, le *nauticum fœnus* existait.

L'action *præscriptis verbis* était donc inutile. Nous avons ajouté qu'à côté du motif historique il existe une raison juridique qui démontre surabondamment la nécessité d'une séparation entre le *nauticum fœnus* et les contrats innomés.

Cette raison est tirée du caractère synallagmatique de ces dernières conventions. On voit, en effet, qu'elles supposent une prestation réciproque de la part des parties ; l'une de ces prestations fait naître le contrat, l'autre en constitue l'exécution. Il est vrai, qu'en pure théorie, on peut en dire autant du *nauticum fœnus* : là aussi deux prestations sont nécessaires, celle du prêteur et celle de l'emprunteur. Mais, si l'on se place en face des conceptions admises par le Droit romain, cette réflexion est inexacte : le rapprochement même que nous avons fait entre le *nauticum fœnus* et le *mutuum*, le caractère de prêt que nous avons reconnu au premier rend impossible l'opinion que chez les Romains ces deux contrats, absolument semblables par leur objet, fussent l'un synallagmatique et l'autre unilatéral. On sait, en effet, — et nous reviendrons sur ce point, — que le *mutuum* était considéré comme ne faisant naître d'obli-

(1) L. 8, D. *de nautic. fœnor.*

gation qu'à la charge de l'emprunteur. Ce qui démontre surtout l'exactitude de cette idée, c'est le caractère différent de la *res* dans le contrat innomé et dans le prêt ; la *res* n'est, dans le contrat innomé, qu'une exigence purement arbitraire que la tradition explique, mais dont une législation perfectionnée doit se débarrasser. Le prêt ne peut rationnellement pas exister avant que la chose ne soit mise à la disposition de l'emprunteur : on ne peut rendre que si l'on a reçu. Il est donc impossible de ranger parmi les conventions où la *res* est artificielle, un contrat où elle dérive de la nature même des choses.

Au surplus, transportée sur le terrain des textes, notre opinion ne présente plus le moindre doute : une loi du Digeste que nous retrouverons (1), suppose que le *nauticum fœnus* est sanctionné par une *condictio* c'est-à-dire par l'action de droit strict attachée aux contrats unilatéraux ; au contraire les contrats innomés, sont synallagmatiques et donnent lieu, comme nous le verrons, à l'action *præscriptis verbis* qui est de bonne foi.

Pour nous résumer, le *nauticum fœnus* n'est un contrat innomé ni pour le tout ni même pour les intérêts. On a, en effet, prétendu à tort qu'il se subdivise en deux conventions, un *mutuum* pour le capital et un contrat innomé pour les intérêts. La convention est certainement indivisible et ne peut être décomposée.

Nous avons, par voie d'exclusion, facilité la solution

(1) L. 2, § 8. *de eo quod cert. loco* XII. 4.

de la question que nous avions posée ; et, au point où nous en sommes, il ne nous reste plus à opter qu'entre deux partis : considérer le *nauticum fœnus* comme un contrat spécial ou y voir une variété du *mutuum*.

La première opinion n'est pas admissible : le nombre des contrats est, nous l'avons dit, soigneusement limité par le Droit civil, qui n'attache qu'à un très petit nombre de conventions la sanction d'une action. Il n'est pas permis de supposer que toutes les énumérations faites par les textes aient omis l'un d'entre eux.

Et pourtant, il est certain que le *nauticum fœnus* est un contrat, puisque l'action à laquelle il donne lieu est souvent indiquée ou sous-entendue ; force nous est donc de le considérer comme un *mutuum*.

Les textes confirment d'ailleurs cette assimilation en appliquant à notre contrat des expressions qui sont spéciales au *mutuum*. L'expression de *mutui datio* s'y trouve répétée à deux reprises (1). L'expression de *mutua pecunia* désigne également l'argent prêté (2). Enfin le prêteur est désigné comme dans le *mutuum* sous le nom de *fœnerator* (3).

On ne pourrait objecter à cette solution que le *nauticum fœnus* porte un titre spécial, il est certain que cette dénomination n'a rien de juridique, et que son seul but

(1) L. 6, pr. D. *de nautic. fœnor.* — L. 4, C. *eod. tit.*
(2) L. 122, § 1, D. *de verb. oblig.* XLVI.
(3) L. 61, D. *de nautic. fœnore.*

est de montrer brièvement qu'on est en face d'un contrat soumis à des règles particulières.

Il faut donc reconnaître que le *nauticum fœnus* n'est
autre chose qu'un *mutuum* conditionnel : la condition à
laquelle il est soumis est l'exécution heureuse de l'entreprise, puisque, dans le cas contraire, l'emprunteur
n'a rien à restituer. Quant aux règles particulières qu'il
présente, elles dérivent de l'encouragement qu'on a
voulu donner à une convention assez favorable pour
amener d'importantes dérogations aux principes. Ces
règles ne sont d'ailleurs pas, comme nous le verrons,
applicables au prêt pendant toute sa durée ; avant ou
après la traversée rien ne le distingue du *mutuum* ordinaire et c'est un motif de plus pour le considérer comme
une variété de ce contrat.

CHAPITRE III

DES OBLIGATIONS DES PARTIES

Tant que le prêteur n'a pas mis la somme prêtée à la disposition de l'emprunteur, aucun contrat ne se forme, aucune obligation n'existe à la charge de l'une ou de l'autre des parties : l'emprunteur n'est tenu de rendre, nous l'avons dit, qu'après avoir reçu ; le prêteur de son côté n'est pas tenu de fournir la somme promise. Il en serait, bien entendu, autrement, si l'emprunteur avait stipulé la somme ; il aurait alors une *condictio*; la même observation s'applique au cas où il serait intervenu un contrat *litteris* dans lequel l'emprunteur aurait joué le rôle de créancier.

La situation que nous avons à étudier est donc celle qui se produit après la livraison de la somme prêtée. L'action qui sanctionne le contrat et que nous retrouverons dans le chapitre suivant, montre que le contrat est unilatéral c'est-à-dire qu'il fait uniquement naître des obligations à la charge de l'emprunteur ; celui-ci restituera la somme prêtée et en outre des intérêts ; nous examinerons successivement ces deux points en insistant particulièrement sur le second qui présente les plus intéressantes particularités. Mais ne peut-on pas

dire également que le prêteur contracte des obligations ?
non évidemment dans le langage juridique puisque la
solution contraire impliquerait un contrat synallagmatique.

Cependant le Code civil parle dans plusieurs articles
(1898 à 1901) et dans la rubrique qui le précède des
obligations du prêteur dans le prêt de consommation.
Mais on est d'accord pour décider que ces obligations
mises par le Code civil à la charge du prêteur sont en
effet, l'une purement négative, l'autre simplement apparente.

Pour mentionner d'abord cette dernière, le prêteur
est responsable du préjudice causé par la chose prêtée
à l'emprunteur s'il en connaissait les défauts. Il est facile de voir que notre étude ne doit pas comprendre
cette prétendue obligation : le prêteur n'étant pas, en
Droit romain, juridiquement tenu de livrer la chose, le
préjudice causé par celle-ci ne rentre pas dans le
domaine de la faute contractuelle, ce n'est donc pas par
une action dérivant du contrat que l'emprunteur pourrait se faire indemniser ; il n'aurait que le droit d'intenter, suivant le cas, l'action de la loi Aquilia, l'action
de dolo en l'action *in factum* qui supplée cette dernière.

Or, loin d'admettre une obligation, ces diverses voies
de droit supposent nécessairement l'absence d'engagement préexistant, à moins qu'on ne dise qu'il existe à
la charge de chaque homme une obligation de ne pas

nuire aux autres hommes. Un autre motif pour que nous n'ayons rien à dire sur ce sujet, c'est que le *nauticum fœnus* est en pratique un prêt d'argent ; or l'argent n'est pas de nature à causer par ses vices un dommage à l'emprunteur.

En second lieu le Code civil oblige le prêteur à ne pas réclamer la chose avant le terme fixé, ajoutons avant l'événement de la condition, puisque la restitution dans le *nauticum fœnus* est essentiellement conditionnelle. Cette obligation est, nous l'avons dit, purement négative et ne donne aucune action à l'emprunteur.

En insistant sur ces divers points nous n'avons eu d'autre but que d'aller au-devant d'une objection qu'on ne manquerait pas de nous faire au sujet de la rubrique de ce chapitre : parler d'obligations des parties dans l'étude d'un contrat unilatéral, cela paraît être une hérésie ; mais la signification de cette expression une fois signalée, son emploi ne présente rien de dangereux : le Code civil se sert de cette expression et la prétendue obligation du prêteur constitue tout au moins un droit pour l'emprunteur.

En résumé nous avons dans ce chapitre, le plus important de notre étude, à examiner trois points : la restitution du capital, le paiement des intérêts et enfin l'obligation du prêteur qui se réduit en notre matière à la théorie des risques. Nous aurons très peu de chose à dire de la première question.

Section I. — De la restitution du capital.

En faisant rentrer le *nauticum fœnus* dans le *mutuum*, nous avons facilité, sur la plupart des points que nous avons à examiner, la tâche que nous nous étions tracée. Il en est ainsi de la restitution du capital prêté, qui, n'étant pas soumise, — quant à son montant, car son époque sera étudiée plus tard, — à des règles spéciales, suit le Droit commun.

L'emprunteur devra donc rendre une somme, — ou une chose dans le cas où le prêt ne porte pas sur de l'argent monnayé, — égale à celle qui lui a été livrée. Cette égalité s'entend de la même manière que dans le *mutuum* simple, c'est-à-dire qu'elle comprend deux éléments, la qualité et la quantité. L'identité de qualité se rencontre nécessairement dans les prêts d'argent, puisque les pièces de monnaie sont faites avec la même matière. Quant à la quantité, elle a une autre signification dans les prêts d'argent que dans les prêts d'objets ; d'ordinaire, on pèse, on compte ou on mesure la chose rendue, de même qu'on avait accompli l'une de ces obligations pour la chose prêtée ; on voit, en effet, que le *mutuum* n'est possible que pour les choses *quæ pondere, numero vel mensura constant*. Si l'on suivait ce principe pour les monnaies, elles devraient se peser, car c'est de leur poids que dépend leur valeur intrinsèque et

réelle ; il paraît, comme on l'a fait remarquer, plus
conforme à l'intention du législateur romain de compter
les monnaies, car la valeur de l'argent n'était pour lui
que factice et dépendait de son arbitraire ; cette solution présente un grand intérêt si, postérieurement à la
réalisation du prêt, les monnaies viennent à être compo-
sées d'une quantité de métal inférieure ou supérieure.

Quoiqu'il en soit, cette manière de calculer la restitution de la somme prêtée nous offre une hypothèse où
l'emprunteur rend tantôt plus et tantôt moins qu'il n'a
reçu, à ce point de vue le cas était intéressant à signaler
car nous avons déjà dit que le pacte diminuant l'obligation n'est sanctionné que par voie d'exception et que
celui qui l'augmente est, en fait, non avenu. Sur le premier point, le *nauticum fœnus* emprunte les règles du
mutuum. Quant au second, qui se confond avec la question des intérêts nous sommes arrivé au moment de
l'étudier.

Section II. — Du payement des intérêts.

Les intérêts sont soumis dans le *mutuum* ordinaire à
deux règles dont la première, la plus importante au point
de vue juridique, sinon en fait, a été déjà signalée : ils ne
peuvent courir en vertu du simple consentement et doivent rester en deçà d'un taux déterminé ; c'est ici le lieu
d'y revenir et d'expliquer les dérogations qu'elles subissent dans le *nauticum fœnus*.

§ 1. — *Comment les intérêts peuvent-ils être convenus ?*

Le *mutuum* est naturellement gratuit, non pas que les
Romains partent de l'idée — souvent exprimée depuis
dans les législations plus modernes et qui aujourd'hui
encore compte pour partisans les adhérents de toute une
école — qu'une rémunération du capital est injuste,
mais, d'après ce principe que la *res* limitait la restitution. Ce qui prouve que c'est bien là le motif de la règle,
c'est qu'il interdisait aussi bien la diminution que l'augmentation de la restitution. Pourquoi la *res* était-elle
ainsi une véritable formalité au lieu d'être considérée,
conformément aux autres contrats réels, comme un effet
de la nature même du prêt ? Nous voyons ici un effet de
la subordination du caractère du contrat au caractère
de l'action ; cette idée nous paraît avoir dominé à Rome,
et nous en avons déjà trouvé une preuve dans l'action
prescriptis verbis qui précéda les contrats innomés auxquels elle était destinée à servir de sanction. Nous n'i-
rons pas jusqu'à dire que la *condictio* fût inventée
avant les contrats unilatéraux ; mais il est au moins probable que ces derniers régnèrent exclusivement dans le
très ancien Droit romain ; les contrats synallagmatiques
du Droit civil étaient en effet uniquement les contrats
consensuels et les trois contrats réels autres que le
mutuum. Or, les premiers n'apparurent certainement
qu'assez tard, et ne constituaient au début que des pac-

tes dépourvus de sanction ; on peut également supposer que le *commodat* et le dépôt ne se rencontraient
guère dans les temps primitifs, le contrat de fiducie en
tenait lieu ; quant au gage, il était, croyons-nous, peu
pratique. A l'origine, les Romains ne pouvaient guère
avoir en fait de meubles que les instruments nécessaires à l'agriculture ; et ils ne pouvaient s'en dessaisir
sans entraver leur exploitation et même la rendre impossible. Ce n'est là qu'une simple conjecture, mais les
motifs sur lesquels nous la basons la rendent, croyons-
nous, singulièrement vraisemblable. On ne peut lui
objecter l'existence de la fiducie, contrat synallagmatique qui remplaçait à une époque reculée le commodat, le
dépôt et le gage ; car elle n'apparut certainement pas
aux temps primitifs et fut postérieure à la *condictio.* On
sait, en effet, que cette dernière faisait partie des actions
de la loi, (*legis actiones*) qui, sous la procédure primitive,
sanctionnaient seules les rares obligations reconnues
par le Droit civil. Notre opinion acquerra même un
caractère de vraisemblance voisin de la certitude si l'on
admet, — solution sur laquelle nous n'avons pas à
prendre parti, — que le *nexum*, contrat dont les solennités démontrent le caractère strict, était, au début, le
contrat unique.

Dans tous les cas, la *condictio* remonte à une haute
antiquité ; elle date de cette période primitive, qui se
retrouve à la formation de toutes les législations et où les
paroles employées limitent le montant de l'obligation ;

elle fut créée à cette époque du Droit romain où le plai-
deur succombait parce que la formule qu'il réclamait
avait substitué à l'expression *d'arbores* celle de *vites* (1).
Il était naturel que cette action gardât dans la suite le
caractère de droit strict que lui imposait son origine.

Ces développements nous paraissent expliquer suffisamment l'impossibilité où l'on se trouvait de promettre
des intérêts dans le *mutuum* ; mais ils rendent d'autant
plus singulière la validité de la même clause jointe au
nauticum fœnus, qui n'est autre qu'un *mutuum*. Les
textes nous apprennent en effet, qu'une simple convention faisait alors courir les intérêts (2) : *In his autem*, dit
Scœvola, *pactum sine stipulatione ad augendam obligationem prodest.* » — « *Si cedero*, ajoute Ulpien, *decum tra-
» jectitia ut solva nave vortem cum certis usuris recipiam
» dicendum est posse me sortem cum usuris recipere* ». Il
suffisait donc qu'au moment de la livraison de la somme
les parties convinssent d'intérêts pour que ces intérêts
fussent dus. Nous ne croyons pas d'ailleurs, quoique les
textes ne prévoient pas le point, qu'une telle convention
pût être postérieure au prêt ; les jurisconsultes se placent constamment dans l'hypothèse contraire ; et la
règle admise était trop dérogatoire au droit commun
où la convention spéciale n'était plus l'accessoire du
contrat principal.

Cette exception aux principes du *mutuum* n'était pas

(1) Gaïus. *Comm.*, IV, § 11.
(2) L. 5, § 1; L. 7., D. *de nautic. fœnor.*

la seule : nous avons déjà observé que dans les prêts de denrées la restitution pouvait dépasser la qualité et la quantité de la chose livrée (1), et peut-être cette règle remonte-t-elle à une époque très reculée. Pour les prêteurs d'argent eux-mêmes, on admit de bonne heure par faveur pour les cités que les sommes avancées par elles portaient intérêts en vertu d'une simple convention (2). Enfin Justinien fit courir les intérêts en l'absence même de toute clause au profit des banquiers (3).

L'exception admise en faveur du *nauticum fœnus* se justifie peut-être plus difficilement : car elle paraît être contemporaine de sa création même et l'on sait déjà que cette variété du *mutuum* date d'une époque certainement antérieure à la période classique, et qui gardait, avec le plus grand soin les anciennes institutions. Les nécessités pratiques paraissent avoir déterminé une dérogation qu'aucun motif juridique ne pouvait appuyer et qui se distinguait en cela de toutes celles que nous étudierons désormais. Il faut, sans doute, l'attribuer à l'influence des *prudents* auxquels sont dues tant d'autres institutions importantes et notamment la prohibition des donations entre époux, la théorie de la substitution pupillaire et l'exhérédation. On peut supposer qu'elle ne fut admise qu'à la fin de la République : l'un des textes où nous l'avons trouvée écrite reproduit en effet une

---

(1) L. 12; L. 23, C. *de usuris*, IV, 32.
(2) L. 30, D. *de usuris*, XXII, 1.
(3) *Novelle* 135, chap. IV.

phrase de Servius Sulpicius, l'un des contemporains de
Cicéron, qui l'exprime sous une forme dubitative (*dicendum est*) ; l'autre texte, plus récent, est aussi plus
affirmatif.

Si l'on attribue au *nauticum fœnus* une origine étrangère, la particularité que nous signalons peut s'expliquer
d'une autre manière : il est probable, dirait-on, qu'un
simple pacte suffisait également pour faire courir les
intérêts dans la législation à laquelle le *nauticum fœnus*
a été emprunté, et il est naturel qu'on l'ait transporté
de toutes pièces dans le Droit romain, sans en modifier
aucunement les règles ; on pourrait tirer un argument
d'analogie de la *lex Rhodia de jactu* qui présente avec
notre contrat cette double ressemblance d'être relative
au commerce de mer et de n'être pas une institution
d'origine romaine, et qui, elle aussi, contenait des solutions contraires au Droit commun (1).

Quoiqu'il en soit, notre règle, qui dérogeait à la fois
à l'adage *ex pacto actio non nasutur* et aux principes ordinaires du *mutuum* présentait pour les parties une
incontestable utilité, que nous avons déjà signalée. Leur
présence devenait inutile ; on sait, qu'au contraire la
stipulation ne pouvait être conclue sans cette présence,

Le contrat *litteris* qui, nous l'avons dit, pouvait également servir de forme à la convention relative aux intérêts dans le *mutuum*, se faisait, au contraire, aussi bien
en l'absence des parties qu'en leur présence puisqu'il

(1) Voy. L. 9, D. *de leg. Rhod. de jact.*, XIV, 2.

-consistait non pas en des paroles solennelles prononcées à titre de demande et de réponse, mais dans des écritures émanant peut-être uniquement du créancier.

Dans tous les cas, à partir de l'époque où la représentation juridique fut permise, la stipulation et le contrat *litteris* purent se faire par un mandataire. Mais cela ne diminua pas l'utilité du pacte autorisé dans le *nauticum fœnus* ; cette convention ressemblait-elle par suite de cette faveur aux contrats consensuels, qui se formaient aussi bien par correspondance ou par un intermédiaire (*nuntius*) chargé de porter à chacune des parties le consentement de l'autre (1) que par des pourparlers verbalement engagés entre leurs contractants et leurs mandataires, en un mot le consentement suffisait, de quelque manière qu'il se manifestât. Le caractère qui constituait l'originalité des contrats consensuels et les distinguait des autres conventions munies d'actions, leur fut très certainement emprunté par le *nauticum fœnus* : on pouvait donc faire mettre, par un moyen quelconque, la chose du prêteur à la disposition de l'emprunteur et convenir des intérêts soit par un *nuntius*, soit par correspondance.

Il nous reste, pour terminer sur ce premier point, à nous demander pour quelle durée le pacte suffit pour faire produire des intérêts.

Le caractère exceptionnel du *nauticum fœnus* suffit pour trancher cette question : on a voulu uniquement

(1) L. 14, § 3 ; L. 15, D. *de pecun. constitut.*, XII, 5.

favoriser le prêt où le prêteur consentait, en cas de sinistre, à être privé de son capital ; or, nous verrons que
les risques ne sont, en principe, à la charge du créancier que pendant la durée du voyage. Si donc le contrat
précède ce voyage et est fait pour une période de temps
antérieure ou si la restitution n'est due qu'un certain
temps après le retour, la promesse des intérêts est, en
ce qui concerne ces deux époques, soumise aux règles
ordinaires. Un texte semble admettre implicitement
cette solution : « *In stipulatione fœnoris post diem periculi separatum interposita*, etc. (1). » Il est vrai qu'on
peut voir dans ces expressions l'allusion à une convention, relative aux intérêts, qui serait conclue non pas
seulement pour une époque postérieure au danger, mais
après ce danger. Aussi corroborerons-nous notre solution par un autre argument, tiré de textes formels qui,
pour le taux des intérêts, contiennent expressément la
distinction que nous proposons.

§ 2. — *Du taux des intérêts.*

Pour bien comprendre la dérogation que fait subir au
droit commun le *nauticum fœnus* en ce qui concerne le
taux des intérêts, il est nécessaire de connaître ce droit
commun. Une revue sommaire des diverses phases
de la législation sur ce point ne sera donc pas inutile.

Il résulte d'un passage de Tacite que nous citerons

(1) L. 4, § 1. D. *de nautic. fœnor.*

dans un instant (1), que dans les premiers siècles qui suivirent la fondation de Rome, le taux des intérêts n'était pas limité et dépendait uniquement de la convention revêtue des formes solennelles. Il n'y avait dans cette liberté laissée aux parties, rien que de très naturel : on connaît le caractère strict de la stipulation et de la *transcriptio*, qui seuls, — nous l'avons dit, — pouvaient rendre valable la promesse d'intérêts : l'intention des parties ne pouvait être recherchée en dehors des paroles et de l'écriture, et, les formes remplies, le créancier n'avait pas à craindre que le débiteur ne vînt, pour un motif quelconque, demander la diminution de son obligation. Ce principe demeure très vivace et ce ne fut qu'à la longue qu'on admit certaines dérogations (2).

Aucune raison juridique n'aurait donc pu légitimer la limitation au taux de l'intérêt, que des motifs économiques pouvaient seuls justifier ; or, on voit que les considérations de ce genre n'apparaissent qu'à la longue, et que plusieurs siècles sont nécessaires pour les rendre évidentes à tous les yeux et leur faire produire des conséquences législatives.

Aussi n'est-ce qu'au début du quatrième siècle, et

---

(1) Tacite. *Annales*, liv. VI, chap. 16.
(2) Nous faisons allusion au caractère gratuit de la convention. Malgré l'emploi de la stipulation, il fut permis de démontrer la liberté non constatée par les *verba* soit pour exclure l'obligation de garantie, soit pour accorder au débiteur l'exception *quod facere potest*, soit pour empêcher que la somme fixée par la loi *Concia* ne fût dépassée, soit enfin pour appliquer cette règle spéciale aux actes à titre gratuit : *Duæ lucrativæ causæ in eamdem rem concurrere non possunt.*

par la loi des Douze Tables, que le taux de l'intérêt fut
limité pour la première fois : encore faut-il remarquer
que les Romains ne considéraient pas comme inique
une rémunération, si excessive qu'elle fût, des capitaux
prêtés ; — jamais, nous l'avons fait observer déjà, une
telle idée ne fut proposée à Rome — ; mais ils agis-
saient dans un intérêt politique : c'étaient les chevaliers
qui étaient les créanciers ; les plébéiens, les débiteurs ;
or, ceux-ci étaient de beaucoup les plus nombreux ; des
révolutions dangereuses étaient à craindre, et furent
même fréquentes, de la part d'emprunteurs poussés
aux dernières limites par des prêteurs exigeants : on
connaît, en effet, les droits exorbitants qu'accordait la
législation romaine à son début, non pas sur les biens —
c'est plus tard seulement que les biens purent, par des
procédures diverses, être saisis, — mais sur la personne
même du débiteur ; la procédure barbare qui consistait
à le couper en morceaux, à le vendre comme esclave
trans Tiberim, à le jeter en prison ou à le réduire en
esclavage au profit du créancier n'est pas une imagina-
tion des historiens.

La loi des Douze Tables pour remédier à un pareil état
de choses fixa un taux d'intérêt qu'on ne pourrait
dépasser, ce fut l'*unciarium fœnus*. Tacite qui nous rapporte ce détail, omet de nous indiquer le taux de l'*unciarium fœnus* « *nam primo*, dit-il, *duode eim tabulis san-
citum, ne quis unciario fænore amplius exerceret quum
antea ex libidine locupletum cogitaretur* ».

D'après la plupart des interprètes modernes, l'*unciarium fœnus* serait le denier *12* c'est-à-dire un intérêt annuel égal à un peu plus de 8 0/0 du capital. L'unité se fractionnait en effet en douze onces et cette division s'appliquait souvent dans le domaine juridique ; c'est ainsi que l'hérédité se divisait en douze onces, lorsqu'il s'agissait de calculer la portion réservée aux personnes instituées héritières pour une part indéterminée.

Une autre opinion fixe l'*unciarium fœnus* à 12 0/0 du capital ; le motif que nous venons d'invoquer nous la fait rejeter quoiqu'elle ne soit pas inadmissible en elle-même. Enfin, Dumoulin et Pothier ont pensé que le taux du prêt ne dépassait pas 1 0/0 par an ; ce système, comme on l'a fait remarquer, n'explique pas les nombreux soulèvements et les graves désordres dont l'unique motif fut l'exagération de l'intérêt.

La mesure prise par les Douze Tables ne fut pas, en effet, définitive, on réduisit encore à diverses reprises le taux de l'intérêt ; un siècle après (1) il fut absolument supprimé par la loi Genuccia.

Ce n'était pas encore la dernière étape : on revint au taux des Douze Tables et peut-être même le dépassa-t-on ; au temps de Cicéron, le créancier pouvait exiger annuellement jusqu'à douze pour cent de son capital (2). Il est probable que les richesses accumulées à Rome par suite des conquêtes rendaient facilement supportable l'an-

(1) Tacite, *loc. cit.* — Tite-Live, *Hist.* liv. VI, cap. 35.
(2) Cicéron, *Epistol. ad Atticum*, I, 12, VI, 21, VI, 1.

cien état de choses. On appelait ce taux la *centesima usura.*

Cette limitation se retrouvait encore dans les mêmes. conditions à l'époque des jurisconsultes classiques (1). Il est certain qu'elle ne s'appliquait pas au *nauticum fœnus* (2). Et le motif en tombe sous le sens : la limitation du taux de l'intérêt était édictée en faveur de débiteurs pauvres et qui composaient la partie la plus nombreuse de la population. Au contraire, les personnes qui faisaient le commerce maritime, — ou qui empruntaient dans un autre but et aux mêmes conditions, — étaient très peu nombreuses ; en outre, elles ne méritaient aucunement la sollicitude du législateur, puisqu'elles empruntaient dans un but de spéculation et non pour subvenir à leurs besoins. Il faut d'ailleurs remarquer que cette dérogation apparente au droit commun, était, juridiquement parlant, un retour au droit commun, puisqu'en droit, rien ne s'opposait à la promesse. d'intérêts considérables.

Les mesures corrélatives à la limitation disparaissaient également en matière de *nauticum fœnus* : il est certain notamment quoique nous ne possédions pas de textes sur ce point, que l'anatocisme y était permis ; on sait qu'il était prohibé pour les prêts ordinaires, c'est-à-dire que l'emprunteur ne pouvait s'engager d'avance à payer les intérêts d'intérêts non échus (3). De même la

(1) V. Pline, *Epistol.*, X, 63. — L. 40, D. *de reb. credit.*, XII, 1.
(2) Paul, *Sentent.*, lib. II, tit. XIV, § 3, — L. 1, C. *de nautic. fœnor.*
(3) L. 27, D. *de re judic.*, XLII, 1. — L. 20, C. *ex quib. caus. inf.*, II, 12.

règle qui arrêtait le cours des intérêts aussitôt qu'ils avaient porté la somme due au double du capital (1), était certainement inapplicable en matière de *nauticum fœnus*.

Justinien modifia gravement l'état de la législation, non seulement en ce qui concernait le *mutuum* ordinaire, mais aussi pour ce qui regardait le *nauticum fœnus*.

Sur le premier point (2), il décida que le taux des intérêts ne pourrait jamais dépasser deux pour cent, et même quatre pour cent lorsque le prix émanait d'un *illustris* ou d'un personnage d'un rang plus élevé ; cependant les banquiers et les commerçants purent prêter jusqu'à huit pour cent.

Mais la plus grave innovation de Justinien consista à limiter pour la première fois le taux du *nauticum fœnus* qui désormais ne put plus dépasser douze pour cent. C'est évidemment par année que dut se calculer ce taux obligatoire, ce qui établissait une innovation, puisqu'autrefois les intérêts étaient fixés par voyage.

Il est certain que le *nauticum fœnus*, désormais rangé au nombre des prêts fut soumis à toutes les règles restrictives : la prohibition de l'anatocisme lui fut applicable avec la sérieuse aggravation que lui fit subir Justinien en décidant qu'on ne pourrait faire porter intérêt même aux intérêts échus (3). Le capital ne put en outre

---

(1) L. 26, § 1, *de condict. indeb.*, XII, 6. — L. 10, C. *de usur.*, IV, 32.
(2) L. 26, § 1, C. *de usur.*, IV, 32.
(3) L. 28, D. *de usuris*, III, 32.

être porté à plus du double par l'addition des intérêts.

La contravention à ces dispositions était sévèrement punie. Sans doute, Justinien ou l'un de ses prédécesseurs avait supprimé la peine du quadruple imposée par la loi des Douze Tables au créancier qui avait dépassé le taux légal (1) et confirmée, peut-être rétablie après suppression par une constitution du Bas-Empire (2) mais il maintenait l'infamie (3) admise depuis Dioclétien contre l'usurier et qui entraînait de graves déchéances pécuniaires et surtout morales (4).

Quel motif Justinien donne-t-il de cette grave réforme? uniquement que le taux de l'intérêt est trop lourd pour le débiteur. Il se laisse donc guider par des considérations dues à un examen superficiel, qui le conduit à une injuste assimilation du *nauticum fœnus* avec le prêt ordinaire ; la spéculation qui caractérise le premier de ces contrats, la perte énorme à laquelle s'expose le créancier auraient dû le frapper.

Aussi quelques interprètes n'ont-ils pas voulu se résoudre à admettre une réforme aussi radicale.

Les uns prétendent que la réforme de Justinien n'avait qu'un but restreint et ne concernait que les dangers de la navigation ordinaire, où la nature et le montant du péril pouvaient être facilement prévus, mais que la

(1) Caton, *de re rustica præmium.*
(2) L. 2, C. Theod. *de usuris*, II, 33.
(3) L. 20, C. *ex quibus causis*, II, 12.
(4) Voy. Cicéron. *Pro Cluentio*, 42. — L. 8, L. 11, pr. D. *de accus.*, XLVIII, 2. — L. 1, pr. D. *ad leg. Jul. de vi privat.*, XLVIII, 7,

législation antérieure était maintenue lorsqu'il s'agissait de dangers considérables provenant par exemple, d'une mer particulièrement orageuse.

Les autres limitent la constitution de Justinien au cas où le péril n'était pas à la charge du créancier. Loin donc d'assimiler le *nauticum fœnus* au *mutuum*, Justinien aurait rapproché du premier le prêt ordinaire stipulé dans un but maritime — celui où les risques restent à la charge du débiteur, — en augmentant le taux maximum de l'intérêt.

La première opinion introduit une distinction dans un texte qui n'en fait pas ; la seconde détourne le sens de la constitution, qui, en employant les expressions usitées pour le *nauticum fœnus*, ne laisse pas place au doute.

Ce qui d'ailleurs démontre mieux que ne sauraient le faire tous les raisonnements la portée de la réforme de Justinien, ce sont des plaintes qu'elle suscita de la part des prêteurs à la grosse et les moyens divers qui furent employés dans la pratique pour la rendre illusoire. Justinien ne tarda pas à s'apercevoir qu'il était préférable de revenir à la législation antérieure. Il chargea le préfet du prétoire de diriger une enquête pour entendre quelques capitaines de navire et apprendre d'eux quels étaient, en matière de prêt maritime les usages généralement suivis. C'est ce qu'il nous apprend lui-même dans la novelle 106.

On s'en tenait généralement au taux de 12 0/0 ; seu-

lement, au lieu de le fixer à ce chiffre par an, on se le
faisait promettre pour chaque voyage quelle qu'en fût
la durée. Il en résultait que le taux de 12 0/0 était dépassé toutes les fois, et c'était l'hypothèse la plus fréquente, que le voyage n'atteignait pas une durée d'un
an. Cette pratique était manifestement illégale ; elle
rendait singulièrement impropre le mot de *centesima
usuræ,* qui ne désignait plus un intérêt mensuel d'un
pour cent. Il faut même ajouter qu'en réalité, l'intérêt
était de 12 1/2 0/0 par voyage. On stipulait, en effet, à
titre d'intérêt, trois piliques par solide, et comme un
solide contenait vingt-quatre piliques, c'était bien un hui-
tième du capital qu'on fixait.

Une autre manière d'abroger en fait la constitution
de Justinien était pour l'emprunteur de s'engager ou
charger sur le navire un nombre de mesures de blé
appartenant au prêteur, égal au nombre de solides
(*modia*) qui lui avaient été prêtés, de payer au fisc les
droits établis sur les céréales et en outre de servir
10 0/0 d'intérêts au prêteur. Ici encore l'intérêt légal
était largement dépassé.

Justinien aurait dû logiquement punir de la peine
d'infamie les prêteurs qui stipulaient ainsi des intérêts
exagérés, leur interdire d'exiger ce qui dépassait le
taux qu'il avait établi et les obliger à imputer, sur le
capital, conformément au droit commun, tout ce qui
aurait été payé en trop (1). L'empereur n'en fit rien

(1) Paul, *Sentent.* liv. II, tit. 14, § 2. — L. 20, D. *de usur.* XXII, I.

tout d'abord, et la novelle 106 confirma la pratique. Cette constitution n'eût toutefois qu'une durée éphémère et la novelle 110 vint presque immédiatement l'abroger pour revenir à la règle antérieurement établie par Justinien lui-même et interdire la fixation, directe ou indirecte, d'un taux supérieur à 12 0/0.

Malgré tous les changements de législation, le *nauticum fœnus* ne fut, on le voit, jamais soumis au droit commun, du moins depuis la loi des Douze Tables : tantôt le taux légal des intérêts n'était pas limité, tantôt il était supérieur à celui du droit commun. De là, comme pour la question du pacte, la nécessité de se demander pendant quel temps cette dérogation doit s'admettre.

La réponse est la même que sur le point que nous venons de rappeler : la dérogation se limite au temps pendant lequel le prêteur supporte les risques, c'est-à-dire à la durée du trajet. Avant le commencement du voyage et après qu'il est terminé, on retombe sous l'empire du droit commun, c'est-à-dire que la stipulation ou un contrat *litteris*, qui, nous l'avons vu, sont nécessaires, ne peuvent mettre à la charge du débiteur plus que le chiffre des intérêts admis comme maximum dans le *mutuum*.

Cette situation était surtout fâcheuse pour le créancier en ce qui concernait les intérêts postérieurs à la fin du voyage ; pour remédier aux difficultés qui pouvaient s'élever, on avait pris l'habitude d'embarquer sur le navire un esclave appartenant au prêteur et chargé de recevoir le payement. Il est probable que, si la somme ne pouvait pas être immédiatement acquittée, l'esclave était également chargé de faire promettre des intérêts. Mais il faut remarquer que s'il pouvait incontestablement user dans ce but de la stipulation, — on sait que la maxime *nemo alteri stipulari potest* ne s'appliquait pas à l'esclave, — le contrat *litteris* lui était fermé : les esclaves ne pouvaient pas, en effet, tenir le *codex*, où se faisait la *transcriptio*.

Naturellement, le salaire de cet esclave était mis à la charge du débiteur ; mais on le considérait comme un supplément d'intérêts, et par suite les lois restrictives s'y appliquaient à partir du moment où l'application des règles spéciales au *nauticum fœnus* avait pris fin ; le salaire de l'esclave, ajouté aux intérêts qu'il stipulait lui-même ou que l'emprunteur avait pu, avant de commencer le voyage, promettre en cas de retard, ne pouvait pas dépasser le taux légal ; les textes expriment formellement cette solution, qui ne paraît pas avoir fait de doute (1). Ils ajoutent même, appliquant le principe de droit commun mentionné plus haut, que ce salaire ne peut arriver à dépasser le double du capital (2).

Nous venons de faire allusion à l'hypothèse où l'emprunteur aurait promis, au moment du prêt, des intérêts en cas de retard. Cette manière de faire courir les

---

(1) L. 4, § 1. D. *de nautic. fœnor.* L. 8, 1. 9. *eod tit.*
(2) L. 4, § 1, précité.

intérêts était probablement la plus pratique, car elle
était la moins gênante pour le créancier ; c'était une
stipulatio pœnæ, c'est-à-dire une de ces clauses, très
fréquentes, et particulièrement usitées dans les obligations de faire ou de ne pas faire, et dont le but était de
fixer d'avance le montant des dommages-intérêts dus
par le débiteur qui ne remplirait pas ou ne remplirait
que tardivement son engagement. On sait que la *stipulatio pœnæ* comportait deux formes dont l'une n'était
qu'une stipulation unique et conditionnelle et dont l'autre consistait dans une stipulation ajoutée à un autre
contrat (1). *Si Pamphilum non dederis, centum dare spondes ? — Pamphilum dari spondes ? si Pamphilum non
dederis, centum dari spondes ?* Cette dernière forme
devait être de beaucoup la plus usitée en matière de
nauticum fœnus ; mais la première interrogation, au lieu
d'être solennelle et de consister dans une stipulation,
était généralement un pacte relatif aux intérêts du prêt
maritime.

De quelle manière se produira la demeure du débiteur, ou, pour mieux dire, comment s'y prendra le
créancier pour faire courir les intérêts en cas de retard ?

S'ils ont été promis à l'esclave, aucune mise en demeure ne sera évidemment nécessaire. Il n'y a pas plus
de difficulté si les intérêts n'ont pas été promis du tout ;
on appliquera alors les règles ordinaires ; l'*interpellatio*
ou mise en demeure ne suffira pas, puisqu'il s'agit,

(1) L. 115, § 2, D. *de verbor. obligat.*, XLV, 1.

comme nous le verrons, d'une *condictio*, c'est-à-dire
d'une action de droit strict et que c'est seulement dans
les actions de bonne foi que la *mora* fait courir les intérêts (1). On peut même dire que la mise en demeure
n'est dans notre hypothèse d'aucune utilité, puisque son
second effet, — celui de déplacer les risques — ne s'applique que lorsque les risques étaient à la charge du
créancier (2), et il faut remarquer qu'à l'époque où nous
nous plaçons le voyage est terminé et que, par suite,
les risques ont cessé, — à moins, dirons-nous plus tard,
d'une convention formelle, — d'être à la charge du
créancier.

Les intérêts non promis soit au prêteur avant le
voyage, soit à son esclave pendant la durée du trajet,
ne pourront donc jamais être dus, à moins qu'on ne
prétende que dans le *condictiones*, la *litis contestatio*
rend exigibles les intérêts non promis. Cette opinion a
été soutenue, mais on ne peut invoquer à son appui
qu'un seul texte, dont le sens est tout différent : *Lite
contestata*, dit Paul, *usuræ currunt* (3). Le sens de cette
loi est nettement déterminé par sa comparaison avec un
texte qui figure également au Digeste, et qui est extrait,
comme le précédent, du livre 37 du commentaire de
Paul *ad edictum* « *Novatione legitime facta... usuræ non
currunt* ». Cette dernière phrase signifie certainement

---

(1) L. 32, § 2, L. 34, D. *de usur.*, XXII, 1.
(2) L. 23 ; L. 82, § 1, D. *de verbor. obligat.*, XLV, 1.
(3) L. 35, D. *de usur*, XXII, 1.

que la novaticon met fin aux intérêts qui couraient, et non pas, — cœla serait trop évident, — qu'elle ne donne pas naissance à de nouveaux intérêts. Il est probable que les deux textes à citer n'en faisaient qu'un et formulaient une comparaison, qu'on rencontre à chaque pas dans le Droit romain, entre la novation et la *litis contestatio*(1)..

Il nous restte à déterminer la manière dont couraient les intérêts daans la troisième hypothèse signalée, où ils avaient été diirectement promis par le prêteur à l'emprunteur, avant le commencement du voyage, au moyen d'une *stipulatiio pœnæ*. On paraît avoir discuté si cette stipulation prroduisait son effet de plein droit à la suite de l'inexécuticon, ou si une mise en demeure était nécessaire, c'est-à-dire s'il fallait faire une interpellation au débiteur. Unes *interpellatio* faite au débiteur (2) lui-même aurait été alors nécessaire, il aurait fallu en outre que la résistance dle ce dernier fût frauduleuse (3).

Nous restreignons la question au cas où l'obligation principale estt à terme car le *nauticum fœnus* a essentiellement ce caractère en même temps qu'il est conditionnel ; une difficulté d'une nature différente s'élevait lorsque l'obliigation principale était contractée sans terme (4).

---

(1) L. 18, D. *de novation*, XLVI, 2.
(2) L. 24, D. *de verb. obligat.* XLV, 1.
(3) L. 21 et 22, ID. *de usuris*, XXII, 1.
(4) On se demandait si la peine était encourue aussitôt que l'obligation principale était exécutée ou lorsqu'elle ne pourrait plus l'être. C'est la pre-

Il est remarquable que c'est précisément à propos du *nauticum fœnus* que les textes étudiaient le point que nous venons de signaler, ce qui témoigne de l'intérêt pratique qu'il présentait en notre matière.

L'opinion qui considérait l'*interpellatio* comme nécessaire était certainement plus équitable car elle faisait gagner du temps au débiteur malheureux ; mais le second système était incontestablement plus juridique, car l'emprunteur avait fait une promesse conditionnelle d'acquitter la *pœna* à l'arrivée de la condition, son obligation devenait immédiatement pure et simple. Aussi prévalut-elle : « *Trajectitiæ pecuniæ nomine*, dit Afri» cain (1), *si ad diem soluta non esset pœna uti advolet ob* » *operas ejus qui eam pecuniam potebat, in stipulationem* » *erat deducta ; is qui eam pecuniam petiebat parte exacta* » *petere desierat ; deinde interposito tempore interpellare* » *instituerat. Consultus respondit ejus quoque temporis* » *quo interpellatus non esset pœnam peti posse, amplius* » *etiam si interpellatus non esse* ». Ainsi, même en l'absence de toute stipulation la peine est due ; le jurisconsulte en donne comme motif que, dans l'opinion contraire, la peine ne serait pas due au cas même où le prêteur, par un motif indépendant de sa volonté, comme une maladie, serait dans l'impossibilité de continuer l'interpellation « *alioquin dicendum est si is qui interpellare*

mière de ces opinions qui l'emporta. (L. 115, § 2, D. *de verb. obligat.*, XLV, I.

(1) L. 23 D. *de obligat. et actionibus*, XLIV.

» *cœpisset valetudine impeditus interpellare desiisset, pœ-*
» *nam non comitti* ». Il excepte, bien entendu, l'hypothèse où le débiteur était tout prêt à payer et où le
créancier ne s'est pas présenté pour recevoir « *aliter non*
» *committi stipulationem, quam si per debitorem non*
» *desiisset, quominus solveret* ».

Papinien (1) n'est pas moins affirmatif. « *Usurarum*
» *stipulatio, quamvis debitor non conveniatur, commit-*
» *titur* ».

On a cru que la divergence d'opinions tenait à une
dissidence entre les deux grandes écoles sabinienne et
proculienne. Il est vrai que Africain était sabinien ; mais
des deux textes que nous allons citer, et qui considèrent l'*interpellatio* comme nécessaire, l'un est de Pom-
ponius, également sabinien ; il est vrai que ce jurisconsulte ne fait que rapporter une opinion de Labéon,
chef de l'école proculienne ; mais il se l'approprie par
cela même qu'il s'abstient de la combattre. « *Labeo*
» *ait, si nemo sit qui a parte promissoris interpellari*
» *trajectitiæ pecuniæ possit, idipsum testatione complecti*
» *debere, ut pro petitione id cederet* (2) ». « Labéon dit
» que s'il n'y a personne qui puisse être interpellé au
» nom du débiteur, on dressera un acte le constatant
» et qui tiendra lieu de la sommation ».

Ce texte reconnaît donc implicitement la nécessité de
l'interpellation. L'autre, qui est de Labéon lui-même,

---

(1) L. 9, § 1, D. *de usur.*, XXII, I.
(2) L. 2, D. *de nautic. fœn.*

prévoyant le cas où le débiteur est mort au jour de l'échéance de la *pœna*, laissant une hérédité jacente, permet (*potest*) l'interpellation comme s'il y avait un héritier : « *perinde committi pœna potest, ac si fuisset* » *heres debitoris* » (1).

De ces deux opinions, Justinien adopte formellement la première, en se fondant sur le motif que chacun doit garder la mémoire de ses dettes : « *Si quis... adjecerit* » *quod si statuto tempore minime hæc perfecta fuerint,* » *certam pœnam dabit; sciat minime se posse debitor ad* » *evitandam pœnam adjicere quod nullus cum admo-* » *nuit; sed etiam citra ullam admonitionem pœnæ pro* » *stipulationis tenore fiet obnoxius; cum ea quæ promisit* » *ipse in memoria sua servare non ab aliis sibi manifes-* » *tari debeat poscere* » (2).

On peut se demander si le préteur peut cumuler la peine et le principal, c'est-à-dire exiger à la fois la somme qu'il a prêtée et celle qui est comprise dans le *stipula-tio pœnæ*. La négative est certaine dans l'hypothèse en présence de laquelle nous nous sommes placé. Nous avons supposé que la somme stipulée concernait les intérêts postérieurs au retour du navire et le salaire de l'esclave durant la même époque. Mais les parties peuvent également manifester la volonté contraire et y comprendre le capital prêté; l'action du créancier, au lieu de se décomposer en deux *condictiones*, — une *condic-*

(1) L. 9, D. *de nautic. fœn.*
(2) L. 12, C. *de contrah. et commit. stipul.*, VIII, 38.

tio certi ex mutuo pour la somme prêtée, et une *condic-tio ex stipulatu* pour les intérêts, — ne comprendra que cette dernière.

La seule difficulté est, en pratique, de savoir quelle est, sur ce point, l'intention des parties, si, en d'autres termes, elles ont voulu ou non que la peine se cumulât avec la somme principale. Cette intention résultera des circonstances (1) et notamment la proportion entre la somme prêtée et la somme stipulée ; en principe, le cumul doit être présumé, suivant la règle admise en matière de prêts d'argent (2).

Faisons remarquer, en terminant ce paragraphe, que les intérêts ne peuvent être dus que dans le cas même où le sera le capital, c'est-à-dire en cas d'heureuse arrivée du navire ou des marchandises, si les marchandises ou le navire périssent par fortune de mer, les intérêts ne sont pas plus dûs que le capital, puisque les risques sont, ainsi que nous allons le voir, mis à la charge du créancier.

Il existe un autre cas où, par application des principes, les intérêts promis par la *stipulatio pœnæ* ne courent pas, malgré l'exigibilité du capital ; nous voulons parler de l'hypothèse à laquelle l'un des textes cités fait allusion, où c'est par la faute du créancier que le débiteur n'a pas pu rembourser le montant du prêt. Deux lois dont l'une se trouve à notre titre le disent explicitement.

(1) L. 115, § 2, D. *de verbor obligat.* XLVI, 1.
(2) L. 90, D. *de verbor. obligat.* XLV, 1.— L. 40, D. *de reb. credit.* XII, 1.

« ... *Si tamen post mortem creditoris nemo fuit, cui pecunia solveretur, ejus temporis inculpatam esse moram
constitit ; ideo, si majores usuræ prioribus petantur, exceptio doli non inutiliter opponetur* » (1). « *Servius ait,
pecuniæ trajectitiæ pœnam peti non posse, si per creditorem stetisset, quominus ea intra certum tempus præsti-
turum accipiat* » (2).

Section III. — Des risques.

La théorie des risques est d'une importance capitale
dans tous les contrats ayant pour objet un corps certain ;
elle consiste dans l'étude de la question de savoir quel
est, du créancier ou du débiteur, celui qui supporte la
perte arrivée par cas fortuit ou force majeure. A cet
égard, aucune règle générale ne peut être donnée ; la
formule *res perit creditori* est cependant exacte dans la
plupart des cas (3) et les textes consacrent la libération
du débiteur au cas où la chose périt sans sa faute (4) ou
avant sa demeure (5).

(1) L. 9, § 1, D. *de usur.*, XXII, 1.
(2) L. 8, D. *de nautic. fœnor.*
(3) On sait que d'anciens interprètes en ont proposé une autre : *Res
perit domino* qu'ils appuient principalement sur la loi 33 au Dig. *locat.
conduct.* (liv. XIX, tit. 2), et, plus encore sur la fameuse loi *Lectis* (L. 12
et 14 *proœm.* D. *de pericul. et commod.*, XVIII, 6). Cette opinion est formellement contredite par tous les textes.
(4) Comp. *Instit.* § 16, *de legat.*, II, 20. — *Instit.* § 2, *de inutil. stipulat.*,
III, 19.— L. 91, §§ 1 et 2., D. *de verbor. obligat.*, XLV, 1.
(5) L. 23, D. *de verbor. obligat.*, XLV. 1,

Mais la question des risques ne se pose guère en matière d'obligations de genre ; on ne peut examiner ici les
suites de la perte de la chose, puisque cette chose ne
peut périr : ce n'est pas en effet un objet individuellement déterminé qui est dû, mais un genre ; or les genres
ne périssent point, *genera non pereunt*. Aussi un autre
adage résume-t-il plus exactement la théorie des risques
que celui que nous rapportions plus haut : *Debitor rei
certæ interitu rei liberatur*.

Cette règle ne comporte d'exception que si le genre
est très limité, — citons comme exemple les manus-
crits de tel ouvrage ; — la perte de tous les objets qui
le composent met fin à l'obligation du débiteur. Mais
une telle hypothèse, peu pratique dans le *mutuum* ordinaire, est, en fait, sans aucune application dans le *nauticum fœnus*, qui ne porte guère que sur une somme
d'argent ; or, c'est là un genre qui ne saurait périr.
Ainsi, d'après ces principes, l'emprunteur ne pourrait
être libéré par la perte de la chose prêtée.

Le *nauticum fœnus* met, par essence, les risques à
la charge du créancier ; mais l'observation que nous
venons de faire montre que cette expression, généralement usitée, et dont les textes donnent d'ailleurs l'exemple (*periculum creditoris*), n'est pas complètement exacte,
la chose due ne pouvant périr, il est absurde de dire que
sa perte est à la charge du créancier ; la seule formule
qui représente nettement l'obligation, — puisque nous
sommes convenu de l'appeler ainsi, — du créancier est

celle-ci : le prêteur ne peut rien réclamer si le but que
se proposait l'emprunteur n'a pas été réalisé. L'application de ce principe soulève deux questions, relatives,
l'une à l'étendue, et l'autre à la durée de l'obligation du
prêteur.

§ 1. — *De l'étendue de l'obligation du prêteur.*

· Il ne suffit pas que le prêt soit qualifié de *nauticum*
fœnus ou la somme prêtée de *trajectitia pecunia* pour
que les risques incombent au créancier ; il faut qu'une
convention formelle ait décidé qu'en cas de perte des
marchandises achetées ou du navire équipé à l'aide du
prêt, le prêteur n'aura rien à réclamer : « *Trajectitiæ*
» *quidem pecuniæ quæ periculo creditoris anituo datus,*
» *casus... ad debitorem non pertinet ; sine hujusmodi*
.» *vero conventione, infortunio naufragii debitor non*
» *liberabitur* ». Tels sont les termes d'une constitution
de Dioclétien (1) ; donc, ce qui importe, ce n'est pas la
dénomination donnée par les parties au contrat, c'est
la clause qui met les risques à la charge du créancier ;
nous avons même vu que cette clause est suffisante,
même en dehors d'un prêt destiné à une entreprise maritime, pour rendre possibles les autres caractères déjà
étudiés.

On a prétendu qu'il n'est pas nécessaire que le créancier se charge de tous les risques : il peut, a-t-on dit,

(1) L. 4, C. *de nautic. fœnor.*

limiter son obligation en convenant, par exemple, qu'il
ne sera pas tenu du sinistre produit par une voie d'eau,
ou de la prise du navire par les pirates, ou de l'avarie
des marchandises causée par la négligence des matelots.

Il est facile de voir que, si cette opinion était exacte,
elle permettrait au créancier d'écarter presque absolument les risques ; de même qu'on lui permet, par exemple, de ne pas répondre de la prise du navire par les
pirates, on serait forcé de l'autoriser à ne prendre à sa
charge que ce seul risque. On détruirait ainsi à peu près
complètement les principes du droit commun, en faisant rentrer toute espèce de prêt dans le *nauticum fœnus*.

D'un autre côté, cette distinction n'est proposée par
aucun texte. Aussi est-on réduit à se prévaloir d'un argument d'analogie tiré du droit qu'a le créancier, en
vertu des textes que nous retrouverons, de limiter ses
risques quant à la durée (1) ; il n'existe aucun motif,
ajoute-t-on, de lui refuser un droit égal quant à l'étendue des risques. Nous verrons que les textes invoqués
n'ont pas la portée qu'on leur a prêtée ; dans tous les
cas, ils ne sauraient être appliqués à la question que
nous étudions ; car ils constituent une dérogation aux
règles du *nauticum fœnus*. Les textes conservent bien
le nom de *trajectitia pecunia* et de *nauticum fœnus* au
prêt à la grosse où les risques sont mis à la charge du

(1) L, 4, *procœm*. L. 6, D. *de nautic. fœnor.*

débiteur (1) ; mais il faut remarquer qu'ils restent dans la vérité grammaticale, les expressions citées signifiant uniquement que l'argent prêté est destiné au commerce maritime ; on ne saurait donc en conclure qu'il existe deux sortes de prêts à la grosse, soumis aux mêmes règles, et ne différant qu'au point de vue des risques. Nous avons montré au contraire que c'est de la convention qui déplace les risques, que découlent les autres caractères du prêt à la grosse.

Il nous reste à déterminer la nature même des risques mis à la charge du créancier, et qu'il ne peut, selon nous, restreindre ; à cet égard, on peut répondre d'une manière générale qu'il les supporte tous, ou, pour mieux dire, que l'insuccès de l'entreprise de l'emprunteur nuit, quelle qu'en soit la cause, au prêteur : si donc le prêt a été fait pour armer un navire, la perte de celui-ci par cas fortuit éteint toute action en remboursement. Il en est de même du prêt destiné à l'achat de marchandises, lequel est, en outre, soumis au même résultat si les marchandises périssent par fortune de mer. Il ne peut guère y avoir de difficultés que pour les avaries communes, c'est-à-dire le jet de marchandises à la mer dans un intérêt commun et pour sauver le navire ; c'est le montant de la contribution du débiteur qui servira de base au calcul des droits du créancier, lesquels seront diminués d'autant. Il faudra donc s'en référer aux dispositions de la loi *Rhodia de jactu*

(1) L. 4, D. *de nautic. fœnor.* — L. 1, C. *eod, tit.*

qui peuvent être résumées de la manière suivante :

Le dommage est supporté en commun parce qu'il a été causé pour l'intérêt de tous (*omnium contributione sarciatur, quod pro omnibus datum est*) (1). Et ceci s'entend d'un jet à la mer pour sauver à la fois le navire et les marchandises qui y sont embarquées (2) ; si donc il est fait dans l'intérêt du navire seul, les marchandises n'y contribueront pas. Il faut, en outre, que la perte soit imminente : tant qu'un espoir de sauver les marchandises et le navire subsiste, celui qui fait le jet est seul responsable envers le propriétaire du jet (3). Enfin, la contribution ne peut être exigée que si le navire a par suite du jet échappé au danger (4).

On voit que la contribution du prêteur à la grosse est très rare ; mais on a tort de dire souvent qu'elle ne se produira jamais, le prêteur n'étant tenu des risques qu'au cas où le navire n'arrive pas à destination ; c'est d'une manière générale que le contrat contient la clause du *periculum creditori* dont l'objet est de mettre l'emprunteur à l'abri des événements de mer et de faire retomber sur un autre la perte que ceux-ci lui causent. Or, c'est évidemment un événement de mer que la contribution aux avaries. En outre, il est certain que, si ce sont des marchandises de l'emprunteur qui sont jetées à la mer, le prêteur, — dont l'obligation naît alors, —

(1) L. 1, D. *de lege Rhodia de jactu*, XIV, 2.
(2) L. 3, D. *de lege Rhod.*
(3) L. 5, D. *de lege Rhod.*
(4) L. 2, § 2. D. *de lege Rhod.*

5

a le droit de profiter des contributions obtenues par
l'emprunteur ; la réciproque est donc équitable et on
ne saurait lui objecter le caractère strict de l'action
qui sanctionne le *nauticum fœnus*.

Il faut évidemment décharger le créancier de la perte
causée par la faute ou par le dol du débiteur ; car la
question des risques, nous l'avons dit, ne se pose que
pour le cas fortuit et chacun répond de son dol ou de sa
faute. Cette observation ne comprend pas seulement
la destruction volontaire des marchandises ou du navire. On peut encore supposer que l'emprunteur a
trompé le prêteur sur la nature des marchandises et les
chances d'avarie qui en découlaient, ou sur la destination du navire et la longueur ou le danger du voyage ; il
y aura alors dol. Il se produira une faute si les précautions n'ont pas été prises pour s'assurer si le navire
était en état de voyager, ou si on a choisi pour faire la
traversée un temps défavorable à la navigation. Tous
les accidents arrivés par suite de ces circonstances ne
seront pas à la charge du créancier : *Cum proponas te*
» *nauticum fœnus, etc..... perque vitium debitorisve,*
» *loco quidem navigii servato, illicitis comparatis merci-*
» *bus, quæ navis continebat, fiscum occupasse, amissa-*
» *rum mercium detrimentum, quod non ex marinæ tem-*
» *pestatis discrimine, sed ex præceptii avaritia ex incivili*
» *debitoris audacia accidisse adseveratur, adscribi tibi*
» *juris publici ratio non permittit* » (1). Le créancier

(1) L. 3, C. *de nautic. fœn.*

intentera donc l'action en remboursement et à l'exception opposée par le débiteur pour perte de l'argent prêté, — exception qu'on peut appeler *amissæ pecuniæ*, — il répondra par une *replicatio doli*.

Il faut remarquer que le texte cité se base sur une raison d'ordre public *(juris publici ratio)* qui semblerait interdire la clause contraire, c'est-à-dire la mise à la charge du créancier de la perte causée par le dol ou la faute du débiteur. Cette déduction ne serait qu'à moitié exacte, même pour l'exemple cité par cette constitution, c'est-à-dire la confiscation de marchandises prohibées. Il faut en effet distinguer entre le dol et la faute du contractant : le débiteur ne peut mettre les conséquences de son dol à la charge du créancier ; c'est un principe dont de nombreux textes contiennent soit la formule (1), soit l'application (2) ; et peut-être en faut-il dire autant de la faute lourde, qui confine au dol et présente avec lui cette ressemblance d'entraîner la même responsabilité dans les mêmes circonstances, notamment d'être à la charge d'un débiteur intéressé dans le contrat. Mais rien n'empêche le créancier de consentir à répondre de la simple faute du débiteur ; ce principe, que les textes appliquent aux contrats de bonne foi (3), n'est pas moins certain pour les contrats de droit strict ; on sait, en effet, que dès une époque assez reculée, la stipulation per-

(1) L. 27, §§ 3 et 4, D. *de pact.* tit, 14. — L. 23, D. *de regul. jur.* l. 17.
(2) L. 17 *proœm.* 1, § 7, D. *Commodat. vel. contrà*, III, 6. L. D. *Depos. vel contrà*. XVI, 3.
(3) Voy. les deux textes cités à la note précédente.

mettait les pactes *in continenti* soit pour diminuer (1) soit
même pour augmenter l'obligation (2), et que la même
règle paraît avoir été admise encore plus tôt dans le *mutuum* (3). Il serait même certain que la convention postérieure, celle qui était faite par un pacte *ex intervallo*
était également permise, et donnait au débiteur une
exception *pacti conventi* lors de la poursuite du créancier.

On voit que dans l'exemple cité par le texte rapporté,
et dans tous ceux que nous avons indiqué, une distinction est nécessaire entre la faute et le dol du débiteur : s'il savait que les marchandises étaient prohibées,
il ne pourra pas s'affranchir de la perte résultant de leur
confiscation, nonobstant toute clause contraire ; s'il l'i-
gnorait, il aura commis une simple faute dont un pacte
aura pu l'affranchir.

En somme, si, comme nous l'avons dit au début de ce
paragraphe, la responsabilité du prêteur ne peut être
diminuée, elle peut, du moins dans une certaine mesure, être augmentée. Les deux solutions n'ont rien de
contradictoire et sont l'une et l'autre le contrepoids des
avantages énormes que le prêteur retire du *nauticum
fœnus* au point de vue des intérêts.

(1) L. 4, § 3, D. *de pact. tit.* 14.— L. 40, D. *de reb. credit.*, XII, 1.
(2) Arg. L. 1, § 3, D. *de verbor. obligat.*, XLV, 1.
(3) L. 29, D. *de pac. tit.* 14. — L. 7, D. *de reb. credit.*, XII, 1.

§ 2. — *De la durée de l'obligation du prêteur.*

La durée de l'obligation du prêteur est corrélative à la durée des effets exorbitants que produit en sa faveur le *nauticum fœnus*, c'est-à-dire qu'elle est limitée au voyage. Un texte nous dit, en effet, formellement que les risques commencent pour le prêteur au jour où commence le voyage. « *In nautica pecuniâ ex ea die peri-* » *culum spectat creditorem ex quo navem navigare con-* » *veniet* » (1). Un autre ajoute qu'ils cessent lorsque le navire est arrivé au port. « *Trajectitiæ quidem pecu-* » *niæ...,. navis, antequam ad destinatum locum perve-* » *niat, ad debitorem non pertinet* » (2).

La convention contraire était-elle permise ? Cette question comporte la même réponse que la question analogue que nous nous étions posée relativement à l'étendue des risques.

Il est, tout d'abord, certain que le créancier peut prendre les risques à sa charge pendant un temps plus long que celui que les textes indiquent ; tout dépend ici de la convention et ce qui le prouve, c'est la faculté accordée aux parties de soumettre un *mutuum* quelconque aux règles spéciales du *nauticum fœnus*, à la seule condition de mettre les risques à la charge du créancier ; nous avons vu plus haut ce principe appliqué à

(1) L. 3, D. *de nautic. fœnor.*
(2) L. 4, C. *de nautic. fœnor.*

l'athlète. Il nous a montré que les parties peuvent augmenter la durée des risques. On peut donc mettre, par exemple, les risques à la charge du créancier pour le retour aussi bien que pour l'aller.

Mais faut-il également permettre aux parties de diminuer la durée des risques du créancier et de la restreindre à une partie du voyage ? Les textes paraissent résoudre cette question par l'affirmative ; l'un permet formellement de soumettre ces risques à un terme ou à une condition. « *Nihil interest an post diem præstitutum* » *et conditionem impletam periculum esse creditoris desie-* » *rit* » (1). Une autre loi n'est pas moins explicite : « .....*Quam trajectitia pecunia ita datur, ut non alias* » *petitio ejus creditori competat quam si salva navis in-* » *tra statuta tempora pervenerit* » (2).

Mais il faut remarquer que ces textes, tout en permettant la convention de ce genre, ne prétendent pas que le contrat soit alors, pendant toute sa durée, soumis aux règles spéciales du *nauticum fœnus* ; l'expression de *trajectitia pecunia* qu'ils emploient ne doit pas suffire pour faire illusion à cet égard ; car nous avons déjà eu l'occasion de dire qu'elle indique plutôt le but du prêt que ses caractères. Il est donc préférable de décider que, si la durée des risques est restreinte, la durée des caractères spéciaux du *nauticum fœnus* l'est également, et que, pour le reste du temps, on est en présence d'un

---

(1) L. 4 *proœm.* D. *de nautic. fœnor.*
(2) L. 6., D. *de nautic. fœnor.*

mutuum ordinaire ; l'opinion contraire donnerait trop de facilité au créancier pour éluder, en prenant à sa charge les risques pendant un temps très court, les lois restrictives du taux de l'intérêt. Le premier des textes que nous avons cité impose d'ailleurs notre solution. Après avoir rapproché du *nauticum fœnus* où les risques ne sont pas à la charge du créancier, celui où ils lui incombent pendant une partie du trajet, Papinien ajoute : « *Utrubique igitur majus legitima usura* » *fœnus non debebitur, sed in priore quidem specie sem-* » *per ; in altera vero, discusso periculo, nec pignora vel* » *hypothecæ, titulo majoris usuræ tenebuntur* ». Ainsi : au premier cas, le taux légal ne pourra être dépassé ; dans la seconde hypothèse, il ne pourra l'être que tant que les risques demeureront à la charge du créancier. Les textes viennent donc à l'appui du raisonnement et rendent irréfutable l'opinion que nous avons admise.

C'est à la question de la durée des risques qu'il faut rattacher une loi très importante et assez obscure de Scœvola (1) qui a beaucoup tourmenté les interprètes du moyen âge. Nous nous contenterons en raison de sa longueur, d'en donner ici la traduction (2).

---

(1) L. 122, § 1, D. *de verbor. obligat.*, XLV, 1.

(2) En voici le texte : *Callimachus mutuam pecuniam nauticam accepit a Sticho, servo seii, in provincia Suria, civitate Berutio usque Brentesium, idque creditum esse in omnes navigii dies ducentos, arb pignoribus et hypothicis mercibus a Beruto comparatis et Brentesium perferendis, et quas Brenteno emptus esset, et per navem Beruto invecturus ; convenit que inter eos uti.* « *Quum Callimachus Brentesium pervenisset, inde intra idus Septembres, quæ sunt proximæ futuræ essent, aliis mercibus emptis, et in na-*

« Callimachus a reçu, dans la province de Syrie, de
Stichus, esclave de Scius, un *nauticum fœnus* pour le
voyage de Béryte à Brindes : ce prêt a été consenti pour
la totalité des deux cents jours que devait durer le
voyage, avec gage et hypothèque sur les marchandises
transportées de Béryte à Brindes, et celles qui devaient
être achetées à Brindes pour être retransportées à Béryte
par le navire. On est convenu que Callimachus, une fois
arrivé à Brindes, en repartirait pour la Syrie avant les
ides de septembre, qui ne devaient pas être éloignées
de son arrivée, après avoir acheté et chargé sur le navire d'autres marchandises ; ou que, s'il n'achetait pas
ces marchandises et ne repartait pas de Brindes à ce
moment, il rendrait en entier la somme prêtée comme
s'il avait heureusement accompli le voyage, et payerait

---

vem missis, et in Suriam per navigum proficiscatur ; aut si intra etiensi in-
perscriptam non reparasset merces, nec navigasset de ea civitate, redde-
ret universum continuo pecuniam quasi perfecto negotio navigio, et præs-
taret sumptus omnes prosequentibus eam pecuniam ut in urbem Romani
eam deportarent. Eaque in recte dari fieri fide roganti Sticho Servo Lucii
Titii promissit Callimachus ; et quum, ante idus suprascriptas, secundum
conventionem mercibus in navem impositis, cum Herde conservo. Stichi,
quasi id provinciam Suriam perventurus enavigavit. Quæsitum est, nave
submersa quum secundum cautionem Callimachus merces perferendas in
naven mississet eo tempore, quo jam pecuniam Brentino reddere Romæ
perferendam deberet ; an nihil profit herotis consensus, qui cum eo missus
erat, cuique nihil amplius de pecunia suprascripta posit diem conventionis
permissum vel mandatum erat, quam ut eam receptam Romani perferret ;
et nihilominus actione ex stipulatu Callimachus de pecunia domino Stichi
teneatur ? Respondit, secundum ea quæ proponerentur teneri. — Item
quæro, si Callimacho post diem suprascriptam navigante, hero suprascrip-
tus servus consenserit, an actionem domino suo semel adquisitam adimere
potuerit ? Respondit non potiusse, sed fora exceptioni locum, si servo arbi-
trium datum esset eam pecuniam quocumque tempore in quemvis locum
reddi.

à ceux qui seraient chargés de recevoir l'argent les frais nécessaires pour le porter à Rome. Callimachus fît cette promesse à Stichus, esclave de Lucius Titius (1).

« Avant les ides de septembre, après avoir chargé des marchandises sur le navire, le tout conformément aux clauses du contrat, il reprit la mer avec Eros, *conservus* de Stichus, comme s'il se dirigeait vers la Syrie. Le navire a fait naufrage, après cette exécution de la convention, à une époque où l'argent devait être remboursé à Brindes pour être transporté à Rome. Deux questions ont été alors posées.

« *Première question.* Callimachus, est-il, par l'action *ex stipulatu* (2), tenu de rembourser la somme prêtée au maître de Stichus ? et ne lui sert-il de rien d'avoir obtenu le consentement d'Eros, qui avait été chargé de l'accompagner, et qui n'avait reçu au sujet de l'argent prêté, après le jour de la convention, d'autre mission que de le rapporter à Rome après l'avoir touché ? La réponse a été que Callimachus était tenu, comme le pensaient ceux qui posaient la question.

« *Deuxième question* : Si Callimachus navigue du consentement d'Eros, après le jour fixé, Eros a-t-il pu enlever à son maître l'action qui lui était déjà acquise ? La réponse a été qu'il ne l'a pas pu, mais qu'il y aurait lieu d'accorder une exception à Callimachus, si l'esclave a

(1) Lucius Titius n'est autre que le Scius dénommé plus haut, et dont le jurisconsulte a oublié le nom.

(2) Nous avons ici un exemple de stipulation servant à la promesse de remboursement d'un *mutuum*, cas très fréquent comme nous l'avons vu.

eu mission de recevoir l'argent au moment et à l'endroit qui lui conviendraient. »

L'exposé des faits indique clairement, quoique le début du texte paraisse dire le contraire, qu'il s'agit d'un *nauticum fœnus* fait à la fois pour l'aller et pour le retour.

Il est certain également que Callimachus n'a pas entièrement exécuté la convention puisqu'il est tenu d'acquitter la somme prêtée, malgré la survenance du naufrage, lequel aurait dû, conformément à la convention et aux règles du *nauticum fœnus*, le libérer. Mais, d'un autre côté, le texte a soin de constater que, pour l'aller, les obligations de l'emprunteur ont été rigoureusement exécutées, qu'il est même reparti du lieu de débarquement à l'époque fixée, c'est-à-dire avant la fin des ides de septembre, époque où la mer devient, dans les parages de la Syrie, très difficile.

La contravention a donc été commise après que l'emprunteur a repris la mer pour revenir au lieu du départ. Le texte n'indique pas bien clairement sur quoi elle a porté.

Il le laisse cependant entendre, selon nous, par l'emploi de l'expression *quasi in provinciam Suriam perventurus* (sous-entendu *esset*) qui doivent être ainsi traduits : *comme s'il devait retourner en Syrie*. Le mot *quasi* n'aurait pas de sens s'il n'indiquait que l'emprunteur s'est dirigé d'un autre côté, ou du moins a changé, en cours de route, son itinéraire.

Le texte, poursuivant l'exposé des faits, rapporte que

le navire fait naufrage, circonstance qui, en elle-même, libérerait le débiteur, puisque le créancier a pris les risques à sa charge. Mais ce naufrage a lieu à une époque où l'argent (et, par conséquent, le navire) aurait déjà dû être rendu à Brindes, c'est-à-dire *à une époque où le créancier ne garantissait plus les risques*. Il est donc certain que celui-ci pouvait réclamer la somme prêtée ; mais, ce qui rendait cette question douteuse et ce qui donnait lieu à la question posée au jurisconsulte, c'est que ce changement de direction et le retard qui en était résulté avait eu lieu avec le consentement du représentant du prêteur. Une réponse affirmative ne s'en imposait pas moins, parce qu'il était reconnu qu'en fait, ce représentant avait outrepassé ses pouvoirs, lesquels consistaient simplement à recevoir la somme lors de l'arrivée.

La première décision du texte est donc absolument correcte : il en est de même de la seconde : on émet ici la supposition que la contravention de l'emprunteur ait consisté à reprendre la mer après l'époque fixée et par suite que le naufrage arrive à une époque où, si la convention était exécutée, le navire ne serait plus en mer ; ici encore l'emprunteur reste tenu, puisque la perte est arrivée à un moment où les risques n'étaient plus à la charge du créancier. Le texte excepte le cas où l'esclave aurait reçu le pouvoir de recevoir l'argent où et quand il voudrait, parce qu'une telle autorisation équivaudrait à lui permettre de prolonger la durée du voyage : la

somme prêtée devant être remboursée au moment de
l'arrivée, l'esclave qui est chargé de régler l'époque et le
lieu du remboursement, a, par cela même, le droit de
modifier, par une convention posée avec l'emprunteur,
la durée et la direction du voyage.

Une autre explication, plus généralement suivie,
consiste à suppléer une négation et à lire : *quum non
ante idus*. Mais il faut remarquer que le texte dit à deux
reprises différentes que l'emprunteur a, jusqu'au moment où il a repris la mer, inclusivement, exécuté la
convention ; or, il est difficile d'admettre l'omission successive, dans l'expression d'un même fait, de deux né-
gations. En outre, la solution donnée par le texte serait
alors trop évidente pour qu'on puisse comprendre qu'un
doute se soit élevé. Il est bien clair que, si le débiteur
n'a pas exécuté la convention, ce n'est pas le consentement postérieur du représentant ou prêteur qui a pu le
mettre à l'abri de l'action de celui-ci, le consentement
en outre, se comprendrait peu : une fois arrivé, l'événement qui a rendu la somme exigible, ce serait, de la part
de l'esclave du créancier, une pure folie que d'en faire
assumer la responsabilité à son maître ; dans notre
solution, le consentement est intervenu avant l'inexécution et, par suite, est assez naturel. Enfin, dans l'opinion que nous combattons, c'est d'une ratification qu'il
s'agirait et non pas d'un consentement (*consensus*) ; car
le consentement ne peut pas suivre le fait qu'il approuve.

Un système bien moins admissible encore suppose

que Callimachus a commis sa contravention à une époque encore plus ancienne. Il aurait fait le chargement,
mais ne serait pas reparti de Brindes, au lieu de quitter
cette ville, ainsi que le prétend l'opinion précédente,
trop tard. Mais comme le texte est contraire, on est
obligé de lui imposer une double correction et, au lieu
de *merces perferendas mansisset eo tempore*, on lit *merces
perferens mansisset eo tempore*. En outre, on oublie que
toute la suite du texte suppose invinciblement que l'emprunteur a accompli le voyage.

Quoi qu'il en soit, tout se réduit à savoir ce que le
jurisconsulte a voulu dire. En admettant que le texte
cité ne vienne pas à l'appui de la doctrine qui limite les
risques du créancier à la durée fixée par le contrat, cette
doctrine n'en est pas moins certaine. Toutes les expli-
cations données de cette loi sont d'accord pour reconnaître que le débiteur n'a pas exécuté ses obligations,
et pour considérer comme logique la solution de Scœvola.

CHAPITRE IV

DES ACTIONS.

Ce que nous avons dit jusqu'à présent prouve que l'emprunteur ne peut avoir aucune action, du moins pour forcer le prêteur à exécuter son engagement, puisque celui-ci n'est tenu d'aucune obligation civile : la promesse de prêt ne l'engage pas ; il n'y a là qu'un de ces *pacta nuda* qui à Rome n'étaient aucunement sanctionnés.

Toutefois il existe des circonstances où un moyen de droit est mis à la disposition de l'emprunteur. On a vu qu'une *exceptio pacti conventi* lui est accordée lorsque le créancier lui réclame la somme prêtée, au mépris d'une convention *ex intervallo*, qui, dans une circonstance déterminée, a fait disparaître son obligation. On peut encore supposer que, dans le même cas, l'emprunteur a, par ignorance ou par négligence, laissé insérer dans la formule délivrée par le magistrat, une disposition obligeant le juge à le condamner au remboursement. Comme il s'agit d'une exception péremptoire ou perpétuelle, il peut faire modifier la formule, en obtenant une *restitutio in integrum* (1) ; la suppression des

(1) Gaius, *Comment.* IV, § 125.

formules rendit, avant Justinien, cette *restitutio in integrum* inutile ; mais l'exception péremptoire continua à pouvoir être opposée tant que le juge n'avait pas statué (1).

De même si l'emprunteur acquitte, en cas de fortune de mer, sans intention de libéralité, le *nauticum fœnus*, il pourra exercer contre le prêteur une *condictio indebiti*, puisqu'il a payé une somme, qui, en raison de l'événement, ne pouvait être exigée de lui. Nous n'avons pas à examiner ici les caractères de la *condictio indebiti* ; il nous suffira d'en rappeler les conditions. Outre la nécessité qu'il n'y ait pas une dette à la charge du payant (2), il faut que le payement ait été déterminé par une erreur (3).

Cette *condictio indebiti* existera également avant l'arrivée du navire, si l'emprunteur a remboursé la somme prêtée ou les intérêts sans attendre l'événement de la condition ; la répétition est, en effet, permise par les principes généraux tant que la condition demeure en suspens (4).

Mais ce sont là des hypothèses exceptionnelles. La seule action normale est celle qui est accordée au prêteur, au cas où le navire accomplit heureusement le voyage, pour réclamer le remboursement du capital emprunté et le paiement des intérêts promis. Car on

(1) L. 2, *Sentent. rescind.*, XII, 50.
(2) L. 65, § 9, D. *de condict. indeb.*, XII, 6.
(3) L. 1, § 1, D. *de condict. indeb.*, XII, 6.
(4) L. 16, *proœm.*, L. 18, D. *de condict. indeb.*, XII, 6.

sait que dans les contrats unilatéraux, — et c'est parmi eux que nous avons rangé le *nauticum fœnus*, — il n'existe qu'une obligation, et par suite qu'une action. Après avoir déterminé la nature de l'action du prêteur, nous indiquerons les garanties accessoires qui lui donnent chance d'aboutir.

Section I. — De la nature de l'action du prêteur.

Les textes gardent le plus complet silence sur cette question, et nous l'avons implicitement montré en étudiant la question de la nature du contrat. Les principes seuls, aidés de quelques expressions échappées aux jurisconsultes, ont pu alors nous guider.

Or si nous avions connu l'action accordée au prêteur, nous en aurions déduit sans discussion la nature du contrat : dans le cas, par exemple, où les textes auraient parlé d'une action *præscriptis verbis*, le *nauticum fœnus* aurait été certainement un contrat innomé. S'ils avaient indiqué la *condictio* il eût fallu le ranger parmi les contrats de droit strict et par suite y voir un *mutuum* puisqu'il était impossible de trouver un autre contrat qui présentât avec lui quelque ressemblance. A Rome chaque action avait, on le sait, un nom particulier qui pouvait aider à désigner le contrat. A défaut de texte les principes nous permettent d'affirmer que l'action qui sanctionne le *nauticum fœnus* est une *condictio certi* comme celle qui dérive du *mutuum*.

Peut-on objecter que si l'action sanctionnant le *mutuum* ordinaire est une *condictio certi* ce n'est pas en raison des caractères essentiels de ce contrat, — caractères qui seraient applicables au *nauticum fœnus* — c'est uniquement à cause de motifs déterminés qui ne se rencontrent pas dans cette dernière forme du prêt. Pour distinguer, en effet, si une condictio est *certi* ou *incerti* on compare le fait générateur de l'obligation au montant de l'obligation elle-même. Si le débiteur doit restituer exactement ce qu'il a reçu, il y a une *condictio certi* parce que comme la dation, la formule employée déterminent exactement la restitution à faire ; au cas contraire la *condictio* est *incerti*. Et la preuve que l'essence du contrat n'est jamais dans l'une ou dans l'autre des formes de cette action, c'est que la *condictio* dérivant de la stipulation est tantôt *certi* (on l'appelle alors proprement *condictio*) ou *incerti* (c'est l'action *ex stipulatu*).

Ce raisonnement est parfaitement exact ; mais il est certain que la jurisprudence romaine ne s'y est pas conformée. On voit toujours la *condictio* dérivant du *mutuum* simple — nous l'avons dit, — considérée comme *certa*. Et cependant les développements qui précèdent montrent que l'obligation n'y est pas toujours l'équivalent de la dation. Sans parler de la clause qui diminue la prestation de l'emprunteur et qui ne donne lieu qu'à une exception, n'a pas de raison de modifier le caractère de la *condictio*, on peut avons-nous dit, s'en-

gager à rendre une plus grande quantité de blé que
celle qu'on a reçu (1). On voit donc que, si une pareille
règle n'a pas été étendue au prêt d'argent, elle n'en modifie pas moins en théorie, le caractère de la *condictio*,
qui comprend plus qu'on n'avait reçue ; et cependant
c'est d'une manière générale que les textes paraissent
qualifier *de condictio certi* la *condictio* dénommée ailleurs
actio mutui (2) ou encore *actio creditæ pecuniæ* (3).

Il était nécessaire de prévoir et de réfuter cette objection, quoiqu'elle ne paraisse pas avoir été faite, et de
montrer que la *condictio* dérivant du *nauticum fœnus* doit,
pour ceux qui veulent se conformer aux idées romaines,
être considérée comme *certa* ; la différence entre le contenu de la dation et celui de l'obligation, au lieu d'être
accidentelle comme dans le *mutuum* simple, est essentielle, mais elle ne modifie pas plus ici que là le caractère de la *condictio*.

Les textes confirment notre solution, et montrent en
même temps l'intérêt pratique de la distinction entre
les actions *certi* et *incerti*.

Le caractère de l'action est sous la procédure formu-
laire, déterminé par celui de l'*intentio*, partie de la formule où se trouve indiquée la prétention du demandeur. Or l'*intentio* est nécessairement *certa* et *incerta* :
elle est *incerta* lorsque l'obligation est elle-même *incerta,*

(1) L. 12, L. 23, C. *de usur.*, IV, 32.
(2) L. 6, C. *Quib. non obj. long. tempor. prarer.*, VII, 3.
(3) L. 5, § 1, D. *Quib. mod. pignor. vel. hypothec. solvent.*, XX, 6.

c'est-à-dire lorsqu'elle ne porte pas sur une somme
déterminée, elle est *certa* dans le cas contraire. Les
contrats synallagmatiques et les contrats de droit strict
où le montant de l'obligation n'est pas fixé donnent
donc lieu à une *intentio incerta* ; les contrats de droit
strict où le débiteur est tenu d'une somme exactement
limitée ont une *intentio certa* ; ou, pour formuler autrement cette idée, l'*intentio* est *incerta* dans les *actiones
bonæ fidei* et les *condictiones incerti*, elle n'est *certa*
que (nous ne parlons que des actions personnelles) dans
les *condictiones certi.*

Or, nous venons de dire que les prétentions du
demandeur se mesurent au contenu de l'*intentio* ; et
comme, d'un autre côté, on ne peut lui allouer que ce
qu'il demande, si l'*intentio* exigeait trop (1), le demandeur est déchu de son action (*causa cadit*). Or, on sait
quelle grave conséquence entraînait cette déchéance ; ce
n'était pas seulement l'action qui était perdue, c'était le
droit lui-même (2). Le juge se conformant aux termes
de la formule, — *si non paret, absolve* — était forcé
d'absoudre le défendeur, qui ne pouvait plus être re-
cherché. Plus tard, à la suite des réformes opérées par
Zénon (3) et par Justinien (4), cette déchéance disparut,

(1) Nous ne parlons pas du cas où elle n'exige pas assez ; il y a alors
minus petitio, et le demandeur ne subit aucune déchéance, il est seulement
obligé, sous peine d'être repoussé par l'exception *litis dividuæ*, de ne pas
reproduire son action qu'après l'expiration des fonctions du préteur qui a
délivré la formule. Gaius, *Comm.* IV, § 22.
(2) Gaius, *Comm.* IV, § 68.
(3) L. 1, § 1, C, *de plus petit.*, III, 10.
(4) L. 21, C. *de plus petit.*, III, 10.

mais on y substitua d'autres punitions moins graves qu'il est inutile de rapporter ici.

Quoiqu'il en soit, il ne pouvait pas y avoir *plus petitio* lorsque l'*intentio* était *incerta* : le demandeur ne fixant pas ce qu'il réclamait, — l'*intentio* portait : *quidquid paret dare facere oportere*, — on ne pouvait soutenir qu'il demandait trop, et le juge fixait ce qui lui était dû.

Ces développements étaient nécessaires pour faire comprendre l'argument de texte que nous allons invoquer pour achever de démontrer le caractère de la *condictio* dérivant du *nauticum fœnus*.

Une loi d'Ulpien (1) exprime la nécessité de l'action *de eo quod certo loco* pour réclamer le montant du prêt à la grosse dans un lieu différent de l'endroit convenu. Après avoir déterminé les effets de l'action *de eo quod certo loco*, il donne comme exemple de contrat où elle peut devenir nécessaire le *nauticum fœnus :* « *Quid enim si trajectitia pecunia dederit, Ephesi*, etc. ».

Or l'action *de eo quod certo loco* était précisément l'un des remèdes autorisés contre la *plus petitio*. Le créancier encourait une déchéance s'il réclamait la chose dans un endroit qui n'avait pas été indiqué au contrat (*plus petitio loco*), ce changement fut-il même utile au débiteur. Pour obvier à l'inconvénient qui en résultait dans le cas où le débiteur ne se trouvait pas au lieu où son obligation devait être exécutée, le préteur accorda au créancier l'action dont nous parlons ; elle lui permettait

(1) L. 2, § 8, D. *de eo quod certo loco*, XII, 4.

de poursuivre le débiteur devant les magistrats compétents d'après le Droit commun et de *stricti juris* rendait l'action arbitraire, par l'insertion de la clause *nisi restituat* dans la dernière partie de la formule (1).

L'action *de eo quod certo loco* étant destinée à conjurer la *plus petitio*, et celle-ci, comme nous l'avons montré n'existant que dans les *condictiones certi*, il faut en conclure que tous les contrats qui rendent possible cette action sont, non-seulement des contrats de droit strict, mais donnent lieu à une *condictio certi*, notre démonstration est donc faite pour le *nauticum fœnus*.

Cela dit, voici comment nous construirons la formule du *nauticum fœnus*.

« *Si paret Numerium Negidium Aulo Agerio sestertium decem millia dare oportere, judex* N^m N^m A^o A^o *sestertium* 10.000 *condemna; si non paret absolve.* Si le créancier est forcé d'user de l'action *de eo quod certo loco*, l'*intentio* est complétée par la mention du lieu convenu et par la clause *nisi restituat* (2).

On voit que la formule est réduite à deux parties, l'*intentio* et la *condemnatio*. Il n'y a rien d'étonnant à ce qu'elle soit dépourvue de l'*adjudicatio*, qui n'existe que dans un très petit nombre d'actions (3). Quant à la *demonstratio*, qui contient l'exposé des faits, elle est certainement nécessaire dans les *condictiones incerti*;

(1) L. 2, § 3, D. *de eo quod certo loco*, XIII, 4.
(2) L. 1, § 3, D. *de eo quod certo loco*, XIII, 4.
(3) Gaius, *Comment.*, IV, § 42.

mais on peut conjecturer qu'il en est autrement dans
les *condictiones certi* ainsi que le prouve implicitement,
au moins pour les *condictiones certæ pecuniæ* dans lesquelles rentre en pratique l'action du *nauticum fœnus*,
un passage où Cicéron (1), commentant une formule de
ce genre passe en revue les diverses causes qui pourraient dans l'espèce donner lieu à une obligation et
montre par là-même qu'elles ne sont pas indiquées
dans la formule. Nouvel intérêt de la question que nous
nous sommes posée.

En somme, la formule de l'action du *nauticum fœnus*
ne différait aucunement de la *condictio ex mutuo* ; et
cela n'a rien d'étonnant puisque ce contrat n'est sauf
des particularités qui ont trait uniquement au montant
de l'obligation et à la manière dont elle se contracte
qu'un *mutuum* ordinaire.

Nous avons suffisamment indiqué dans les pages précédentes, les différences qui séparent notre action des
condictiones incerti. Pour être complet, il nous resterait
à montrer en quoi les *condictiones* en général diffèrent
des actions de bonne foi, qui sont, comme elles, personnelles et *conceptæ in jus.* Nous n'insisterons pas sur
cette étude, qui est trop générale pour être ici d'une
véritable opportunité.

Elle ne manquerait cependant pas d'importance ; son
intérêt serait d'autant plus considérable qu'elle nous
montrerait des différences considérables qui séparent

(1) *Pro Proscio. com.*, 4 et 5.

la doctrine que nous avons adoptée sur la nature du *nauticum fœnus* de celle qui considère cette convention comme un contrat innomé.

L'action *præscriptis verbis*, qui sanctionne les contrats innomés est, en effet, toujours de bonne foi car nous avons vu que ce sont des conventions synallagmatiques. Or, plusieurs textes indiquent formellement quoique implicitement, que les contrats synallagmatiques sont toujours sanctionnés par une action de bonne foi. Gaius nous dit que dans les actions *bonæ fidei* le juge doit tenir compte des obligations réciproques des parties (1) ; et il n'y a pas d'obligations réciproques dans les conventions unilatérales ; Cicéron tient le même langage à deux reprises différentes (2) ; en ce qui concerne notamment les contrats consensuels, Gaius (3) et Justinien (4) disent que les obligations réciproques des parties se déterminent dans ces contrats, *ex æquo et bono*, c'est-à-dire, sans aucun doute, par des actions de bonne foi.

On a cependant pu prétendre, tout en convenant du caractère synallagmatique des contrats innomés, que l'action *prescriptis verbis* n'est pas toujours de bonne foi. Un texte des *Institutes* qui restreint ce caractère à l'action dérivant de l'*æstimatum* et de l'échange fournit un argument à cette opinion. « *Bonæ fidei sunt..... præscriptis verbis factio (actio) quæ æstimato proponitur,*

(1) *Comment.* IV, § 61.
(2) *Topiq.* 17. — *De officiis*, III, 17.
(3) *Comment.* III, § 137.
(4) *Inst. proœm. de consens. obligat.*, III, 12.

et ea quæ ex permutatione competit (1). Mais peut-être Justinien ne veut-il que donner un exemple ; s'il en est autrement, il commet une erreur certaine ; car d'autres textes montrent que. ce ne sont pas les seuls cas où l'action *præscriptis verbis* est de bonne foi (2) et même qu'elle l'est toujours (3). Il serait d'ailleurs inconcevable qu'une action changeât de caractères suivant les circonstances.

Avant de terminer sur la nature de l'action du préteur, il est nécessaire de dire un mot de l'action *exercitoria.*

Il arrivait fréquemment que le maître d'une exploitation commerciale ou le propriétaire d'un navire en conférât l'entreprise à un tiers appelé dans ce dernier cas *magister navis* et dans le premier *institor.* La multiplicité des délégations de ce genre avait décidé le préteur à permettre, en cas d'engagement contracté par le gérant, au créancier de poursuivre le propriétaire. C'étaient les actions *exercitoria* et *institoria* ; ce qui leur donne de l'importance c'est qu'elles firent pour la première fois échec au principe du Droit civil qui interdisait la représentation dans les actes juridiques (*Nemo alieno nomine lege agere potest*) et en hâtèrent par cela même l'abolition.

Il est probable que l'action *exercitoria* précéda l'action *institoria,* qui n'en fut que l'émanation et la généralisa-

(1) *Instit.* § 28, *de actionib.*, IV, 6,
(2) L. 1, § 2, D. *de precar.*, XLIII, 26.
(3) L. 1, *proœm.* D. *de restimat.*, XIX, 3.

tion ; le commandement d'un navire devait être en effet
plus souvent confié à un tiers que l'exploitation d'un
commerce ; en outre une dérogation au Droit civil se
conçoit plus facilement en matière de Droit maritime,
où les exemples de ce genre abondent.

Quoiqu'il en soit ; lorsque le prêt était conclu par le
magister navis, le prêteur avait une double action. Il
pouvait user envers son emprunteur de la *condictio* dont
nous avons exposé les règles, car l'action *exercitoria* ne
détruisait pas les voies ordinaires et ne faisait que s'a-
jouter à elles (1). En outre cette dernière action pouvait
être exercée contre le propriétaire du navire. Elle empruntait d'ailleurs dans l'espèce, tous les caractères de
la précédente. L'action *exercitoria* n'avait en effet, rien
d'original ; c'était une action utile à laquelle, par
conséquent s'adaptait avec une modification, la formule
d'autres actions. On la rangeait parmi les actions *adjec-
titiæ qualitatis* dans les cas où le *magister navis* était
l'esclave ou le fils de famille du propriétaire (2). Dans ce
même cas, le préposé lui-même ne pouvait être atteint
que par les actions *tributoria* ou *de peculio*, c'est-à-dire
sur son pécule, car le fils de famille et l'esclave, ne pouvaient avoir de fortune personnelle ; cette règle subit
d'ailleurs des dérogations pour le premier.

---

(1) L. 5, § 1, D. *de exercito. action.*, XIV, 1.
(2) *Instit.* § 2. *Quod cum eo qui in alien. potest. ato.*, IV, 7.

Section II. — Des garanties attachées à l'action du prêteur.

Les risques n'étaient pas plus considérables dans le *nauticum fœnus* que dans les autres conventions. Si le navire ne parvient pas à accomplir heureusement son voyage, le créancier n'aura rien à réclamer ; dans le cas contraire, il pourra exercer son droit sur le navire ou les marchandises appartenant à son débiteur.

Toutefois, la simple application du Droit commun obligerait le créancier à subir le concours des autres créanciers chirographaires du débiteur, et la préférence de ses créanciers hypothécaires et privilégiés. Le seul remède contre les inconvénients résultant de cette situation était la stipulation de garanties personnelles ou réelles et la faveur de la loi qui établissait des garanties de plein droit.

La garantie personnelle la plus usitée était le cautionnement dont la forme la plus ordinaire était la fidéjussion. Nous n'avons pas à en étudier les caractères ; il nous suffira de dire que l'engagement du fidéjusseur avait, — s'il intervenait avant l'heureuse arrivée du navire, — un caractère nécessairement conditionnel, puisque le propre de l'obligation accessoire est de suivre le sort de l'obligation principale, et que celle-ci n'était, dans le *nauticum fœnus*, exigible que conditionnellement.

Les sûretés réelles paraissent avoir été dans le *nauti-cum fœnus*, plus usitées que les garanties personnelles, car ce sont les seules que les textes mentionnent. D'ordinaire, le navire et les marchandises étaient hypothéqués au profit du prêteur ; des textes se placent constamment dans des hypothèses de ce genre (1). D'autres fois, surtout si le navire et les marchandises ne paraissaient pas au créancier d'une valeur suffisante, on hypothéquait en outre d'autres marchandises, chargées sur d'autres navires. D'où la question que Paul pose et résout dans les termes suivants : (2)

« Un prêteur à la grosse s'est fait conférer une hypothèque sur des marchandises du navire, avec cette clause que si elles ne suffisaient pas à l'acquittement intégral de la dette, d'autres marchandises transportées sur d'autres vaisseaux et déjà hypothéquées au profit de ceux qui avaient prêté sur ces vaisseaux, lui seraient également engagées, s'il restait quelque chose après l'acquittement de la créance de ces derniers. Le navire sur lequel le prêteur dont il est question a mis son argent, périt dans le temps fixé pour la navigation. On a demandé si seul le prêteur devait supporter la perte ou s'il pouvait encore se faire payer sur ce qui restait des autres vaisseaux après l'acquittement des autres dettes. Voici ce que j'ai répondu : En général, la diminution des

(1) Voy. notamment le texte précité de Scœvola. L. 121, § 1, D. *de verbor. obligat.*, XLV, I.
(2) L. 6, D. *de nautic. fœnor.*

biens hypothéqués regarde le débiteur et non le créancier ; mais, dans le prêt maritime, dont le remboursement n'a été promis que si le navire arrivait à bon port,
la créance elle-même disparaît si la condition fait défaut ; et par suite aussi le droit d'exiger la garantie promise ; or, c'est ce qui s'est produit dans l'espèce : le navire a péri dans le temps fixé pour le voyage, et, par
suite, la condition ayant fait défaut, le prêteur ne peut
réclamer l'hypothèque qui lui a été consentie sur les
autres navires. Dans quels cas donc cette hypothèque
sera-t-elle efficace ? si la condition s'est réalisée et que
le gage se soit perdu d'une autre manière, par exemple
le prix de vente (*distractio*) a été inférieur au montant
de la dette, ou le navire a péri après la fin de l'époque
pendant laquelle le créancier assumait les risques. »
    Cette solution se comprend d'elle-même et on ne
conçoit guère qu'un doute se soit élevé sur la question
tranchée par le jurisconsulte : une garantie subsidiaire
avait été convenue, mais il est bien clair que cette
garantie, qui constitue l'accessoire d'une obligation,
ne peut produire effet, que si l'obligation elle-même
prend naissance. Le créancier avait sans doute, dans
l'espèce, cru pouvoir donner une interprétation différente à la clause litigieuse et prétendre que l'hypothèque sur les autres navires était donnée pour le garantir
de la perte éventuelle de sa créance principale. En
somme, d'après cette interprétation, la perte du navire
sur lequel il avait fait son prêt ne l'aurait pas privé de sa

créance et n'aurait fait que changer son gage. Il ne se serait donc pas agi en réalité d'un *nauticum fœnus*.

L'hypothèque consentie pour sûreté d'un prêt maritime garantit non-seulement le remboursement de la somme prêtée, mais toutes les sommes accessoires, c'est-à-dire les intérêts maritimes et le salaire de l'esclave. Cette solution, qui n'est que l'application des principes, devait être admise d'autant plus facilement dans le *nauticum fœnus* que la dette accessoire y est, dans ses rapports avec la dette principale, beaucoup plus importante qu'en matière de *mutuum* ordinaire.

. Il arrivait que le prêteur à la grosse passait le premier, quelle que fût la date des autres hypothèques. Il avait, en d'autres termes, ce qu'on appelait à Rome une hypothèque privilégiée quand l'argent prêté avait servi à payer le prix d'achat de la chose hypothéquée (1).

Un autre cas d'hypothèque privilégiée spécialement appliqué par les textes au prêteur à la grosse est celui où l'argent prêté avait servi à conserver la chose : « *veluti* » *si navis fuit obligata, et ad armandam eam rem vel* » *reficiendam ego credidero* (2) » le motif en est que ce prêt a sauvé le gage de tous les autres créanciers (3). « *Hujus enim pecunia salvam fecit totius pignoris cau-* » *sam quod poterit, quis admittere et si in cibaria nauto-* » *rum fuerit creditum sine quibus navis salva per-*

(1) L. 7, C. *qui potior in pignor*, VIII, 18.
(2) L. 5, D. *qui potior in pignor vel hypothecis*, XX, 4.
(3) L. 6, *prœm. et § 1*, D. *eod tit.*

» *venire non poterit. Item si quis in merces obligatas*
» *crediderit, vel ut a salvæ fiant, vel ut nautum ex-*
» *solvatur* ».

En somme, il nous semble résulter de ces textes que
le prêteur à la grosse devait avoir, dans toutes les circonstances, une hypothèque privilégiée. Les textes la
lui accordent en effet quand son argent a servi soit à
acheter ces marchandises ou le navire, soit à nourrir
les matelots, soit à faire des réparations, c'est-à-dire
dans toutes les circonstances où le prêt maritime était
consenti. Toutefois, cette hypothèque privilégiée soulève deux observations : elle ne portait que sur les choses conservées ; si donc l'argent prêté n'avait servi qu'au
navire, et qu'en outre, conformément à l'usage, les
marchandises fussent hypothéquées pour sûreté du
prêt, le créancier ne venait sur ces dernières qu'à son
rang ; il en était de même, à plus forte raison, des autres choses qui auraient également été hypothéquées,
et par exemple des marchandises transportées sur d'autres navires.

En outre, cette hypothèque n'était pas tacite : il fallait
donc, pour qu'elle fût munie d'un privilège, qu'il y eût
une convention formelle d'hypothèque (1), mais il était
inutile que cette convention portât que l'hypothèque
soit privilégiée : car cette supériorité de la garantie
dérivait exclusivement de la loi et était en dehors des
conventions.

(1) L. 3. C. *qui potior, in fignor, hab.*, VIII. 18.

Deux textes accordent cependant, au moins sur le navire et quand le prêt a servi à équiper ou à acheter ce navire, un privilège sans paraître exiger une convention. L'un n'en fixe pas le rang : « *Qui in navem extruen-* » *dam vel instruendam credidit, vel etiam emendam* » *privilegium habet* (1) ». L'autre le fait passer immédiatement après le fisc : « *Quod quis navis fabricandæ* » *vel emendæ vel armandæ vel instruendæ causa vel quo-* » *que modo crediderit vel ob navem venditam petat habet* » *privilegium post fiscum* (2). Quelques mots du dernier de ces textes (*vel quoque modo*) montrent même que le privilège est aussi large que l'hypothèque privilégiée dont nous parlions tout à l'heure.

Mais il faut remarquer qu'il ne s'agit ici que d'un privilège et non, quoiqu'on ait prétendu le contraire, d'une hypothèque privilégiée ; or, on connaît les différences qui, en Droit romain, séparaient ces deux garanties : alors que l'hypothèque privilégiée venait en tête, le privilège ordinaire subissait la préférence de toutes les hypothèques et ne primait que les créances chirographaires ; aussi l'appelait-on *privilegium inter chirographarios.*

On invoque, en sens contraire, un argument d'analogie tirée de l'hypothèque privilégiée accordée à celui dont l'argent sert à réparer une maison, mais cette garantie qui d'ailleurs n'apparaît qu'assez tard par un sé-

(1) L. 26, D. *de reb. auctorit. jud.,* XLII. 5.
(2) L. 34, D. *eod tit.*

CHAPITRE IV

natus de Marc-Aurèle (1) n'est peut-être, elle aussi, qu'un
simple privilège (2), en fût-il autrement, qu'on ne pourrait l'étendre.

---

(1) L. 1. C. *in quif. caus. pignoi. et hyp.*, V, 36.
(2) La loi 24, § 1, D. *de reb. auctorit jud.*, XLII, 5, qui paraît reproduire
le texte même de l'édit, ne parle que d'un *privilegium exigendi*.

DROIT FRANÇAIS

DU CONTRAT D'ASSURANCE

CONTRE L'INCENDIE

BIBLIOGRAPHIE

Aubry et Rau, *Cours de Droit civil.*

Badon-Pascal, *Répertoire des assurances.*

Bédarride, *Commentaire du Code de commerce :* Des assurances.

Bonneville de marsangy, *Répertoire général des assurances.*

Boudousquié, *Traité de l'assurance contre l'incendie.*

Bourcart, dans *France judiciaire,* 1887, p. 1 et suiv.

Cerisé, *La lutte contre l'incendie avant* 1789.

Dalloz, *Répertoire.* Vº *Assurances terrestres.*

De Courcy, *Philosophie de l'assurance.*

De Courcy, dans *Revue critique,* 1884, p. 38.

De Courcy, dans *Revue critique,* 1883, p. 118 et 191.

De Lalande et Couturier, *Traité du contrat d'assurance contre l'incendie.*

Demolombe, *Commentaire du Code civil.*

Emerigon, *Traité du contrat d'assurance.*

Giboulot, dans *Dalloz,* 1873. 1. 337.

Labbé, dans *Sirey,* 1886. 2. 97.

Labbé, dans *Sirey,* 1886. 1. 449.

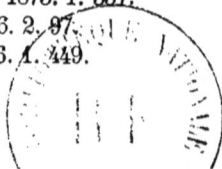

LABBÉ, dans *Revue critique*, 1887, p. 449.

LAURENT, *Principes de droit civil.*

LYON-CAEN, dans *Revue critique*, 1887, p. 650.

LYON-CAEN et RENAULT, *Précis de droit commercial.*

PERSIL, *Traité des assurances terrestres.*

POTHIER, *Du contrat d'assurance.*

POUGET, *Dictionnaire des assurances.*

RICHARD et MAUCORPS, *Traité de la responsabilité en matière d'incendie.*

SOURDAT, *Traité de la responsabilité*, 2e édition.

THALLER, dans *Revue critique*, 1885, p. 385.

VALIN, *Commentaire de l'ordonnance* de 1667.

INTRODUCTION

Toute personne qui se sent exposée à un danger quelconque, cherche à s'en garantir.

Mais, s'il est souvent facile de se prémunir contre le péril, il n'arrive pas moins fréquemment qu'on s'y trouve soumis sans avoir pu l'éviter et même le prévoir : mes marchandises sont saisies par des pirates pendant leur transport, ma maison est incendiée par le feu du ciel : voilà des accidents auxquels il ne m'était aucunement possible de me soustraire, et dont l'effet serait d'amener ma ruine, si l'institution de l'assurance n'existait pas.

L'assurance, pour prendre l'exacte définition qu'en a donnée Pothier (1), est « un contrat par lequel l'un » des contractants se charge du risque des cas fortuits » auxquels une chose est exposée et s'oblige envers » l'autre contractant de l'indemniser de la perte que » lui causeraient ces cas fortuits s'ils arrivaient, moyen- » nant une somme que l'autre contractant lui donne » ou s'oblige de lui donner pour le prix des risques dont » il se charge. »

Le contractant qui prend les risques à sa charge se

_____
(1) *Du contrat d'assurance*, n° 2.

nomme *assureur* ; celui qui se garantit moyennant le
payement d'une somme, généralement annuelle, prend
le nom d'*assuré* ; enfin c'est le mot de *prime* qui sert
d'ordinaire à désigner cette somme.

Cette simple définition indique l'incontestable et im-
mense utilité que présente pour l'assuré le contrat dont
nous parlons : on n'aura plus à s'inquiéter constamment
des cas fortuits et des événements de force majeure
qui pourraient se produire et conduire à la misère des
familles entières ; on sera certain, par le payement
d'une somme modérée, de faire retomber à la charge
d'autrui les conséquences pécuniaires de tous les accidents.

Ce n'est pas que l'assurance, — et notamment celle
qui fera l'objet de cette étude, l'assurance contre l'incendie, — ne présente certains dangers : l'assuré sera porté
à veiller avec un soin médiocre s'il sait qu'il ne répondra pas des accidents ; il ne se gardera pas suffisamment
contre l'arrivée d'un événement qui ne lui causera aucune perte ; peut-être même produira-t-il cet événement
par son propre fait, en détruisant la maison assurée (1).

La pratique a démontré que ce danger n'est pas illusoire ; il ne se produit pourtant pas très fréquemment
et nous verrons que les conventions entre assureurs et
assurés et les principes généraux de la législation le
rendent très rare, en mettant à la charge de l'assuré

_____

(1) V. sur ce point De Courcy, *Philosophie de l'assurance,* et *Revue critique de législation,* 1884, p. 338.

sa faute lourde et son dol, et en réprimant sévèrement l'exagération des valeurs assurées.

Quoi qu'il en soit, ce n'est là qu'un point tout spécial, et qui ne devait pas nuire au développement du contrat d'assurance.

Jamais ce contrat n'a acquis une telle extension qu'aujourd'hui ; il n'est guère d'événement contre lequel on ne cherche à s'assurer ; l'assurance contre l'incendie, si elle est très pratiquée, ne l'est pas plus pourtant que l'assurance maritime. On s'assure également contre la grêle, contre les accidents de travail, contre les accidents de voiture, contre le chômage, et surtout sur la vie. Ce dernier contrat, à peine juridiquement étudié depuis quelques années, tend à prendre dans la société une place prépondérante.

Il est cependant remarquable, — et c'est la principale source des nombreuses difficultés que fait naître la matière, — que nos Codes n'ont, pour ainsi dire, prévu aucune de ces assurances.

Le Code de commerce consacre des articles assez nombreux aux assurances maritimes, quoiqu'on puisse lui reprocher une extrême concision sur ce point ; mais les autres catégories d'assurances, et notamment les deux plus importantes, celles contre l'incendie et sur la vie, ne sont même pas mentionnées dans le Code civil, où elles auraient trouvé leur place naturelle ; de là, pour les interprètes et la jurisprudence, la nécessité de résoudre les difficultés soit par l'application des textes

relatifs aux assurances maritimes, soit par les principes généraux.

Ce silence de nos Codes est facile à expliquer ; il
tient à ce qu'au commencement de ce siècle, l'institution des assurances n'était encore, en général, qu'à l'é-
tat embryonnaire ; les nécessités du commerce et surtout le développement de l'association ont surtout
contribué à la développer.

On aurait tort toutefois de croire que l'assurance a
été formée de toutes pièces dans des temps récents ; il
est facile de montrer que, bien longtemps même avant
le Code civil, elle n'était pas inconnue.

Sans parler de l'assurance maritime, qui très certainement, — les textes classiques en font foi (1), — était
pratiquée à Rome, et que, dans tous les cas, l'existence
du *nauticum fœnus* rendait moins nécessaire, il semble
qu'on peut trouver, dans toutes les législations de l'antiquité, l'assurance organisée sous une forme qui existe
encore aujourd'hui, celle d'une association : les sociétés
de petites gens, qu'on rencontre en Inde, en Égypte, en
Assyrie et en Grèce et qui ont atteint, au Bas-Empire
romain, un développement qu'elles ne paraissent avoir
retrouvé nulle part depuis, n'avaient-elles pas pour objet principal d'unir un certain nombre de personnes incapables de se protéger individuellement, et de faire
retomber sur la corporation tout entière les conséquen-

(1) Tite-Live, *Histor.* lib. XXIII cap. 49. — Suétone, *Douze Césars* V, 19.
— L. 45 et 47 Dig. *de verb. obligat.* XLV, I. — Voy. aussi Cicéron, *Epistol.*
ad Familiares, lib. II, epist. 19.

ces des accidents arrivés à l'un de ses membres (1)?

Dès la formation de la Gaule, on se trouve en présence d'institutions analogues; les *Ghildes* ou banquets faits en commun donnent leurs noms à des sortes d'associations qui sont, comme les corporations de l'antiquité, de véritables assurances mutuelles contre les événements de toute espèce : les injures, les naufrages et les incendies sont garantis par tous les associés; on trouve ainsi réunies les assurances contre les accidents, contre l'incendie et maritimes. Ces sociétés diffèrent de celles qui les avaient précédées en ce qu'elles n'étaient pas seulement contractées entre gens de la basse classe mais s'étendaient à toutes les branches de la société. Nous laissons d'ailleurs de côté le caractère religieux qu'elles présentaient (2).

Cette assurance mutuelle reçut une organisation plus développée au moyen âge ; on voit notamment les incendies des maisons religieuses réparés à l'aide d'une cotisation forcée émanant de toutes les maisons du même ordre ; c'est ainsi que fut rebâtie quatre fois, à la suite de quatre incendies successifs, la Grande Chartreuse du Dauphiné en 1320, 1371, 1509 et 1676.

Nous pourrions en passant, surtout à l'étranger (3), multiplier ces exemples.

(1) La Ghilde d'Avie (1188) porte que l'associé dont la maison ou la grange aura été incendiée, recevra trois deniers de chacun de ses co-associés.

(2) Voy. les *Ghildes* rapportées par Augustin Thierry, *Récits des Temps Mérovingiens*, t. I, p. 268 et 385.

(3) C'est en Allemagne que l'assurance mutuelle paraît s'être surtout

Jusqu'ici nous n'avons été en présence que des assurances mutuelles, sortes d'associations contre le danger et qui avaient pour effet de répartir entre plusieurs la perte subie par un seul.

Un dernier progrès restait à accomplir ; il fallait décharger l'assuré non pas seulement de la plus grande partie, mais de la totalité des résultats de l'accident ; et c'est ce progrès que devait réaliser ce qu'on peut appeler proprement le contrat d'assurances, c'est-à-dire l'assurance à primes, celle dont nous avons, au début, donné la définition.

Ici c'est un étranger qui se charge des risques ; il consent à les subir moyennant une somme qu'acquittera entre ses mains l'assuré ; cette somme sera irrévocablement perdue si aucun accident ne se produit ; mais aussi, dans le cas contraire, elle sera remplacée par une somme bien supérieure et représentant une indemnité complète de l'accident.

Nous venons de montrer d'un mot la supériorité de cette seconde forme sur la première ; elle existait, sans cependant être une véritable institution, dès la république romaine pour l'assurance maritime ; et nous en avons vu dans les auteurs quelques exemples isolés.

Elle existe également, dans la même hypothèse, au moyen âge, mais on ne l'y voit apparaître qu'à la suite de tâtonnements successifs, et c'est seulement quand

développée. — Voy. Cerise, *La lutte contre l'incendie avant* 1789, Paris, 1885.

elle est parfaitement organisée, qu'elle s'étend à l'incendie.

Tout d'abord, c'est le contrat de *commende* : le *donneur* ou *commandateur* confie au *commandataire* d'un navire à transporter ou simplement une somme qu'il désire faire valoir dans une expédition maritime. Les bénéfices seront partagés, mais, en cas de perte, le commandateur n'aura aucun recours.

Ce contrat, comme on le voit, ressemble plus au *nauticum fœnus* qu'à l'assurance. Ce dernier contrat n'apparaît, à vrai dire, qu'au début du XIV\ siècle ; encore ne peut-on en attribuer l'origine qu'à l'entrave apportée dans l'exercice du *nauticum fœnus* : sans souci des intérêts commerciaux, et par une application trop stricte de la prohibition du prêt à intérêt, Grégoire XI, dans une décrétale de 1235 défendit la stipulation d'un loyer pour le prêt maritime. Cette condamnation ne pouvait que favoriser la renaissance du contrat d'assurance maritime, lequel, en somme, tendait au même but, celui de favoriser les transports par mer en limitant les pertes du propriétaire de marchandises.

Il est difficile de savoir dans quels pays l'assurance maritime prit naissance. Certains auteurs en attribuent la création aux marchands de la ligne Hanséatique, d'autres aux Vendes et aux Lombards. Quoiqu'il en soit, la première mention s'en trouve dans une chronique de Flandre de 1310.

Le développement des assurances contre l'incendie à

primes fut beaucoup plus lent, et ceci se conçoit facilement.

Tout d'abord l'*opinion du risque*, c'est-à-dire la probabilité plus ou moins grande de l'événement devant donner ouverture à l'indemnité, peut être calculée beaucoup plus facilement pour les événements de mer que pour les accidents de terre : les premiers rentrent tous dans un cercle très étroit, les seconds peuvent dériver de causes multiples qu'il n'est pas aisé de préciser.

En outre le contrat d'assurances maritimes peut fort bien être conclu entre particuliers : la prime est payée d'avance en une seule fois, et l'assuré qui l'a acquittée peut être à peu près certain de toucher son indemnité en cas d'accident : car il a soin de ne la stipuler que d'une personne solvable, qui restera généralement telle dans le temps assez court qui sépare la stipulation de l'accomplissement du voyage.

Au contraire, ce n'est pas en vue d'un risque résultant d'une circonstance déterminée et passagère que l'assurance terrestre, et notamment l'assurance contre l'incendie est contractée : on cherche à se prémunir contre un danger permanent, et par suite on désire que la garantie offerte par l'assureur reste sérieuse ; il faut donc qu'on puisse à l'avance être à peu près certain d'une solvabilité durable.

Or on trouve rarement cette certitude chez un particulier, dont la fortune est soumise à des fluctuations de toute espèce ; il faut, pour avoir une garantie solide, s'adresser à une société, dont les capitaux considérables et placés en lieux sûrs répondent de l'avenir, dont les comptes dressés à intervalles périodiques attestent la richesse.

Enfin l'assureur lui-même ne peut contracter efficacement que si un grand nombre d'assurés s'adressent à lui : un seul contrat serait pour lui trop aléatoire et un accident pourrait lui causer une perte trop considérable ; s'il garantit au contraire plusieurs personnes, il n'est pas à prévoir qu'elles aient toutes l'occasion d'invoquer un fait donnant naissance à indemnité ; et les primes versées par chacune d'entre elles monteront à un chiffre suffisant pour couvrir l'indemnité à verser pour l'assureur à quelques-unes et pour lui procurer encore un bénéfice suffisant. Or, pour attirer la foule des assurés, une publicité et un crédit sont nécessaires et que les sociétés seules peuvent fournir.

Aussi l'assurance contre l'incendie à primes se confond-elle, dans l'histoire, avec l'institution même des Compagnies d'assurances.

C'est en 1753 qu'on voit apparaître la première d'entre elles : sous le nom pompeux de *Chambre générale des assurances de Paris*, ce n'est encore qu'un timide essai. Un capital de neuf millions de livres, considérable pour l'époque, divisé en trois mille parts de trois mille livres, garantit les sinistres. L'organisation de la société, chose remarquable, diffère peu des sociétés qui aujourd'hui se partagent la clientèle des assurés (1).

Elle avait trouvé ses modèles en Angleterre, où, depuis longtemps, des Compagnies de ce genre fonctionnaient régulièrement.

En 1684, se fondait dans ce dernier pays la Société amicale contre l'incendie (*friendly society for the fire*), compagnie à primes mais qui offrait cependant, comme son nom l'indique, une certaine ressemblance avec l'assurance mutuelle ; le payement de la prime n'était pas, en effet, la seule charge subie par l'assuré ; il devait aussi, au cas d'un sinistre important, et quand toutes les primes versées ne suffisaient pas à le combler, verser encore une nouvelle somme.

La Compagnie de 1754 trouva peu d'imitateurs. Il faut aller jusqu'en 1786 pour rencontrer la constitution de nouvelles sociétés d'assurances contre l'incendie.

En 1786 les frères Perrier constituent une société de ce genre au capital de quatre millions de livres.

La même année, le sieur Labarthe forme, sous le nom de *Compagnie générale d'assurances contre les incendies*, une société nouvelle au capital de huit millions de livres. L'arrêt d'autorisation exige que la compagnie applique sur chaque maison assurée une plaque reproduisant son sceau, usage aujourd'hui généralement adopté.

Les Compagnies d'assurances furent très attaquées au point de vue économique ; les avantages que nous avons assignés au contrat frappaient il est vrai tous les esprits ;

(1) Voy. sur cette organisation, Cerise, *op. cit.*

mais certains d'entre eux comprenaient difficilement que ces sortes de sociétés pussent faire des bénéfices et prédisaient la ruine des actionnaires.

Le dividende de 7 0/0 distribué à ses actionnaires en 1788 par la plus récente des compagnies créées, donnait à ces craintes un démenti, qu'ont encore accentué les bénéfices réalisés aujourd'hui par nos grandes compagnies.

Mais les sociétés financières portaient ombrage à l'esprit révolutionnaire, et les trois compagnies furent englobées dans la suppression générale prononcée par les décrets du 26 germinal et 17 vendémiaire an II (décr. 8 octobre 1793 et 15 août 1794).

Sous le premier empire, on essaya de réorganiser les Compagnies d'assurances contre l'incendie, mais, soit difficulté de réunir les capitaux nécessaires, soit amoindrissement de l'esprit d'entreprise, les tentatives n'aboutirent pas.

Dès le début de la Restauration, les compagnies reparaissent : Après la création, en 1816, de la *Mutuelle immobilière de Paris*, se forme en 1819 la *Compagnie des assurances générales*, qui, aujourd'hui encore, tient la tête parmi les compagnies françaises d'assurances contre l'incendie à primes, et qui s'organise sur les bases des compagnies du 18ᵉ siècle. On ne compte plus actuellement le nombre des sociétés, grandes et petites, qui se partagent la clientèle des assurés.

Le développement croissant de l'assurance contre

l'incendie a rendu de plus en plus évidente la nécessité de consacrer quelques dispositions législatives à ce contrat. Les essais qui, à diverses reprises, ont été faits en ce sens, sont demeurés infructueux. En 1834, un projet fut présenté par le gouvernement au Conseil d'État, mais les Chambres n'eurent pas à s'en occuper. En 1837, le Conseil supérieur de l'agriculture et du commerce, saisi par les pouvoirs publics d'un projet calqué sur le précédent, ne l'étudia même pas.

Le nouveau Code civil italien de 1866 n'a pas manqué de consacrer plusieurs articles à l'assurance contre l'incendie et l'organisation des sociétés d'assurances est réglée par les titres IX et XIII du nouveau Code de commerce (art. 413 à 449, loi du 1er juillet 1882). En Belgique, la loi du 11 juin 1874, consacrée aux assurances terrestres, contient plusieurs articles sur les assurances contre l'incendie (art 33 à 38). Le nouveau Code de commerce (art. 1 à 44) promulgué le 21 août 1879 s'occupe de l'organisation des sociétés d'assurances :

La matière est réglée en Bavière par une loi du 25 août 1876 ; en Hollande par les articles 246 et 247, 302 à 309 du Code de commerce ; en Hongrie par les articles 453 à 515 du même Code ; en Saxe par une loi du 25 août 1876 ; en Norwège par une loi du 1er juin 1876 ; en Wurtemberg par les articles 496 et 504 du Code de commerce.

Les Code civil autrichien s'occupe dans son article 1288, des assurances.

En Angleterre des textes assez nombreux règlent la matière des assurances (V. surtout acte du 15 août 1870).

Plusieurs cantons de la Suisse ont également une législation complète sur ce sujet.

En France, au contraire, on s'est jusqu'à présent contenté de régler l'organisation des Compagnies d'assurances (Décret du 22 janvier 1868). Quelques dispositions, éparses dans les lois postérieures au Code civil, s'occupent de points spéciaux.

Pour le reste, on en est réduit, ainsi que nous l'avons dit, aux principes généraux et aux articles 332 à 397 du Code de commerce.

Il est même bon d'observer immédiatement que ces dernières dispositions ne doivent pas être, sans discernement, étendues à l'assurance contre l'incendie : il faut nécessairement appliquer celles d'entre elles qui ne sont pas des emprunts faits à la législation générale ; nous en dirons autant, avec la jurisprudence, de celles qui dérogent aux règles générales pour des motifs communs à toutes les assurances. Mais, à part même les dispositions fondées sur des raisons toutes spéciales aux risques de mer, il existe quelques articles qui ne se justifient pas suffisamment pour être étendus aux assurances contre l'incendie.

Outre les textes et les principes, il ne faut pas oublier le contrat lui-même qui doit servir à résoudre les difficultés sur lesquelles il s'explique toutes les fois qu'il ne

contient aucune clause contraire aux lois prohibitives
ou à l'ordre public. Cette observation qui peut être faite
préliminairement à l'étude de toute convention, présente
dans notre matière une importance toute particulière :
le contrat conclu entre l'assureur et l'assuré, — la police,
pour l'appeler par son nom, — est plus détaillée en pratique que tout autre contrat ; il n'est guère de question
qu'elle ne tranche et comme la plupart des Compagnies
se servent de polices rédigées à peu près sur le même
modèle, l'étude du contrat d'assurance se réduit en partie à l'examen et à l'interprétation de la police ; cette interprétation aura lieu comme le disait jadis Emerigon
ex stylo et consuetudine, par application de l'article 1156
du Code civil (1).

Avant d'aborder cette étude, délimitons-en soigneusement le champ.

Nous ne nous occuperons pas, cela est évident, de
l'organisation des Compagnies d'assurances, des rapports
des associés entre eux ni de ceux de la société avec ses
agents (2), nous avons uniquement à examiner les rela-

---

(1) Emérigon, *Traité des assurances*, t, I, p. 17.

(2) Encore moins parlerons-nous de la question de l'assurance obligatoire, qui, jusqu'à présent, est restée, en France tout au moins, dans le
domaine de l'économie politique. La Chambre des députés vient de discuter une proposition de loi qui n'a pas eu un meilleur sort que celles mises
en avant en 1848, 1851, 1857 et 1882.

L'assurance est obligatoire en Saxe (loi du 25 août 1876) et dans certains
cantons de la Suisse. — Le problème se complique d'ailleurs d'une autre
question, celle de l'assurance par l'État. Voir sur ces points : Block, *Dictionnaire d'économie politique*, v° Assurances, — Cauwès, *Précis d'économie
politique*, t. II. — Larnaude, *Revue critique*, 1884, p. 108 à propos du projet
de Code civil du Japon.

tions que le contrat fait naître entre l'assureur quel qu'il soit et en admettant même que ce soit un simple particulier, et l'assuré ; nous ne traiterons même que d'une manière très accessoire l'hypothèse d'une assurance mutuelle : il ne s'agit pas dans ce dernier cas, à proprement parler, d'un contrat d'assurance ; la personne qui désire se mettre à l'abri d'un accident adhère simplement aux statuts de l'association ; c'est donc plutôt un contrat de société qu'un contrat d'assurance, quoique le mot de *société* soit, juridiquement parlant, très mal choisi pour une réunion ne présentant pas l'éventualité des bénéfices qui est un élément essentiel de la société (1).

Nous examinerons successivement :

1° La nature et la forme du contrat d'assurance contre l'incendie ;

2° Les personnes qui y sont parties ;

3° Les choses qui peuvent être assurées ;

4° Les obligations de l'assureur, notamment le payement de l'indemnité et les cas où elle prend naissance (risques) ;

5° Les obligations de l'assuré, c'est-à-dire le payement des primes et les déclarations exigées par la police ;

---

(1) Aubry et Rau, *Cours de Droit civil*, t. IV, p. 543, § 377, note 5. — Bravard, *Manuel de Droit commercial*, p. 41. — Lyon-Caen et Renault, *Précis de Droit commercial*, t. I, p. 61 et n° 260, note 3. — Pont, *Sociétés*, t. I, n° 208. — Rousseau, *Sociétés commerciales*, n° 71. — Troplong, *Société* n° 13. — Bédarrides, *Sociétés*, n° 16. — De Lalande et Couturier, *Traité du contrat d'assurance contre l'incendie*, n° 23.

2

6° La nullité, la résolution, l'extinction, et la réduction ;

7° La prescription ;

8° La preuve en matière d'assurance ;

9° Les rapports entre l'assureur ou l'assuré et les tiers ; c'est dans ce chapitre que trouveront leur place naturelle les recours à exercer et le sort de l'indemnité une fois versée ;

10° Enfin les règles de juridiction et de compétence.

Dans un appendice, nous nous occuperons de la législation fiscale applicable au contrat.

CHAPITRE PREMIER.

NATURE ET FORME DU CONTRAT D'ASSURANCE
CONTRE L'INCENDIE

Les articles 1102 et suivants du Code civil divisent les contrats de plusieurs manières : ils les distinguent en contrats à titre onéreux ou gratuits, commutatifs ou aléatoires, synallagmatiques ou unilatéraux.

Quels sont, parmi ces caractères, ceux que présente le contrat d'assurance ?

Il est, tout d'abord, certain qu'il doit être rangé parmi les contrats à titre onéreux ; le désir de gratifier qui est l'essence de la donation ne se rencontre, en effet, ni chez l'assureur, ni chez l'assuré : le premier promet éventuellement une indemnité dans le but de recevoir une prime ; le second prend à sa charge la prime dans la prévision que le droit à l'indemnité naîtra à son profit s'il éprouve une perte.

Le caractère synallagmatique de l'assurance n'est pas plus douteux : nous venons de montrer qu'une obligation naît à la charge de chacune des parties.

Ce n'est pas une question plus discutée que celle de savoir si l'assurance est une convention commutative ou aléatoire.

On sait que cette distinction constitue, en réalité et quoique l'article 1104 ne le dise pas, une subdivision des contrats à titre onéreux ; elle appelle, en effet, l'idée d'un
échange d'obligations que les parties considèrent *a priori*
comme équivalentes ; or, une pareille idée est, par définition même, étrangère aux actes à titre gratuit.

L'assurance étant un contrat à titre onéreux, est nécessairement commutative ou aléatoire ; la double définition que donne de ce dernier genre de conventions le
Code civil ne fait naître de controverses que sur d'autres points.

L'article 1104, après avoir défini la convention commutative, celle où chacune des parties s'engage à donner
ou à faire une chose qui est regardée comme l'équivalent de ce qu'on donne ou de ce qu'on fait pour elle,
ajoute que le contrat est aléatoire quand l'équivalent
consiste dans la chance de gain ou de perte pour *chacune des parties*.

L'article 1964, placé en tête du titre des *contrats aléatoires*, exige seulement que l'effet, *soit pour toutes les
parties, soit pour l'une ou plusieurs d'entre elles*, dépen-
de d'un effet incertain.

Cette même disposition donne immédiatement comme
exemple de convention aléatoire, l'assurance; il n'est
donc pas nécessaire que nous essayions de concilier les
deux textes contradictoires (1). Demandons-nous seule-

---

(1) V. sur ce point Mourlon, *Répétitions écrites sur le Code civil*, t. III
n° 1075. — Pont, *Petits contrats*, t. I, n° 375. — Demolombe, *Contrats*, t. II
n° 27. — Aubry et Rau, 4° éd. t. IV p. 286, § 341, not. 4.

ment, — tout en faisant remarquer que l'intérêt de la
question est purement théorique — si, dans notre contrat, l'*aléa* existe pour les deux parties ou pour une
seule.

Quoique ce point soit légèrement discuté, nous pen-
sons, que, dans l'assurance, et notamment dans l'assurance contre l'incendie, l'obligation de l'assureur est la
seule qui présente un caractère aléatoire.

Il est vrai que la quotité de la prestation que doit
fournir l'assuré n'est pas connue d'avance, puisqu'elle
consiste dans une prime payée généralement à intervalles périodiques jusqu'au moment du sinistre ou de la
fin du contrat. Mais il faut observer que cette condition
n'est pas indispensable et que la prime peut fort bien
consister dans une somme fixe, payée d'avance, sans
que le contrat en soit aucunement dénaturé. En outre
l'assuré seul est, suivant les événements, en chance de
perdre ou de gagner : il gagnera si le sinistre prévu ne
se produit pas, il perdra au cas contraire ; l'assureur
sait au contraire d'avance qu'il perd le montant de la
prime. On dit bien qu'il retirera plus tard un avantage
du contrat si le droit à l'indemnité s'ouvre pour lui, et
par suite que son obligation est aléatoire ; une telle
objection ne se soutient pas : l'assuré obtiendra simplement la réparation du préjudice qui lui aura été causé,
et cela est d'autant plus vrai, qu'il ne pourra réclamer,
ainsi que nous le verrons, même en vertu d'une convention formelle, une somme supérieure à ce préjudice ; il

ne réalisera donc pas plus de gain que si le sinistre ne s'était pas produit ; il se contentera de maintenir l'intégrité de son patrimoine (1).

Tels sont les caractères que présente le contrat d'assurance si on désire le faire rentrer dans les diverses catégories établies par les articles 1101 et suivants. On peut également se demander si ce contrat est pur et simple ou conditionnel ; il nous paraît certain, quoique le contraire ait été soutenu, qu'il est pur et simple : l'obligation de l'assuré naît en effet immédiatement, et celle de l'assureur seule est conditionnelle.

Enfin doit-on ranger l'assurance parmi les contrats solennels ou consensuels ? On sait que cette distinction n'est pas, d'une manière générale, faite par le Code, en raison du petit nombre de contrats solennels ou formels qui se rencontrent dans notre Droit.

Il ne nous en faut pas davantage pour affirmer avec la généralité des auteurs, que l'assurance contre l'incendie est un contrat consensuel ; aucun texte ne permet à l'interprète d'exiger des formes quelconques, sur la nature desquelles on ne pourrait d'ailleurs que discuter, pour un contrat autre que ceux que la loi elle-même considère comme solennels.

L'article 322 du Code de commerce a pourtant fourni un argument à la doctrine opposée ; cette disposition exige que l'assurance maritime soit rédigée par écrit ;

---

(1) En ce sens Pont, *op. cit.*, n° 575. — *Contrà* Mourlon, *op. et loc. cit.*

en vertu d'un principe général d'interprétation, on étend
cette règle à l'assurance contre l'incendie.

Nous avons dit déjà que, pour nous, l'extension à
l'assurance contre l'incendie des articles du Code de
commerce ne peut se justifier que par une analogie de
motifs ; or, si l'écrit était exigé pour les assurances
maritimes, la raison en serait impossible à connaître, et
par suite ne pourrait s'appliquer à l'assurance contre
l'incendie.

En outre, et nous insisterons sur ce point, lorsque
nous en arriverons à la preuve, l'article 322 n'exige
l'écrit que pour prouver le contrat ; la seule question
qui puisse donc s'élever, — et elle trouvera alors sa
place naturelle, — est celle de savoir si cette restriction
de la liberté de la preuve s'applique en notre matière.

Considérons donc comme certain que l'assurance
contre l'incendie rentre dans les contrats consensuels,
et peut par suite se faire verbalement ; ajoutons toutefois qu'un écrit est, en pratique, toujours rédigé, sous
le nom de *police* ; c'est en étudiant les obligations des
parties que nous aurons à analyser les principales dispositions de la police.

Chacun des caractères que nous avons assignés à
l'assurance présente un sérieux intérêt pratique : étant
à titre onéreux, il ne tombe pas sous la multitude des
prohibitions et des restrictions de forme et de fond
qu'impose le Code civil aux donations ; étant synallagmatique, il doit, comme nous le verrons en nous occu-

pant de la preuve, être rédigé en double : étant consensuel, il n'est pas assujetti à la formalité de l'écrit ; enfin, étant aléatoire, il ne peut être rescindé pour cause de lésion, même si on le considère comme une vente (1).

Ces derniers mots nous amènent à une question plus générale : l'assurance peut-elle être rangée parmi les diverses sortes de contrats prévus par le Code et ne forme-t-elle qu'un genre parmi l'un de ces contrats ? ou est-elle, au contraire, une convention spéciale ?

La question aurait présenté une grande importance pratique dans le Droit romain, où les conventions qui ne pouvaient être englobées dans les contrats munis d'action, étaient considérées à l'origine comme vaines (*inanes*) et ne furent que très tard sanctionnées d'une manière à peu près complète. Elle offre encore quelque intérêt aujourd'hui, car chacun des contrats réglés par le Code est soumis à certaines règles spéciales qu'on étendrait de plein droit à l'assurance si on la considérait comme une variété de ce contrat.

Pothier (2) disait, que l'assurance était une *espèce de vente* ; la suite de ses idées prouve qu'il entendait par là non pas la faire rentrer dans la vente, mais indiquer simplement qu'elle présente quelque analogie avec ce dernier contrat : on peut dire en effet que l'assureur vend la sécurité moyennant le payement de la prime ; mais il est clair que ce n'est là qu'un simple rapproche-

---

(1) Aubry et Rau, 4e édit. § 358, not. 7, t. IV, p. 414.
(2) Pothier, *de l'Assurance*, nos 5 et 6.

ment ; car on pourrait dire avec non moins de raison
que le locateur d'un objet vend la jouissance de sa
chose et le locateur d'ouvrage son travail ; la vérité est
qu'en prenant cette idée comme point de départ, l'assurance se rapprocherait bien plus du louage d'ouvrage
que de la vente, mais elle en diffère encore essentiellement, surtout en ce que chaque obligation consiste en
une somme d'argent.

A plus forte raison ne faut-il pas dire, avec la Rote
de Gênes (1), que l'assurance est une véritable vente.

Il n'est pas plus exact de prétendre, comme on l'a
fait, qu'elle constitue un contrat de garantie ; cette convention est accessoire et se rattache à un autre contrat
principal, témoins le cautionnement, l'hypothèque, le
nantissement ; l'assurance au contraire se suffit à elle-
même. Cette assimilation ne présenterait d'ailleurs pas
le moindre intérêt pratique, car il n'existe pas une seule
des règles spéciales aux contrats de garantie qui ne se
rattache à leur caractère accessoire.

La nature spéciale de l'assurance est d'ailleurs unanimement reconnue depuis longtemps et l'article 1964
du Code civil la rend indiscutable en en faisant un contrat muni d'un nom particulier et soumis par conséquent à des règles distinctes de celle des autres contrats.

Tout ce qu'on peut dire, pour caractériser nettement
l'assurance, c'est que c'est un contrat d'indemnité.

Cette expression indique clairement le but essentiel

(1) *Rota Genuæ*, déc. 39, n° 9.

de l'assurance, qui est de procurer à l'assuré une compensation des pertes qu'il éprouve, mais non pas de l'enrichir (1) ; l'indemnité doit, — nous tirerons cette conclusion plus tard, — être réduite strictement au dommage causé.

Les conséquences à déduire de cette idée sont très importantes : l'assurance manquerait son but si une indemnité supérieure à la valeur des objets assurés était promise et stipulée, si l'assurance était faite pour un risque imaginaire, ou sur des objets non exposés à des risques, enfin si l'assuré n'avait aucun intérêt à la conservation de la chose. Dans tous ces cas, nous le verrons plus tard, l'assureur pourra demander la nullité de l'assurance.

Il se peut cependant que ce dernier ait contracté en connaissance de cause ; cette hypothèse qui était assez fréquente autrefois sous le nom d'*assurance gageure* (2) ne se présente plus que très rarement dans la pratique, du moins en matière d'assurance contre l'incendie ; on les appelle alors *polices d'honneur*, commme on appelle *dettes d'honneur* les dettes de jeu ou de pari.

L'assurance gageure n'est en effet pas autre chose qu'un pari ; l'article 1965 du Code civil refuse donc toute action soit à l'assureur en payement de la prime soit à l'assuré en payement de l'indemnité ; il faut éga-

---

(1) *Guidon de la mer*, chap. II, art. 13. — C. Co. art. 347, 357 et 358 en ce qui concerne les assurances maritimes.
(2) Emérigon, *Traité des assurances*, chap. I, sect. I, § 1.

lement appliquer l'article 1967, qui dénie toute action en répétition de la somme volontairement acquittée. Les assurances-gageures ont d'ailleurs été, dans l'ancien Droit, prohibées par différents arrêts de Parlement.

Dans le cas spécial où l'assuré n'a aucun intérêt à la conservation de la chose, le principe que nous avons émis se trouve pour ainsi dire annihilé par la faculté qu'a tout tiers non intéressé de faire, sous le nom de gérant d'affaires, un acte profitable au véritable inté-ressé ; nous reviendrons dans le chapitre suivant sur cette hypothèse. Nous reparlerons également plus tard de l'exagération des valeurs assurées.

CHAPITRE II

L'assurance met en présence deux personnes, l'assureur et l'assuré.

Section I. — De l'assureur.

L'assurance est certainement un contrat commercial de la part de l'assureur, qui ne vise qu'un but de spéculation.

En conséquence, la capacité nécessaire pour pouvoir être assureur est celle d'être capable de faire le commerce (1).

Cette solution ne présente d'ailleurs pas le moindre intérêt pratique : car si l'on voit encore quelquefois, — de plus en plus rarement, — des particuliers se charger d'une assurance maritime, il en est tout autrement des assurances terrestres ; nous avons vu les raisons qui nécessitent la formation de sociétés d'assurances.

Ces sociétés sont toujours, en fait, représentées par

(1) Pothie *De l'assurance,* n° 91.

des préposés, qui sont désignés sous le nom d'agents, de courtiers et d'inspecteurs, et qui sont chargés soit de rédiger les contrats, soit de mettre la Compagnie en rapport avec les particuliers.

Aucune capacité n'est exigée de leur part car ce sont de simples mandataires (1), et la Compagnie se trouve engagée par les actes qu'ils ont accomplis dans la limite de leurs pouvoirs ; c'est ce que la jurisprudence a notamment décidé pour les erreurs de tarifs commises par les agents (2). Il en est autrement, bien entendu, du cas où ces agents excèdent leurs pouvoirs, par exemple rédigent des polices où ils garantissent des risques qui sont exclus des statuts de la Compagnie (3). Ce sont là des questions qu'on ne peut résoudre par un principe général et qui nécessitent un examen d'espèce de la part du juge.

Nous n'étudierons pas la question si controversée des rapports de la Compagnie avec l'agent qu'elle a nommé ; il y a peu de problèmes dans notre Droit qui aient donné lieu à autant de difficultés ; la jurisprudence n'a pas encore réussi à se mettre d'accord sur leur solution.

Il est certaines personnes qui, tout en jouissant de la capacité nécessaire, n'ont pas reçu de la loi le droit de faire des assurances.

---

(1) Agen, 12 août 1881. *Journ. des Assurances*, 1882, p. 9.
(2) Lyon, 22 mars 1851. *Jurispr. génér. des assur.*, II, p. 118.
(3) Nîmes, 2 juillet 1879. *Journ. des Assur.* 1880, p. 12.

Ce sont les notaires et les courtiers d'assurances (1),
le législateur est parti de l'idée que les personnes destinées à servir d'intermédiaires n'offriraient pas toutes
les garanties désirables si elles prenaient un rôle actif
dans le contrat.

Certains auteurs prétendaient également dans l'ancien Droit que les étrangers ne pouvaient être assureurs
en France ; la question n'est plus discutée aujourd'hui,
et nous ne voyons, avec la pratique, aucun obstacle à
ce qu'un étranger, — particulier ou Compagnie, —
garantisse les risques d'un immeuble situé en France.
En entendant même l'article 11 du Code civil dans le
sens, trop restrictif suivant nous, qui n'accorderait aux
étrangers que les facultés rentrant dans le droit des gens,
il n'existe aucun argument qui permette d'exclure l'assurance de cette catégorie. On peut même remarquer
dans nos lois cette singularité que les Compagnies étrangères fonctionnent en France plus facilement que les
Compagnies françaises (2).

Section II. — De l'assuré.

La personne qui passe un contrat quelconque est tenue
d'avoir la capacité nécessaire à cet effet, c'est-à-dire

---

(1) Ordon, 20 août 1791, 5 mai 1793 et 4 janvier 1842. — C. co. art. 85,
87 et 88.

(2) Voy. sur ce point De Courcy, *Revue critique*, 1883, p. 118 et 191.

d'être considérée par la loi comme étant dans un degré de maturité d'esprit suffisant pour y participer.

Elle doit en outre avoir qualité ; en d'autres termes se trouver avec la chose sur laquelle porte le contrat dans des relations assez étroites pour pouvoir contracter ; cette définition, vague par nécessité, ne peut s'éclaircir que par des exemples.

Ce sont ces deux points que nous nous proposons d'étudier ; le second offre des difficultés toutes particulières.

§ 1. — *De la capacité de l'assuré.*

Les incapables de contracter sont, aux termes de l'article 1124 du Code civil, les mineurs, les interdits, les femmes mariées dans les cas exprimés par la loi et tous ceux auxquels la loi interdit certains contrats.

Ajoutons à cette énumération l'individu pourvu d'un conseil judiciaire et celui qui sans être interdit est placé dans une maison d'aliénés.

La loi n'interdisant l'assurance à personne au moins en ce qui concerne le rôle d'assuré (1) nous n'avons à passer en revue que les incapables de droit commun, en examinant dans quelles conditions ils peuvent promettre une prime d'assurance.

1° *Mineurs*. — Le mineur non émancipé est incapable de consentir aucun contrat pécuniaire et par suite

_____

(1) Nous venons de voir qu'il en est autrement pour celui d'assureur.

de s'assurer contre l'incendie ; nul doute ne peut s'élever
sur ce point, mais il est facile de comprendre que le
mineur ne peut que très difficilement, par suite de l'application des principes généraux, obtenir la rescision du
contrat ; il est en effet, suivant l'opinion générale, tenu
de prouver que le contrat a eu pour effet immédiat de
lui causer une lésion ; or, il n'en sera ainsi que si la
prime est exagérée ; c'est donc le tuteur seul qui pourra
contracter l'assurance.

Le mineur émancipé peut au contraire jouer le rôle
d'assuré, il est en effet capable de tous les actes de pure
administration ; or, il agit en bon père de famille en
s'assurant.

Il en serait autrement si la prime mise à sa charge
par le contrat était supérieure à celle qui est généralement stipulée dans les cas analogues ; le mineur n'aurait
pas agi en administrateur soigneux, car il lui eut été
facile de payer une prime moindre en s'adressant à une
autre Compagnie. Dans ce cas, on appliquera l'article 484
§ 2, aux termes duquel les obligations excessives du
mineur émancipé peuvent être réduites. On décide en
effet presque généralement que cette disposition est
applicable aux actes d'administration.

L'assurance contre l'incendie peut exiger en outre
certains actes pour lesquels le mineur émancipé devra
se munir des autorisations nécessaires.

Il lui est bien permis d'intenter en justice une action
tendant au payement de l'indemnité ; car c'est une ac-

tion mobilière et l'article 4 § 2 ne lui défend que les actions portant sur les immeubles, mais il lui est interdit de recevoir l'indemnité sans l'assistance de son curateur, qui est chargé de surveiller l'emploi de cette somme: il s'agit en effet d'un capital mobilier, pour la réception duquel le mineur émancipé ne jouit pas de la capacité nécessaire.

De même, si le mineur veut transiger avec la Compagnie d'assurances sur le montant de l'indemnité, il se trouvera en présence de l'article 467 qui exige l'assistance du curateur, l'autorisation du conseil de famille et l'homologation du tribunal après avis de trois jurisconsultes.

2° *Interdit.* — L'interdit judiciaire est assimilé au mineur non émancipé (art. 502) ; l'assurance qu'il a contractée est donc nulle. En fait, il faut observer cependant que sa situation est, en notre matière, toute différente ; le contrat d'assurance qu'il a passé est toujours annulable, tandis que celui passé par le mineur ne l'est à peu près jamais.

Quant à l'interdit légal, il n'est pas moins incapable (29, C. pén.) ; mais ici encore nous avons à relever une importante différence, au point de vue du caractère de la nullité. Cette nullité est absolue au lieu d'être relative comme dans la situation, soit du mineur, soit de l'interdit judiciaire. Dans les deux cas, c'est le tuteur qui pourra seul contracter l'assurance.

3° *Individu placé dans un établissement d'aliénés.* —

Cet individu est aussi incapable que l'interdit judiciaire, duquel il diffère cependant en plusieurs points, notamment, sous le rapport du caractère de la nullité et du point de départ de l'action. Nous nous contenterons de renvoyer, sur ces divers points, aux textes généraux. En outre, il a non pas un tuteur, mais un administrateur.

4° *Individu pourvu de conseil judiciaire.* — Ici l'assurance contre l'incendie ne rencontre aucun obstacle ; le prodigue est en effet capable, comme le mineur émancipé, de tous les actes d'administration (art. 499 et 513).

Il convient cependant de répéter, en les modifiant légèrement, les observations que nous avons faites à propos de ce dernier.

L'exagération de la prime conduirait non plus à une réduction, mais à la rescision du contrat ; car il est impossible d'étendre l'application de l'article 484 § 2, qui est spécial au mineur émancipé (1).

A la différence de ce dernier, l'individu pourvu d'un conseil ne peut plaider, et par conséquent réclamer en justice l'indemnité qu'il prétend lui être due (art. 499).

Quant à la transaction, elle lui est interdite, par les termes formels de l'article 499 ; mais, pour cet acte comme pour tous les autres, l'assistance du curateur lui rend son entière capacité.

On voit que la situation de l'individu pourvu de conseil

(1) Civ. 2 décembre 1885. S. 86. 120. — Pianiol, *Revue critique,* 1887, p. 711.

est tantôt plus et tantôt moins avantageuse que celle du mineur émancipé.

5° *Femme mariée.* — Mettons d'abord à part la femme séparée de biens, qui peut incontestablement contracter une assurance ; l'article 1449 lui permet en effet tous les actes de libre administration, termes, qui, on le reconnaît, sont plus larges que ceux de pure administration qui désigne la capacité du mineur émancipée.

Nous en dirons autant de la femme dotale en ce qui concerne ses biens paraphernaux, dont elle a l'administration (art. 1576).

La femme dotale pour ce qui regarde ses biens dotaux, la femme mariée sous le régime exclusif de communauté ou sous le régime de communauté, ne peuvent au contraire contracter d'assurance ; c'est le mari qui a l'administration de leurs biens (art. 1428, 1531, 1559), c'est donc lui seul qui est chargé de veiller à leur conservation. Nous excepterons cependant le cas où la femme a reçu un mandat du mari (art. 1420), et un tel mandat pouvant être tacite, nous croyons que la femme à laquelle le mari abandonne l'administration d'une partie de ses biens peut les assurer (1).

La femme redevient d'ailleurs pleinement capable de se faire assurer après la séparation de corps ou la séparation de biens judiciaires.

_____

(1) Agnel. *Manuel des Assurances*, n° 317. — *Contrà*, Delalande et Couturier, *Assurances contre l'incendie*, n° 35.

En ce qui concerne les actes auxquels peut donner lieu
l'assurance après la formation du contrat, d'importantes
distinctions sont à établir.

S'il s'agit de transiger, par exemple, sur le montant de
l'indemnité, la femme ne peut agir sans l'autorisation
du mari, car, pour tous les actes excédant l'administration, c'est elle-même qui est chargée, sous cette condition de les accomplir. Il en est ainsi du moins sous les
régimes de la communauté, sans communauté et de séparation de biens ; pour les biens dotaux, c'est au contraire
le mari qui contracte avec le consentement de la femme
(arg. art. 1549).

Il en est de même des procès que peut faire naître le
contrat (art. 215, 1549).

Enfin la femme séparée de biens, ou la femme dotale
pour ses biens paraphernaux nous paraissent pouvoir
recevoir seules l'indemnité qui leur est due ; cet acte
rentre en effet dans la *libre administration* visée par
l'article 1449 ; la largeur de cette expression empêche
de tirer argument, en sens contraire, de l'article 482,
qui n'est que le corollaire de l'article 481.

Pour le même motif, nous croyons que le mari, sous
les régimes de communauté et sans communauté peut
toucher l'indemnité ; il administre en effet, avec une
grande liberté, les meubles de la femme. Il en est ainsi,
toujours pour la même raison, de l'indemnité due en
raison de l'incendie d'un immeuble dotal.

Telle est la situation générale de la femme mariée ;

l'hypothèse spéciale où cette femme est commerçante appelle une observation particulière.

La femme que son mari a autorisée à faire le commerce, peut faire tous les actes qui sont relatifs à ce commerce (art. 4, C. civ.) ; elle peut donc, sous quelque régime qu'elle soit mariée, non seulement assurer les marchandises qu'elle doit vendre (1), mais accomplir tous les actes se rattachant directement à cette assurance.

§ 2. — *De la qualité requise pour pouvoir assurer.*

Le propriétaire d'une chose peut évidemment l'assurer contre l'incendie. A côté de cette situation très simple s'en rencontrent une foule d'autres qui donnent lieu à de sérieuses difficultés.

On peut supposer tout d'abord plusieurs personnes qui ont un droit, indivis ou non, sur une même chose ; chacune d'elles peut-elle contracter l'assurance ?

Ceux qui, sans avoir aucun droit sur la chose, sont chargés, sous leur responsabilité, de veiller sur elle, peuvent-elles l'assurer ?

Le créancier d'une personne qui a qualité pour contracter une assurance peut-il se substituer à cette personne et conclure une telle convention à sa place ?

Enfin peut-on, comme gérant d'affaires, exercer ce droit ?

(1) Trib. Lyon, 29 juillet 1880, *Journ. des Assur.* 1881, p. 16.

Passons successivement ces diverses hypothèses en revue.

Nous avons à étudier ici la situation du nu-propriétaire, de l'usufruitier, des copropriétaires indivis ou associés et des vendeur et acheteur à réméré.

1° *Nu-propriétaire*. — Le nu-propriétaire, ayant intérêt à la conservation de la chose, peut évidemment l'assurer, mais seulement dans les limites de son intérêt. En conséquence, si un sinistre éclate, et que de son côté l'usufruitier n'ait pas contracté une assurance, l'indemnité ne sera payée que jusqu'à concurrence de la valeur en nue-propriété de la chose endommagée ; le nu-propriétaire ne pourra prétendre que la prime a été calculée en raison de sa valeur intégrale ; car l'assureur lui répondrait victorieusement que *l'assurance-gageure* est interdite, et que ce serait la remettre en vigueur que d'accorder à l'assuré une indemnité supérieure au préjudice causé (1).

En sens inverse, on pourrait prétendre que la partie de l'indemnité qui excède le dommage causé au nu-propriétaire, doit être attribuée à l'usufruitier ; le premier serait, en d'autres termes, le gérant d'affaires du second ; nous verrons, dans un instant, ce qu'il faut penser de cette opinion.

2° *Usufruitier*. — Le même raisonnement s'applique

(1) Besançon, 26 février 1856 ; S. 56. 2. 308.

à l'usufruitier ; il n'a intérêt à s'assurer, et par conséquent qualité pour le faire que dans les limites de son
droit ; il ne peut donc, même s'il a payé une prime re-
présentative de l'assurance intégrale de la chose, réclamer en cas de sinistre qu'une indemnité égale au préjudice qu'il a personnellement éprouvé; le nu-propriétaire
ne peut, dans le même cas, en exiger (1).

Il est d'ailleurs certains objets que l'usufruitier peut
assurer pour leur valeur totale ; ce sont ceux qui lui appartiennent ou sont destinés à lui appartenir ; les récoltes une fois détachées de la terre, et même les récoltes
futures, sont donc valablement assurées par lui ; mais il
faut remarquer que pour ces dernières, l'assurance sera
nulle, si l'usufruitier meurt avant de les avoir perçues
(art. 585), car elle aura porté en réalité sur la chose
d'autrui.

3° *Propriétaire indivis ou associé.* — Le copropriétaire
ou cohéritier peut assurer l'immeuble dans les limites
de son intérêt, qui d'ailleurs n'est pas dès à présent
connu : si l'objet ne tombe pas dans son lot, l'assurance
sera nulle de plein droit ; si, au contraire, le partage a
pour effet de lui attribuer la chose assurée, l'assurance
deviendra définitive; on pourra se demander, d'ailleurs,
si elle porte sur la totalité de cette chose, ou simplement
sur la part que l'assuré pouvait y prétendre avant le partage; c'est là une question d'appréciation qui devra être

(1) Voy. cep. Laurent, *Principes du Droit civil*, t. VI, n° 530.

tranchée, si elle n'est pas prévue dans la police, par le juge du fait.

Les associés ont un droit plus large ; l'article 1859 § 1 du Code civil leur donne à chacun le mandat de gérer les affaires sociales ; ils peuvent donc accomplir tous les actes permis au mandataire général, et par suite, comme nous le verrons, assurer pour le tout les biens appartenant à la société.

Nous croyons qu'il en est autrement, si, comme cela arrive souvent, l'un ou plusieurs des associés sont chargés par leurs coassociés de l'administration ; ces derniers ne peuvent, suivant nous, s'assurer que dans les limites de leur intérêt, c'est-à-dire de la même manière que tout copropriétaire ; les premiers seuls ont le droit d'assurer intégralement et définitivement les biens sociaux. L'article 1859 du Code civil ne permet en effet à tous les associés de s'occuper de l'administration qu'à *défaut de stipulations spéciales.*

A notre avis même, si la société constitue une personne morale, — et on sait que, s'il en est ainsi incontestablement des sociétés commerciales, la jurisprudence décide de même pour les sociétés civiles, — l'associé non gérant ne peut contracter d'assurance même pour sa part et à titre éventuel ; il n'a, en effet, légalement aucune part dans la chose avant la dissolution de la société qui seule fait naître son droit indivis. Les gérants des sociétés en commandite, les administrateurs des sociétés en nom collectif et des sociétés anonymes peuvent seuls assurer les objets dont ils ont la gestion.

4° *Vendeur et acheteur à réméré.* — Après ce que nous avons dit des hypothèses précédentes, ce dernier cas ne saurait plus présenter aucune difficulté. Chacun d'eux a le droit de contracter l'assurance, mais seulement dans les limites de son intérêt; en d'autres termes, cette assurance ne sera valable que si l'assuré reste ou redevient propriétaire de la chose.

Des questions peuvent cependant naître sur chacun de ces deux points.

On a prétendu, tout d'abord, que le vendeur qui rentre en possession de son héritage a la faculté de se prévaloir de l'assurance contractée par l'acquéreur à réméré et réclamer, en cas de sinistre, à la Compagnie, l'indemnité stipulée ; on s'est fondé, pour le soutenir, sur le droit qu'à le vendeur de prendre à son compte les actes d'administration faits par l'acquéreur (1673). Il lui suffira donc de rembourser les primes payées par ce dernier ; encore la Compagnie ne pourra-t-elle s'inquiéter de ce dernier point, pourvu que les primes postérieures lui soient acquittées par le vendeur à réméré.

Le tort de cette opinion, c'est de faire de la charge imposée au vendeur par l'article 1673 un privilège en sa faveur : en lui imposant l'obligation de respecter les baux faits par l'acquéreur, — et nous dirons, avec la généralité des auteurs, tous les actes d'administration, — la loi a vu bien plus l'intérêt des tiers qui contractent avec l'acquéreur que celui du vendeur.

D'un autre côté, ce n'est pas un acte d'administration
qu'a voulu réaliser l'acquéreur en assurant l'immeuble ;
il a cherché, non pas à gérer ce bien en bon père de famille, mais à s'éviter un préjudice personnel. On irait
contre ses propres intentions en faisant bénéficier le
vendeur.

Il faut mettre à part le cas où l'acquéreur peut agir
formellement au nom du vendeur ; nous retombons dans
l'hypothèse de la gestion d'affaires, à laquelle nous ne
tarderons pas à arriver.

Quant au vendeur, il peut, en raison de son intérêt,
également assurer la chose ; mais si, au moment du sinistre, le réméré n'a pas été exercé, il ne peut rien réclamer à la Compagnie, puisqu'il lui est dès lors impossible
de redevenir rétroactivement propriétaire (1). Si le sinistre, au contraire, ne se produit qu'après sa rentrée
en possession, le droit à l'indemnité prend naissance.

Nous convenons cependant que cette solution présenterait des doutes très sérieux si on considérait, avec la
jurisprudence, le vendeur commme n'ayant, jusqu'au
moment où il exerce le réméré, qu'un droit de créance,
un *jus ad rem*, c'est-à-dire une simple action pour recouvrer la propriété de sa chose, et non pas un droit
conditionnel. La Cour de cassation qui, en suivant logiquement une règle que lui a inspirée le désir de protéger

_____

(1) Amiens, 21 mai 1833, Dalloz, *Répertoire*, V° *Assurances terrestres*,
n° 62.

une situation spéciale (1), annule les hypothèques consenties par le vendeur à réméré (2), ne déciderait sans doute pas autrement de l'assurance.

Tout ce que nous venons de dire s'applique, sans aucune modification, à la vente sous condition résolutoire, dont la vente à réméré n'est qu'une espèce particulière.

II. — PERSONNES CHARGÉES DE VEILLER A LA CONSERVATION
DE LA CHOSE

Le commissionnaire et le mandataire, le dépositaire ou le commodataire, l'entrepreneur et l'ouvrier, le locataire, sans avoir aucun droit sur la chose qui leur est confiée, ont tous l'obligation de veiller à sa conservation. Ce devoir leur permet-il de contracter une assurance contre l'incendie?

1° *Commissionnaire.* — Le commissionnaire ne paraît pas, à première vue, avoir d'intérêt personnel à contracter l'assurance : il ne répond en effet que de sa faute et le cas fortuit qui détruit les marchandises le libère complètement ; comme il n'encourt pas de responsabilité, on peut dire qu'il n'a aucun intérêt à assurer les marchandises qu'il s'est chargé de vendre ou de transporter.

(1) Celle de la personne à qui sont cédés les droits du vendeur à réméré.
(2) Paris, 12 août 1871, S. 71. 2. 193. — Cass. 23 août 1871 D. 73. 1. 322.— Voy. en ce sens, Aubry et Rau, 4e édit, *t.* IV, § 357, not. 30 et 31. — Cazlen, *D.* 73. 1. 321,— *Contra*, Labbé, S. 71. 2. 193.— Planiol, *Revue critique*, 1886, p. 621. — Voy. aussi Cass. 17 février 1885. S. 85. 1. 311.

Cet intérêt existe cependant, quoique à un degré assez faible : le commissionnaire répond envers le commettant de sa faute même légère ; l'assurance a pour effet, comme nous le verrons, de le décharger de tout accident qui ne résulte pas de son dol ou de sa faute lourde ; il peut donc, même à ne consulter que les principes généraux, assurer la chose en son nom propre contre l'incendie occasionné par sa faute légère.

Un tel intérêt n'est pas spécial au commissionnaire, il s'applique à toute personne chargée de veiller sur une chose qui ne lui appartient pas, à moins que cette personne ne soit tenue uniquement de son dol et de sa faute lourde envers le propriétaire de la chose. Nous aurions pu l'indiquer à propos de l'usufruitier et de l'acquéreur à réméré ; si nous ne l'avons pas fait c'est que ce cas ne se rencontre, pour ces dernières personnes, jamais en pratique ; on ne songe pas d'ordinaire à s'assurer contre sa propre faute d'une manière principale, et une telle assurance est tellement singulière qu'elle ne peut se présumer. Cette hypothèse serait tout aussi peu fréquente pour le commissionnaire sans l'article 332 du Code de commerce qui, en matière d'assurances maritimes, permet au commissionnaire les contrats de ce genre ; il peut s'assurer d'ailleurs de trois façons différentes : dans son intérêt personnel, pour le compte de telle personne dénommée ou pour le compte de qui il appartiendra. — On étend, sans aucune contestation, ce texte à l'assurance contre l'incendie en se basant sur ce qu'il n'y a aucune raison de donner une solution contraire.

Nous nous rangeons à cette opinion, l'article 332 du Code de commerce est assez conforme aux principes pour pouvoir selon nous s'appliquer en dehors de l'hypothèse qu'il prévoit.

Il n'y a rien d'étrange à permettre au commissionnaire de s'assurer en son nom personnel ; nous lui avons nous-même accordé cette faculté, mais nous trouvons singulière la validité généralement proclamée (1) de la convention conclue purement et simplement par le commissionnaire ; une assurance de sa part ne peut, avons-nous dit, avoir pour but que de le décharger de sa faute légère ; or ce fait est assez dérogatoire au droit commun pour avoir besoin d'être stipulé. Le commissionnaire a-t-il eu cette intention ? a-t-il voulu se décharger du cas fortuit dont il s'est cru responsable ? a-t-il agi dans l'intérêt du propriétaire ? rien ne l'indique, et il nous paraît préférable de considérer l'assurance comme nulle.

Si le commissionnaire a déclaré formellement s'assurer contre sa faute, il faudra, bien entendu, pour qu'il puisse réclamer une indemnité en cas de sinistre, qu'il prouve que l'incendie provenait de sa faute légère et a entraîné une responsabilité de sa part envers son commettant.

2° *Mandataire.* — Tout ce que nous avons dit du

(1) De Lalande et Couturier, *Assurance contre l'incendie*, n° 46.

commissionnaire s'applique au mandataire, qui n'est, on le sait, qu'un commissionnaire civil et qui lui aussi répond envers le mandant de sa faute légère (C. civ., art. 1992). Le mandataire ne peut d'ailleurs agir au nom du mandant que si son mandat le lui permet ; le pouvoir général comprend le droit d'assurer puisqu'il permet tous les actes d'administration (art. 1988).

3° *Dépositaire et commodataire.* — Le commodataire ou emprunteur à usage étant tenu de sa faute légère (art. 1880) envers le prêteur, ne peut s'assurer que contre cette faute ; et, selon nous, une convention formelle est nécessaire sur ce point.

Au contraire, le dépositaire n'est tenu que de sa faute lourde (art. 1927), et nous verrons qu'il n'a pas le droit de s'en garantir indirectement par un contrat d'assurances.

La conclusion de ce principe certain est facile à tirer: l'assurance contractée par le dépositaire est nulle dès l'origine. La Cour de cassation n'a pas hésité à consacrer cette solution (1) qui a été fortement combattue au nom de l'équité (2). Était-il au moins possible de donner une action au déposant contre la Compagnie en se basant sur une gestion d'affaires de la part du dépositaire ? C'est ce que nous verrons ultérieurement. Mais constatons dès à présent que le dépositaire, n'ayant pas intérêt à l'assurance, ne peut avoir une action en in-

(1) Civ. 2 juin 1886. S. 86, 1, 449. — Voy. en ce sens, Lyon-Caen, *Revue critique* 1887, p. 648.
(2) Labbé, S. 86, 1, 449 et *Revue critique* 1887, p. 449.

demnité, qui, sous prétexte de réparer le préjudice, lui procurerait un gain.

Il en est ainsi, même du dépositaire salarié, par exemple de l'entrepreneur de magasin général ; il est vrai que l'article 1928 aggrave la responsabilité du dépositaire qui touche une indemnité ; mais on convient généralement qu'il ne devient pas responsable de sa faute légère ; en fût-il autrement que l'assurance contre cette faute ne devrait pas, nous l'avons dit, être présumée.

Les tribunaux décident le contraire en ce qui concerne l'entrepositaire de marchandises (1) ; mais la Cour de cassation n'admettra certainement pas une telle doctrine ; il s'agissait d'ailleurs aussi, dans l'arrêt qu'elle a rendu conformément à notre opinion, et qui vient d'être cité, d'un dépositaire salarié.

4° *Entrepreneur et ouvrier.* — L'entrepreneur de travaux est tenu de sa faute légère jusqu'à la réception ; rien ne lui défend donc de se garantir contre elle, à condition qu'il le stipule formellement.

Quant à l'ouvrier qui ne fournit que son travail, il est responsable même du cas fortuit, en ce sens que la perte de la chose le prive de tout salaire (art. 1790, C. civ.) ; l'assurance qu'il contracte en son propre nom est donc, sans aucun doute, valable (2).

5° *Locataire.* — Le locataire est, comme tout débiteur

---

(1) Trib. corr. Bordeaux, 27 novembre 1879, *Journal des Assurances* 1880, p. 172. — Trib. Lyon, 3 juin 1881, *Gazette des Tribunaux* du 22 août. — Voy. en ce sens : De Lalande et Couturier, *op. cit.* n° 45.

(2) Cass., 1er août 1866. S. 66. 1. 486 ; Cass., 3 mars 1869. S. 69. 1. 300.

de corps certain, tenu envers le propriétaire de sa faute
légère ; il peut s'en assurer aux mêmes conditions que
tout autre débiteur.

Cette assurance, qu'on désigne sous le nom *d'assurance des risques locatifs*, est extrêmement fréquente en pratique. Elle met en jeu l'étude même de la responsabilité du locataire, c'est-à-dire le commentaire complet
des articles 1733 et 1734 du Code civil. Nous n'entre-
prendrons pas pour le moment l'examen de ces textes
qui soulèvent, même après la réforme opérée par la loi
du 5 janvier 1883, des questions nombreuses et difficі-
les. Leur étude sommaire trouvera mieux sa place dans
le chapitre suivant.

Il nous suffira de dire que le droit à l'indemnité ne
pourra naître au profit du locataire que s'il est obligé
lui-même de dédommager le propriétaire, c'est-à-dire
si l'incendie provient de sa faute ou de celle des personnes dont il répond (art. 1735).

On ne doit pas confondre cette assurance avec celle
des objets qui garnissent la maison louée et qui appartiennent généralement au locataire ; ils peuvent évidemment faire l'objet d'une assurance valable de ce
dernier, qui en est le propriétaire.

Il faut également la distinguer de l'assurance de la
maison elle-même ou de l'appartement ; le locataire
n'ayant aucun intérêt à la contracter, elle est nulle (1) ;

(1) Voy. cep. Cass. 23 avril 1838 et 7 mars 1843. Dalloz, *Répert.* v°
Assurance contre l'incendie, n°ˢ 71 et 75.

on ne peut, en effet, l'interpréter, d'après la théorie que nous avons émise, dans le sens d'une assurance contre la faute du locataire, c'est-à-dire contre les risques locatifs.

La Cour de cassation a pourtant décidé (1), fort exactement selon nous, que le locataire gratuit peut contracter une assurance ; mais cette assurance portera bien moins sur la chose elle-même que sur l'intérêt du locataire à l'habiter ; c'est donc une indemnité représentant la valeur de la jouissance dont il est privé qu'il pourra réclamer en cas de sinistre.

Le locataire pourra même assurer la maison entière s'il a obtenu, comme cela arrive assez fréquemment, une promesse de vente dont il s'est réservé d'user à l'expiration du bail ; mais cette assurance ne deviendra valable que si le sinistre ne se produit qu'après la réalisation de cette acquisition ; il y a là une situation analogue à celle du vendeur à réméré. Si donc l'incendie a lieu pendant le bail, ou après son expiration, mais sans que le preneur ait usé de la faculté qu'il avait stipulée, l'assurance sera nulle : le bailleur ne pourra, quoique le contraire ait été jugé (2), s'approprier l'assurance.

---

(1) C. req. 3 juillet 1873. D. 74. 1. 171.
(2) Req. 7 mars 1843. S. 43. 1. 307.

4

Section III. — Créanciers.

Il ne s'agit pas ici de la faculté qu'a le créancier d'assurer sa créance contre les chances de perte résultant d'une circonstance quelconque, par exemple de l'insolvabilité du débiteur ; il est question de savoir si le créancier peut, en se substituant à son débiteur qui ne contracte pas l'assurance, faire assurer les propriétés de celui-ci.

Ce point, qui présentait autrefois un grand intérêt pratique, n'en offre plus guère aujourd'hui : les créanciers ne prévoient guère un événement que les mesures de police ont rendu de plus en plus rare ; en outre la fortune du débiteur consiste d'ordinaire en valeurs mobilières, dont la conservation peut avoir lieu facilement sans assurance ; enfin, l'assurance contre l'incendie étant complètement entrée dans nos mœurs, les créanciers n'ont pas à prendre une précaution à laquelle le débiteur aura déjà songé.

Il ne nous paraît pas douteux que l'article 1166 du Code civil n'accorde pas aux créanciers le droit d'assurer les biens de leur débiteur. Quoique l'opinion contraire soit plus généralement admise (1) et ne fasse pas de doute en jurisprudence (2), le but même de

(1) De Lalande et Couturier, *op. cit.*, nᵒ 55.
(2) Cass. 8 juillet 1873. *Jurisp. gén. des Assur.*, I, 146.

l'article 1166 nous semble nécessiter cette solution.

L'article 1166 n'est qu'une application mitigée de l'article 2092, qui fait de tous les biens du débiteur le gage des créanciers ; au lieu de saisir et de faire vendre les créances et les actions qui se trouvent dans le patrimoine du premier, les créanciers ont avantage à recouvrer ces créances et à exercer ces actions pour s'en partager le produit ; c'est une simplification introduite dans leur intérêt, et que la loi a permise parce qu'elle ne nuit pas au débiteur. Les créanciers peuvent également faire les actes conservatoires, en vertu d'un texte formel (art. 1180) pour sauvegarder leur gage.

Mais ils iraient beaucoup plus loin en assurant les biens de leur débiteur ; ils s'ingéreraient dans l'administration de son patrimoine et occasionneraient peut-être des conflits regrettables. Pourquoi ne pas leur permettre également de louer les terrains que leur débiteur laisse en friche ou les appartements qui sont inoccupés? Pourquoi ne pas leur permettre de contracter aux frais du débiteur et à leur profit une assurance sur la vie en prévision du décès de celui-ci?

Il s'élèverait d'ailleurs de très sérieuses difficultés au point de vue des primes. La Compagnie pourrait-elle les réclamer au créancier, non co-contractant ? Non, sans doute, puisqu'il a déclaré ne vouloir engager que le débiteur, au nom duquel il agissait. Faudra-t-il donc qu'elle s'adresse à ce dernier? Mais alors on autorise des créanciers, non pas seulement à agir en

son nom, mais à grever son patrimoine déjà obéré
d'une nouvelle dette.

Les motifs sur lesquels se base la jurisprudence ne
donnent pas lieu à cette dernière question ; elle **paraît**
admettre que le créancier, sans pouvoir contracter l'assurance en vertu de l'article 1166, est du moins le
gérant d'affaires du débiteur. Nous verrons dans un
instant si cette théorie peut se soutenir ; mais il faut
immédiatement remarquer que la jurisprudence se trouve ainsi conduite à un résultat dont elle ne paraît pas
se préoccuper ! S'il y a gestion d'affaires, l'assurance ne
sera valable que si l'affaire a été bien gérée ; il faudra
donc examiner dans chaque cas si l'assurance est utile.

Quelque opinion qu'on adopte d'ailleurs, il paraît
impossible de distinguer entre la qualité des créanciers ; certaines compagnies semblent admettre que si
le créancier chirographaire ne peut assurer les biens
de son débiteur, il en est autrement du créancier hypothécaire ou du créancier privilégié sur un immeuble ;
le droit réel qu'ont ces derniers leur donnerait un intérêt qui fait défaut aux autres.

Il nous suffira de répondre qu'il ne s'agit pas ici d'intérêt, mais de qualité. Les créanciers chirographaires,
eux aussi, ont intérêt à ne pas voir diminuer un patrimoine sur lequel ils comptent ; mais comme le bien ne
leur appartient pas, qu'ils ne sont pas chargés d'y veiller, ils ne peuvent l'assurer ; et cette observation s'applique, sans aucune distinction, à tous les créanciers.

Il existe cependant une différence entre les créanciers chirographaires et ceux qui sont munis d'une sûreté spéciale ; ces derniers, s'ils ne peuvent contracter l'assurance au nom du débiteur, ont du moins la faculté d'assurer, en leur propre nom, leur hypothèque ou leur privilège, c'est-à-dire se garantir de la chance de perte que pourrait leur causer l'incendie d'un immeuble non assuré ; tout intérêt appréciable est, en effet, susceptible de faire l'objet d'un contrat d'assurance. La prime sera nécessairement plus faible que si l'immeuble entier était garanti ; mais aussi, — et c'est le principal intérêt de notre observation, — elle demeurera définitivement à la charge du créancier.

Le créancier chirographaire ne sera pas, lui non plus, dépourvu de tous moyens de se garantir ; il peut d'abord s'assurer contre l'insolvabilité du débiteur ; cette *assurance de solvabilité* est même beaucoup plus efficace que celle contre l'incendie, laquelle ne le dédommagerait aucunement de la vente d'un immeuble. Il peut aussi exiger la cession de l'action du débiteur, si celui-ci est assuré, convention que nous aurons l'occasion de signaler en nous occupant des rapports de l'assuré avec ses créanciers.

Section IV. — Gérant d'affaires.

Les hypothèses que nous avons passées en revue dans les divisions précédentes nous ont montré tout l'intérêt de l'importante question que nous allons essayer de trancher ici.

Deux points se présentent naturellement à notre examen.

La gestion d'affaires est-elle possible en matière d'assurance contre l'incendie ; si elle l'est, quels sont ses caractères et ses effets ?

En admettant cette solution, la gestion d'affaires doit-elle être présumée de la part des personnes qui contractent une assurance sans avoir qualité, et notamment de celles à qui nous avons précédemment dénié le droit d'assurer ?

1° *La gestion d'affaires est-elle possible ?* A cette première question, nous répondons : oui, incontestablement.

La gestion d'affaires peut, en effet, porter sur toute espèce d'acte utile au véritable intéressé. Or, dans la plupart des circonstances, l'assurance présente un grand intérêt pour le propriétaire.

C'est cependant, selon nous, une question de fait que les juges pourraient résoudre en sens contraire sans craindre de voir leur décision censurée par la Cour de

cassation. On ne peut pas affirmer, en effet, *a priori*
et d'une manière générale, que l'assurance soit toujours
utile à un propriétaire, il se peut que les dangers d'incendie soient assez peu graves pour qu'il ait intérêt à
économiser les primes.

Nous savons que cette décision est de nature à écarter
les gérants ; mais nous ne sommes pas très partisans de
l'ingérence dans les affaires d'autrui, qui présente beaucoup plus d'inconvénients que d'avantages.

D'un autre côté, l'opinion contraire serait beaucoup
plus fâcheuse encore : car elle obligerait le propriétaire
assuré, en toute hypothèse, à acquitter le montant des
primes ou à les rembourser au gérant ; ce serait une
sorte d'assurance obligatoire.

Quoi qu'il en soit, dans le cas où l'assurance aura été
valablement contractée, le gérant pourra répéter de l'assuré les primes acquittées ; rien n'empêchera même
l'assureur de les réclamer à ce dernier, qui pourra cependant, comme s'il s'était assuré lui-même, en refuser
le payement pour l'avenir et mettre ainsi fin au contrat
sauf à subir les conséquences de la déchéance que la
police prononce contre lui dans cette prévision.

Dans le cas où le propriétaire aura signifié au gérant
ou à l'assureur son intention de ne pas être assuré, l'assurance tombera de plein droit pour l'avenir ; le gérant qui s'obstinera à la continuer n'aura pas d'action *de
in rem verso*, car cette action suppose un profit et l'assurance ne peut plus donner aucun profit au maître,

puisqu'un contrat nul ne peut engendrer d'indemnité.

2° *La gestion d'affaires se présume-t-elle*? Il est certain qu'en principe, cette question appelle une réponse négative. La gestion d'affaires ne peut se présumer, car on ne doit pas supposer qu'un contractant agit dans l'intérêt d'autrui ; il faut ajouter que la gestion est un acte à titre gratuit, et que les libéralités ne se présument pas.

Cette solution, nous l'avons dit, n'est pas discutée, il s'en faut toutefois que la jurisprudence et la doctrine la suivent complètement.

Nous avons vu la Cour de cassation décider que l'assurance contractée par les créanciers du propriétaire doit être considérée comme une gestion d'affaires ; cette opinion ne nous a pas paru soutenable.

Elle a admis de même que l'assurance contractée par l'acheteur contre lequel le vendeur demandait la nullité de la vente était une gestion d'affaires, dont ce dernier pouvait se prévaloir (1). Cette solution est d'autant plus erronée, que les circonstances de la cause montrent que l'acquéreur n'avait aucunement l'intention de faire l'affaire du vendeur. Nous en dirons autant d'un arrêt de la Cour de Pau qui avait antérieurement permis au propriétaire saisi de prendre le bénéfice d'une assurance contractée par l'adjudicataire dont il avait fait annuler le titre (2). Enfin, nous désapprouvons un arrêt qui va-

(1) Cass. 11 février 1868. D. 68. 1. 387.
(2) Pau, 27 août 1886. Dalloz v°. *Assurances terrestres* n° 64.

lide l'assurance contractée par le nu-propriétaire, non pas seulement en ce qui concerne ses propres droits, mais aussi pour ceux de l'usufruitier, sous prétexte que le contrat contenait implicitement une gestion d'affaires (1).

Nous ne regardons pas comme opposé à notre doctrine un jugement qui valide l'assurance contractée par l'héritier apparent (2). L'héritier apparent est plus qu'un gérant, c'est un mandataire légal en ce qui concerne l'administration, or nous avons dit plus d'une fois que l'assurance rentre dans les actes d'administration.

Mais les difficultés pratiques les plus graves sont nées des assurances contractées par les personnes qui, tout en étant chargées de la garde d'une chose, ne répondent pas du cas fortuit qui la produit.

Ici, on admet généralement que le propriétaire peut se prévaloir de l'assurance contractée par le locataire (3), le dépositaire (4) et le commissionnaire (5).

Nous ne pouvons pas admettre une pareille opinion que réfute le caractère même de la gestion d'affaires : on ne peut être gérant sans le savoir et sans le vouloir. La Cour de cassation en a convenu récemment, nous l'avons vu, en ce qui concerne le dépositaire ; il n'y a

---

(1) Colmar, 25 août 1876. Dalloz, v° cit. n° 69. — *Contra* Besançon, 26 février 1856. S. 56. 2. 308.

(2) Trib. Belfort, 7 avril 1863. *Jurisp. génér. des assur.*, t. II, 96.

(3) Colmar, 23 avril 1888. Dalloz, V° cit. n° 71.

(4) V° les décisions citées plus haut.

(5) Grenoble, 12 mars 1883. D. 83, 2, 333.— Thaller, *Revue critique*, 1885, p. 385.

pas de motifs pour décider autrement de toutes les autres personnes.

· On s'est prévalu en faveur de l'opinion que nous combattons d'une prétendue cession d'actions que le propriétaire pourrait exiger même en l'absence de toute gestion et qui par suite est réputée sous-entendue.

Nous ne trouvons aucun fondement sérieux à cet argument : en excluant la gestion d'affaires, on exclut par là même le droit d'exiger la cession des actions, laquelle ne peut reposer que sur des relations contractuelles, quasi-contractuelles ou délictuelles. D'un autre côté, un créancier ne peut céder que les actions qu'il a ; or les personnes dont nous venons de parler n'ont aucune action personnelle contre la Compagnie, puisque, nous l'avons démontré plus haut, l'assurance où elles ne se sont pas formellement présentées comme gérants, est nulle.

L'argument que nous combattons est d'autant plus singulier qu'il a été invoqué à propos de l'assurance contractée par un dépositaire (1); nous avons dit que le dépositaire ne répond que de sa faute lourde ; en dehors de ce cas, le déposant n'a donc aucune action contre lui en raison de l'incendie ; par suite, en admettant même que le dépositaire ait pu contracter en son nom personnel une assurance, le déposant, qui n'est pas son créancier, ne peut pas s'approprier l'action qui en dé-

_____

(1) Labbé, *Revue critique*, 1887, p. 449, et S. 86. 1. 449.

rive, puisque cette assurance ne protège pas le dépositaire contre sa faute lourde.

On dit encore que la Compagnie réalise, dans notre
opinion, un bénéfice unique au préjudice de celui qui a
contracté avec elle. Nous pourrions nous contenter de
répondre qu'il est bon, avant d'agir, de mesurer les conséquences de ses actes ; mais nous ne croyons même
pas que l'objection soit exacte, le contrat s'étant trouvé
nul à l'origine, c'est sans droit que la Compagnie a
perçu les primes, et une action en répétition de l'indû
peut être intentée contre elle. Si, comme cela arrive
fréquemment, le dépositaire ou le commissionnaire ont
fait figurer ces primes dans le compte qu'ils ont rendu
au déposant ou au commettant, ce sont ces derniers qui
pourront les répéter. Ici on pourrait soutenir la validité
de l'assurance, le fait de porter la prime en compte indiquant l'intention d'être gérant d'affaires ; soit, mais
c'est dans la police d'assurance que cette intention devait être manifestée. A défaut des principes, les termes
de la police conduiraient pour ce cas particulier, à la
même solution : elle porte toujours que l'assuré doit
indiquer en quelle qualité et dans quel intérêt il agit et
qu'il n'aura aucun droit à indemnité si cette indication
est fausse ou n'est pas faite ; quoique la validité de cette
clause ait été contestée en jurisprudence (1) elle est
d'autant plus valable qu'elle constitue, pour nous, un
rappel des principes (rappr. art. 332, C. co.).

(1). Bourges, 29 mai 1872, 1. 73, 1, 439.

De toutes les personnes que nous avons passées en
revue, le commissionnaire est, en pratique, le seul qui
contracte des assurances au nom du commettant et
comme gérant d'affaires.

Ces assurances ont lieu de deux manières : pour le
compte de telle personne dénommée (le propriétaire
des marchandises), et *pour le compte de qui il appartiendra*.

Au premier cas, aucun doute ne peut s'élever : la
personne dénommée touchera, le cas échéant, l'indemnité, à moins que la Compagnie ne prouve (art. 1315)
qu'elle n'avait aucun intérêt à l'assurance.

Dans la seconde hypothèse, la Compagnie ignore qui
profitera de l'assurance, elle abdique son droit d'exiger
ce renseignement. Celui qui sera propriétaire des marchandises au moment de l'incendie pourra seul réclamer l'indemnité.

Ce dernier mode d'assurance est très utile pour les
marchandises destinées à être vendues ; les polices,
nous le verrons, stipulent souvent la déchéance pour
le cas où l'objet assuré changerait de propriétaire ;
cette clause est, par le fait, supprimée ici.

CHAPITRE III

On peut assurer, outre les objets matériellement tan-
gibles, la responsabilité à laquelle on peut être exposé
en cas d'incendie ; on peut même assurer l'obligation
dont on est grevé en vertu d'une précédente assurance,
c'est-à-dire la prime ; enfin l'assureur peut lui-même
assurer son obligation, c'est-à-dire l'indemnité.

Section I. — De l'assurance des choses.

Le risque garanti par l'assurance étant l'incendie,
toutes les choses susceptibles de périr ou d'être endommagées par l'incendie peuvent être assurées.

Une énumération complète de ces choses n'est ni
possible ni nécessaire ; il nous suffira de citer les immeubles, les meubles meublants, le mobilier agricole,
le mobilier industriel etc.

En pratique, les polices excluent cependant une
grande quantité d'objets, soit en raison de leur valeur
trop considérable, soit parce qu'ils offrent des dangers

de combustion trop grands, soit enfin parce que l'assuré aurait, en cas d'incendie, trop de facilité pour les dissimuler tout en en faisant payer la valeur à l'assureur.

C'est ainsi que les magasins de poudre à tirer où les dépôts de matières fulminantes ou explosibles ne sont jamais assurés.

De même pour les valeurs mobilières, les billets de banque et les sommes d'argent.

D'autres objets ne peuvent être assurés, d'après les polices, que s'ils sont indiqués spécialement et si une somme distincte est portée pour chacun d'eux. Il en est ainsi des tableaux qui garnissent un appartement, de l'argenterie, des bijoux et des dentelles ; ces objets précieux sont même totalement exclus de l'assurance lorsqu'ils se trouvent chez des marchands.

Les salles de spectacles ne sont assurées que pour une partie de leur valeur, plusieurs compagnies se partagent la responsabilité ; les statuts des sociétés peu importantes interdisent cette assurance.

Les récoltes ne sont également assurées d'ordinaire que pour une partie de leur valeur, une fois qu'elles sont engrangées ; car elles sont destinées à diminuer en raison de la consommation qui en est faite pour les besoins de la ferme. En outre, elles ne sont assurées que pour une période de temps très courte, parce qu'elles sont rapidement vendues ou converties en grains.

Quant aux récoltes sur pied, leur assurance est très

rare en fait ; car elles ne sont guère exposées à l'incendie.

On peut même assurer la récolte d'un champ avant qu'il ne soit ensemencé, ou, d'une manière générale, toute chose future : l'assurance est alors subordonnée à l'entrée de la chose dans le patrimoine de l'assuré ; elle est impossible, lorsqu'il s'agit d'un objet dépendant d'une succession non encore ouverte (art. 790, 1130 et 1600).

La police désigne ordinairement d'une manière très exacte les objets assurés. Cette désignation rendrait cependant impossible l'assurance des marchandises destinées à être vendues, et dont l'entrée et la sortie nécessiteraient des déclarations continuelles de la part de l'assuré et des changements incessants dans les clauses de la police. Aussi pratique-t-on, pour ce cas particulier, l'assurance *sans désignation*, c'est-à-dire l'assurance, moyennant une somme fixe, de toutes les marchandises, *de telle nature*, qui se trouveraient dans le magasin au moment du sinistre. Ordinairement, quand les magasins contiennent plusieurs sortes de marchandises de valeurs différentes, la Compagnie exige que la police contienne la stipulation d'une somme distincte pour chaque espèce de marchandises.

Nous verrons, en traitant de la preuve, que l'assurance sans désignation donne, à ce dernier point de vue, un grand avantage à l'assuré.

Les meubles meublants sont également assurés sans

désignation, mais pour un motif tout différent : une expertise nécessiterait des inquisitions fâcheuses ; en outre
il s'agit généralement d'une valeur assez peu importante.

Les Compagnies stipulent souvent le droit de réduire
l'assurance pendant la durée du contrat ; cette clause,
qui est presque toujours insérée dans les polices relatives aux marchandises, sera étudiée dans notre chapitre VI.

Il est certaines choses qu'on ne peut assurer ; ce sont
celles au sujet desquelles l'ordre public interdit toute
convention.

Nous voulons parler surtout des marchandises de
contrebande ; l'assurance qui les aurait pour objet serait
aussi nulle que la société contractée pour leur commerce (1).

Nous ne croyons même pas qu'on puisse admettre la
distinction, qui a été proposée, entre la contrebande
ayant pour objet de frustrer la douane française et celle
qui ne s'attaque qu'à la douane étrangère ; l'une et l'autre nous paraissent également immorales. La question
de fiscalité n'est pas seule en jeu ; les rapports interna-
tionaux deviendraient d'ailleurs impossibles si on tolé-
rait chez les voisins ce qu'on interdit chez soi. Il est
vrai que les lois de douanes sont territoriales ; mais cette
règle n'a aucune portée au point de vue qui nous occupe ;
elle signifie simplement, — ce qui est évident —, qu'au-

---

(1) Pothier, *Du contrat d'assurance*, chap. I, n° 58.

cune contravention ne peut être, en matière de douanes, relevée dans les pays étrangers.

L'article 347 combiné avec l'article 334 du Code de commerce interdisait l'assurance maritime portant sur le fret des marchandises, sur le profit espéré, sur les sommes empruntées à la grosse et leurs profits espérés.

On appliquait généralement ce texte à l'assurance contre l'incendie, sans motif suffisant selon nous. L'article 347 s'inspirait sans doute de l'idée que les assurances qu'il interdit constituent des paris ; il serait plus exact d'y voir le désir de se garantir de l'absence de bénéfices occasionnée par le sinistre ; or l'assurance de l'absence de bénéfices est aussi légitime que celle de la perte. Nous ne croyons donc pas qu'on pût étendre l'article 347 du Code de commerce à l'assurance contre l'incendie.

Au surplus l'article 347, dont une commission nommée en 1867 proposait déjà l'abrogation (2), atteignait mal son but car on en évitait indirectement l'application en augmentant la valeur réelle de la chose assurée d'une somme destinée à compenser la privation de bénéfice acquis depuis l'assurance ; une telle stipulation est certainement valable (3), aussi la loi du 12 août 1885 l'a-t-il

(1) De Lalande et Couturier, *Du contrat d'assurance contre l'incendie*, n° 76. — *Sic*, Cass. 25 août 1835. S. 35. 1. 673.
(1) Desjardins, *Traité de droit maritime*, n°s 1349 et suiv. — De Valroger, *Droit maritime*, t. 3, n°s 1370 et suiv.
(2) Cass., 14 juin 1880, *Jurispr. génér. des assur.*, I, 254.

abrogé avec toutes les dispositions restrictives du même genre.

Section II. — De l'assurance des responsabilités.

Nous avons mentionné les plus importantes de ces assurances, celle de la responsabilité de l'ouvrier en raison de la perte fortuite de la chose (art. 1790), celle de la responsabilité du locataire en raison de l'incendie de la chose louée (art. 1733 et 1734), cette dernière va être étudiée ici. Il convient toutefois de signaler d'abord la responsabilité du propriétaire dont la maison est incendiée envers ses locataires, et celle du propriétaire et du locataire envers le voisin.

§ 1. — *Responsabilité du propriétaire envers les locataires.*
(Assurance du recours des locataires.)

Par application de l'article 1721 du Code civil qui accorde une indemnité au locataire éprouvant une perte à suite d'un vice de la chose, le propriétaire est responsable de l'incendie occasionné par un tel vice.

Si donc le locataire prouve qu'un vice de la chose, ordinairement un vice de construction, a causé l'incendie, il peut user du droit que lui confère l'article 1721 : il n'en est autrement d'après l'opinion générale, que si le vice était apparent ou si le locataire en a eu connaissance (1); des difficultés se sont même élevées sur le premier de ces deux points.

Le propriétaire est également responsable de l'incendie causé par le défaut d'entretien de la chose (2) à condition toutefois que le locataire lui-même n'ait rien à se reprocher, si ayant eu connaissance du défaut d'entretien et prévoyant les dangers qui en résultaient il a négligé d'en prévenir le propriétaire, il ne peut évidemment s'en prendre qu'à lui-même si un sinistre se produit.

Enfin le propriétaire est responsable de l'incendie envers ses locataires dans le cas où le feu s'est manifesté dans la partie de la maison qu'il occupait, par sa faute ou celle des personnes dont il répondait (3) (art. 1384). Certes, nous ne croyons pas l'article 1793 du Code civil opposable au propriétaire, soit qu'on fonde cette disposition sur une présomption de faute, — les présomptions ne peuvent s'étendre, — soit qu'on lui donne pour base l'article 1315 et l'obligation de restitution imposée à tout débiteur de corps certain. Mais au moins faut-il reconnaître que le droit commun reste applicable au propriétaire.

Voilà donc trois cas de responsabilité, contre lesquels le propriétaire a intérêt à contracter une assurance.

(1) Trib. Lyon, 18 décembre 1856, *Journ. des Assur.* 1857, p. 213.
(2) Voy. cep. Cass., 5 janvier 1870. S. 70. 1. 335.
(3) L'art. 1735, C. civ., ne nous paraît pas opposable au propriétaire; on sait que cette disposition aggrave le droit commun de l'art. 1384 en ce qu'il interdit la preuve contraire.

§ 2. — *Responsabilité du propriétaire et du locataire*
envers les voisins.

(Assurance du recours des voisins.)

Aucune relation juridique n'unit l'habitant d'une
maison au propriétaire ou au locataire d'un immeuble
voisin. Par conséquent, si un incendie allumé dans le
premier immeuble cause du dommage au second, le voisin ne peut réclamer d'indemnité qu'aux personnes cou-
pables de faute ou de négligence (art. 1382 et 1383, C.
civ.), et à condition de prouver l'un de ces faits.

Or très souvent l'incendie prend naissance à la suite
d'une faute de l'habitant ou du propriétaire de la maison où il se déclare ; pour peu que le voisin fasse la
preuve de cette faute (art. 1315) (1), — et tous les
moyens de preuve sont à sa disposition, puisqu'il n'a eu
aucun moyen de se procurer un écrit (art. 1348) (2), — il
est donc en droit de demander la réparation du dommage qui lui a été causé.

On sait déjà, — et on verra plus amplement dans la
suite, — que l'assurance peut porter sur la faute de
l'assuré ; les habitants et propriétaires de la maison
songent donc tout naturellement à s'assurer contre le re-

(1) Agen, 13 mars 1866. D. 66. 2. 92. — Paris, 7 janvier 1875. *Jurispr.*
génér. des assur., II. 495. — Cass., 1er juillet 1834. Dalloz, vᵒ *louage*,
nᵒ 388. — Trib. Lyon, 19 décembre 1856. *Jurispr. génér. des assur.*, III,
218.

(2) Cass., 17 décembre 1878. S. 79. 1. 53. — Trib. Seine, 28 février 1882,
a Loi du 7 avril.

cours du voisin ; cette assurance fera naître une indemnité à la charge de la Compagnie, toutes les fois que le
voisin aura lui-même obtenu réparation du préjudice
causé à la suite d'un incendie allumé par la faute légère de l'assuré ou de ceux dont il répond (art. 1384) ;
l'assurance ne pourra porter, comme nous le verrons,
sur la faute lourde ou le dol.

Cette assurance fait naître deux questions relatives
l'une et l'autre aux circonstances dans lesquelles naît
l'obligation de l'assureur ! Que faut-il entendre par *voisin* ? Quels sont, parmi les dommages causés au voisin,
ceux qui sont garantis ?

1° Le voisin est toute personne qui, sans habiter le
même immeuble, en est assez rapprochée pour pouvoir
subir les atteintes de l'incendie : il n'est donc pas nécessaire que l'immeuble qu'il habite soit contigu à
celui qui est assuré ; plusieurs maisons peuvent les sé-
parer l'un de l'autre sans faire cesser ce voisinage.

En pratique même, on considère comme voisins les
locataires de la maison (1) ; ils sont évidemment mena-
cés des suites de l'incendie, et par suite peuvent exercer
contre leur colocataire un recours dont il est présu-
mable que celui-ci a voulu se garantir. Le sens du mot
voisin est donc des plus larges.

2° Quant à la nature des dommages garantis, elle varie suivant les clauses de la police : Le voisin peut recou-

(1) Voy. Trib. Seine, 5 janvier 1875, *Journ. des Ass.* 1875, p. 98.

rir pour les suites même les plus indirectes de l'incendie (1), car l'article 1383 s'exprime dans des termes
beaucoup trop larges pour qu'il soit possible d'appliquer aux délits et quasi-délits les restrictions que les
articles 1150 et 1151 établissent en matière de contrats.
Mais peut-être l'assureur n'a-t-il pas voulu garantir tous
ces secours ; si la police ne s'exprime pas à ce sujet,
nous admettrons de la part de l'assureur l'obligation la
plus étendue, celle qui consiste dans la réparation intégrale du préjudice causé par le recours du voisin. Il est
vrai que l'assureur est débiteur et que les conventions
s'interprètent en faveur du débiteur ; mais il n'en est
pas moins certain qu'une assurance contre le recours
du voisin ne suppose aucune distinction et porte, lorsqu'elle n'est pas limitée par d'autres expressions, sur
le recours tout entier.

En pratique d'ailleurs, on ne se trouve en face que de
deux Compagnies : celle qui a assuré le recours du voisin, celle qui a assuré l'accident causé au voisin et qui
s'est fait, suivant un usage que nous retrouverons, subroger à ses droits ; l'une n'est pas plus favorable que
l'autre.

Nous accordons, cependant que le juge est libre de
trancher comme il l'entend cette question, qui dépend
uniquement de son appréciation (2).

(1) Trib. paix Villefranche, 3 août 1864, *Journ. des Assur.*, 1864, p. 46.
(2) Lyon, 30 janvier 1874. D. 75, 2, 30.

§ 3. — *Responsabilité du locataire envers le propriétaire.*

(Assurance du risque locatif.)

« Le locataire répond de l'incendie à moins qu'il ne
» prouve que l'incendie est arrivé par cas fortuit ou
» force majeure, ou par vice de construction ; ou que
» le feu a été communiqué par une maison voisine. »
(Art. 1733 c. civ.)

Le fondement de cette responsabilité a donné lieu à de
vives discussions. La jurisprudence (1) et quelques auteurs (2) y voient une application de la faute délictuelle ;
seulement par exception au droit commun, cette faute
serait présumée. La majorité de la doctrine (3) interprète plus juridiquement à notre sens, l'article 1733 en
le considérant comme un corollaire des principes généraux sur la charge de la preuve.

Sans insister longuement sur cette question, dont l'examen détaillé nous entraînerait trop loin, l'exactitude
de la dernière opinion nous paraît démontrée par la nature des relations qui unissent le propriétaire au locataire.

L'immeuble a été confié à ce dernier en vertu du contrat intervenu, et il s'est engagé à en faire la restitution

1. Req. 4 juillet 1887. S. 8. 1. 465. — Toulouse, 16 mai 1887. *Loi* du 1er janvier 1888.

2. Comp. Bourcart, *France judiciaire,* 1887.

3. Richard et Maucorps, *Traité de la responsabilité en matière d'incendie*
n° 746. — Laurent, *Principes du Droit civil,* t. XXV, n° 276. — Demolombe,
Traité des obligations conventionnelles, t. V, n° 769. — Guillouard, *Traité
du Contrat de Louage,* t. I, n° 278.

l'expiration de son bail. Il est donc débiteur d'un corps
certain et est tenu comme le serait, par exemple, l'usufruitier, qui, lui aussi, a un droit temporaire, — nous
ne voulons d'ailleurs établir aucune espèce d'assimilation entre deux droits dont l'un est, suivant l'opinion
générale, personnel, et dont l'autre est certainement réel,
— de veiller à sa conservation. C'est ce que décide formellement l'article 1302 du Code civil, qui, après avoir
dit que le cas fortuit libère le débiteur du corps certain,
ajoute (al. 3) : « Le débiteur est tenu de prouver le cas
» fortuit qu'il allègue ». Cette disposition n'est elle-
même que l'application d'un principe plus général, celui
de l'article 1315 : « ..... celui qui se prétend libéré doit
» justifier ..... le fait qui a produit l'extinction de son
obligation ».

En vain objecte-t-on que l'article 1733, s'il n'était
qu'une application de l'article 1302, n'aurait aucun sens.

Tout d'abord, on peut en dire autant d'un grand nombre de dispositions du Code civil ; et pour ne pas sortir
de la matière de la responsabilité contractuelle, les articles 1784, en ce qui concerne les voituriers, et 1792,
pour les architectes et entrepreneurs, font également
l'application de l'article 1302. Il est vrai qu'ici encore
la jurisprudence a vu des cas de responsabilité délictuelle, où la faute était érigée en présomption ; solution
qui l'a conduite à admettre des solutions erronées et
fortement combattues dans la doctrine, notamment pour
le transport de personnes.

En outre l'article 1733 a une utilité, celle de limiter les moyens à l'aide desquels le locataire se déchargera de la responsabilité qu'il encourt. A ne considérer que l'article 1302 le preneur aurait pu, pour ne pas répondre de l'incendie, se contenter de prouver l'absence de faute de sa part ; l'article 1733 exige davantage et l'oblige à faire la preuve de certains faits déterminés. Ici encore la jurisprudence est contraire (1), à peine peut-on relever un seul arrêt (2) dans le sens de notre opinion ; encore faut-il ajouter qu'il est conciliable avec les précédents.

En indiquant le fondement de l'article 1733, nous avons déterminé en même temps les cas où la responsabilité du locataire et par suite celle de l'assureur prennent naissance.

Il nous resterait à parler de l'étendue de l'assurance et de l'attribution de l'indemnité.

1° L'assureur est tenu de rembourser au locataire tout ce que celui-ci a été forcé de payer, en raison de l'incendie, au propriétaire, ou même d'indemniser ce dernier, en se substituant, comme débiteur, au locataire. Toutefois, en pratique, cette obligation est limitée par une clause insérée dans toutes les polices d'assurances et aux termes de laquelle la Compagnie ne répond que d'une

---

(1) Bordeaux, 10 mars 1884, S. 84. 2. 198. — Toulouse, 19 février 1885. S. 85. 2. 73. — Amiens, 6 janvier 1886, D. 87. 2. 152. — Paris, 15 mars 1886. *Droit* du 12 mai.
(2) Cass. 16 août 1887. S. 84. 1. 33.

somme égale à la valeur même du local incendié
et des objets qui s'y trouvent ; on conçoit que le locataire puissent être tenu envers le propriétaire, d'une
condamnation plus forte. Si l'incendie, par exemple, a
été allumé par sa faute, il répondra du dommage dans
les limites des articles 1150 et 1151 ; bien plus, dans
l'opinion de la jurisprudence, comme sa faute est toujours présumée, il devra réparer toujours l'intégralité
du préjudice, même causé de la manière la plus indirecte (art. 1382 et 1383). Dans ces cas donc, la réparation fournie par la Compagnie ne sera pas complète.

Il en était encore ainsi, sous l'empire du Code civil,
dans un cas très usité en pratique, celui où la maison
était habitée par plusieurs locataires. L'article 1734 du
Code civil les obligeait à indemniser solidairement le
propriétaire de la valeur locative totale de l'immeuble.
Cette disposition, qui avait suscité de vives critiques,
a disparu depuis la loi du 5 janvier 1883, qui lui a substitué une responsabilité proportionnelle, pour chaque
locataire, à la valeur de la partie de l'immeuble qu'il
habite.

Le nouvel article 1734 donne encore lieu à de très
graves questions, sur la solution desquelles on n'est pas,
jusqu'ici, parvenu à s'entendre, et que nous nous contenterons de résoudre en quelque mots, quoiqu'elles
influent sur le montant de l'indemnité que l'assureur
des risques locatifs doit payer.

Les controverses portent sur les paragraphes 2 et 3

de l'article 1734, aux termes desquels, le locataire dans l'appartement duquel l'incendie est prouvé avoir commencé est seul tenu, et les locataires qui prouvent que l'incendie n'a pu commencer chez eux ne sont pas tenus.

Les deux dispositions dont le résumé précède devaient évidemment, sous l'empire du Code civil, être interprétées de la manière suivante : le locataire dans l'appartement duquel l'incendie avait commencé était tenu *pour le tout* ; et c'était également *pour le tout* que le propriétaire pouvait actionner ceux des locataires qui n'étaient pas parvenus à prouver que l'incendie n'avait pu commencer chez eux. En un mot les paragraphes 2 et 3 avaient pour but de décharger certains locataires de la responsabilité, mais non pas de diminuer les garanties du propriétaire, dont l'intérêt est de recouvrer la totalité de la valeur de son immeuble.

Il s'agit de savoir si les paragraphes 2 et 3 conservent leur ancien sens, c'est-à-dire si la portion de la dette des locataires déchargés se reporte sur celui ou sur ceux qui restent tenus.

L'affirmative paraît avoir les préférences de la jurisprudence (1). Elle trouve un argument spécieux dans ce fait que les paragraphes 2 et 3 ont été reproduits, sans changements, par l'article 1734 modifié, et doit avoir

(1) Toulouse, 19 février 1885. S. 85. 1. 73. — Dijon, 23 décembre 1885. D. 86. 2. 246. — Cass. 5 avril 1887. S. 87. 1. 125. — Trib. Lyon, 16 février 1887. *Loi* du 10 décembre 1887. — Paris, 10 novembre 1886, *France judiciaire*, 87. 2. 46.

par suite son sens ancien. En outre l'un des rappor-
teurs de la loi de 1883 (1) a, postérieurement à la pro-
mulgation de celle-ci, attesté que l'intention des légis-
lateurs avait été de n'introduire aucune modification
sur ce point. Enfin on s'appuie sur l'idée de présomption de faute que nous avons déjà réfutée.

L'opinion contraire qui prévaut en doctrine (2) nous
paraît préférable. On ne peut avoir aboli la solidarité
sans en avoir supprimé en même temps les conséquences. Or c'est évidemment par une conséquence de la
solidarité, ou du moins de l'idée qui l'avait fait édicter,
que les paragraphes 2 et 3 de l'article 1734 avaient été
insérés dans le Code civil : on tenait à ce que le propriétaire fût complètement indemnisé. Cette règle a fait
aujourd'hui place à une autre ; c'est l'intérêt du locataire qu'on a considéré et se prévalant en outre des
principes, la loi du 5 janvier 1883 limite la responsabilité de chacun à la valeur des locaux qu'il habite. Il n'é-
tait donc pas nécessaire que la nouvelle loi s'expliquât
sur les points qui nous occupent ; il demeure acquis
que, chacun ne pouvant être tenu que de sa part, ne
peut voir ajouter à sa dette celle dont un autre est déchargé.

Notre interprétation n'est d'ailleurs pas aussi funeste
au propriétaire qu'on pourrait le croire en théorie, puis-

(1) Batbie, *Revue critique*, 1883.
(2) Labbé, S. 85. 1. 5. — Sauget, *Revue critique*, 1885. — Voy, aussi
Labbé, S. 85. 2. 73.

que le débat s'engage presque toujours entre Compagnies d'assurances : l'une a garanti le dommage causé au propriétaire, et agit contre les locataires en vertu de la subrogation qu'elle s'est fait consentir et que nous étudierons plus tard. Ceux-ci se sont retirés du débat et sont remplacés par leurs assureurs, lesquels cherchent à diminuer la dette qu'ils ont assumée.

D'autres difficultés, beaucoup plus spéciales, et que nous mentionnerons seulement, s'élèvent lorsque le propriétaire habite une partie de son immeuble. Quelle est l'influence de ce fait sur la dette des locataires, et par suite de leur assureur ? Avant la loi de 1883, la jurisprudence ne permettait au propriétaire de faire aucune réclamation aux locataires qu'après avoir prouvé que le feu n'avait pu prendre chez lui, et cette opinion était suivie par les auteurs ; on partait de l'idée que la présomption de faute sur laquelle se fondait l'article 1733 ne pouvait alors s'appliquer. Mais dans le cas où le propriétaire faisait cette preuve, il avait le droit de réclamer pour le tout aux locataires, et solidairement, la valeur de son immeuble.

Il ne peut plus être question aujourd'hui de solidarité ; mais, à part ce point, la jurisprudence s'en tient encore à son ancienne doctrine (1). Elle se montre, en cela, conséquente avec elle-même et déduit un corollaire très logique de l'opinion qu'elle a admise sur le

(1) Riom, 21 mai 1886. S.87.2. 103. — Toulouse, 16 mai 1887. *Loi* du 1er janvier 1888. — Chambéry, 31 mai 1887. *Loi* du 1er janvier 1888.

sens des paragraphes 2 et 3 de l'article 1734, le système contraire est seul en harmonie avec la théorie que nous avons admise nous-même ; chaque locataire ne pouvant jamais, — sauf, bien entendu, le cas de faute prouvée, — être tenu que de sa part, peu importe que la partie de la maison qu'il n'occupe pas soit habitée par le propriétaire ou par d'autres locataires, ou même reste inhabitée. — Il est toujours tenu de la valeur de l'appartement où il demeure, et n'est jamais tenu que de cette valeur.

2ᶜ L'indemnité due par l'assureur au locataire est destinée à réparer le préjudice que lui a causé l'incendie par suite duquel il a été obligé d'acquitter lui-même la valeur du dommage entre les mains du propriétaire. La Compagnie doit donc, ou bien rembourser au locataire la somme qu'il aura payée, ou bien se substituer à lui et acquitter directement la somme entre les mains du propriétaire.

Ce n'est pas à dire que celui-ci ait un droit direct sur cette somme, il n'est pas le créancier de l'assureur. La Compagnie n'a contracté qu'avec le locataire, et, n'ayant aucunement agi dans l'intérêt du propriétaire, ne peut être considérée comme la débitrice de celui-ci ou de son assureur. En d'autres termes, le propriétaire ou la Compagnie subrogée à ses droits ne peuvent agir contre la Compagnie qui a assuré les risques locatifs, que comme créanciers du locataire. Ils sont donc forcés d'user de l'article 1166, ou, si l'indemnité est déjà entrée dans le

patrimoine de l'assuré, de l'article 2092. En d'autres
termes, ils sont réduits à la condition commune des autres locataires.

Si nous insistons sur cette solution que la jurisprudence considère à bon droit comme évidente aujour-
d'hui (1), c'est que le contraire a été autrefois jugé (2), on
a cru pouvoir accorder, au propriétaire sur l'indemnité le
privilège de l'article 2102-1° du Code civil. Mais il suffit
de faire remarquer que ce privilège porte uniquement
sur les meubles garnissant la maison ou la ferme, pour
l'écarter immédiatement.

Le propriétaire ou son assureur se mettra à l'abri de
cette perte éventuelle en se faisant consentir la subrogation dont nous reparlerons.

Un auteur considérable (3) a cherché à fonder ce privilège du propriétaire sur un autre argument. Il faut,
pour le comprendre, partir de l'idée très contestable que
toute personne qui a mis une chose dans le patrimoine
d'une autre a une action directe pour en recouvrer la va-
eur.

Le Code civil paraît contenir l'application de ce
principe ; c'est ainsi que l'article 1753, — du moins
d'après l'interprétation générale, car il y a quelques
dissidences, — accorde au propriétaire une action
directe contre le sous-locataire jusqu'à concurrence du
prix de la sous-location ; de même l'article 1798 est ordi-

(1) Voy. Labbé, S. 85.1. 5.
(2) Cass. 31 décembre 1864. S. 63. 1. 531.
(3) Paris. 30 juin 1886, *Journal des assurances*, 1886, p. 354.

nairement interprété dans le sens d'une action directe
accordée aux ouvriers, créanciers de l'entrepreneur,
contre celui qui a commandé l'entreprise. Enfin, l'article 1994 donne formellement au mandant une action
directe contre le substitué. En Droit commercial, la
vente par filière offre aussi un cas d'action directe.

L'auteur dont nous parlons n'hésite pas à généraliser
ces divers cas, et, à en tirer la formule générale que
nous avons énoncée. A cette première hypothèse il en
ajoute une autre : toutes ces actions directes ne sont
en réalité que des privilèges.

Ceci admis, le privilège du propriétaire sur l'indemnité attribuée au locataire ne serait pas douteux. Il lui
suffirait de faire observer à l'assureur de ce dernier
que, sans le dommage éprouvé par lui propriétaire, et
sans l'action qu'il a intentée contre le locataire la
créance de ce dernier ne serait pas née. C'est donc en
raison du préjudice causé au propriétaire que le locataire peut agir ; et par suite le propriétaire a le droit de
s'attribuer une action qu'il a mise, par son fait, dans le
patrimoine de son débiteur.

Il est à peine besoin de remarquer ce qu'a d'artificiel
et de laborieux la double hypothèse qui sert de base à
ce raisonnement. Les actions directes ne sont pas des
privilèges, puisque la loi les en distingue ; en tous cas,
actions directes et privilèges constituent de graves
exceptions au droit commun et ne peuvent, par suite,
subir aucune extension.

Section III. — De l'assurance de la prime.

On a prétendu autrefois que l'assurance sur la prime est défendue : un des éléments essentiels au contrat d'assurance est le risque ; or l'assuré ne court, au sujet de la prime, aucun risque, puisqu'il est sûr de la payer, qu'il se produise ou non un sinistre.

Cette objection est fondée en elle-même, il n'existe pas, dans l'assurance des primes, un véritable risque ; mais la seule conclusion qu'on puisse en tirer, c'est qu'il ne s'agit pas ici, malgré le langage courant, d'une véritable assurance. Le contrat est certainement valable, puisqu'il contient tous les éléments exigés par la loi et qu'il ne renferme aucune clause qui soit contraire à l'ordre public.

Le contrat dont nous parlons a d'ailleurs ceci de commun avec la véritable assurance, qu'il tend à indemniser l'assuré d'une perte, dans une circonstance qui peut éventuellement se produire. L'assurance de la prime consiste en effet dans la stipulation du remboursement des primes en cas de sinistre : cette somme, en d'autres termes se cumulera avec l'indemnité représentant la valeur de la chose qui aura péri. Son but est de donner un dédommagement complet à l'assuré : on l'appelle encore *assurance du coût*. Ce qui achève d'en démontrer la validité, c'est qu'elle est formellement autorisée par

l'article 342 du Code de commerce, qui lui donne le
nom d'*assurance*, en matière maritime.

Cette assurance de la prime est beaucoup plus rare
en matière d'assurance terrestre que d'assurance maritime? Dans cette dernière assurance, en raison des dangers considérables que présente la navigation la prime
est très élevée ; on conçoit donc facilement que l'assuré
cherche à se garantir de la perte sérieuse que lui en
cause le payement ; si le remboursement des primes
n'est stipulé que pour le cas de sinistre, c'est que l'assuré
dont les marchandises arrivent à bon port trouve d'ordinaire un dédommagement suffisant des primes qu'il
aura payées dans les bénéfices que lui procurera la vente
des choses transportées ; en outre on ne voit pas trop
de quelle manière une telle convention pourrait se faire.

Dans les assurances terrestres, au contraire, la prime
est trop faible et les chances de sinistres trop peu importantes, pour que l'assurance des primes puisse présenter un intérêt sérieux.

C'est généralement en même temps que l'assurance
de la chose, et par la même Compagnie, que se fait l'assurance des primes. On a pu soutenir qu'un tel contrat
est nul si la prime, a-t-on dit, est de l'essence du contrat d'assurance, puisque son payement constitue la
véritable obligation de l'assuré? Or cette prime serait
supprimée en réalité, et par suite l'assuré aurait des
droits sans avoir de charges, s'il pouvait obtenir le remboursement des primes.

Une assurance sans primes serait en effet un contrat nul, parce qu'il contiendrait une obligation sans objet. Mais il faut remarquer que la prime existe dans notre cas ; seulement un second contrat, qui se joint au premier, vient immédiatement l'assurer. Il serait d'ailleurs singulier qu'on ne pût faire avec une même Compagnie ce qu'on peut faire avec deux.

Il va sans dire que la Compagnie n'assure pas la prime sans un supplément de cotisation : la prime est augmentée d'une surprime en raison de cette nouvelle assurance, la surprime faisant partie intégrante de la prime, et, comme elle, remboursable en cas de sinistre.

Section IV. — De l'assurance de l'indemnité.

Nous avons vu que les Compagnies, craignant de se trouver trop obérées par le payement d'une indemnité, n'assurent d'ordinaire que pour partie certains monuments trop exposés à l'incendie ou d'une valeur trop considérable.

L'assurance de l'indemnité est un autre moyen destiné à remédier au même péril ; on l'appelle proprement la *réassurance*, et il faut éviter de la confondre avec une autre réassurance, dont nous nous occuperons en étudiant les obligations de l'assuré.

La réassurance est donc un contrat par lequel un nouvel assureur s'engage à indemniser le premier de la somme que celui-ci devra, en cas de sinistre, payer à l'assuré. C'est, pour ainsi dire, la prise en charge de la portion du risque incombant à autrui. Elle a lieu naturellement moyennant le payement d'une prime de la part du premier assureur ; cette prime est généralement un peu plus faible que celle qui a été stipulée par celui-ci, l'excédant représente une sorte de droit de commission.

Rien ne s'oppose à ce que la réassurance ait lieu pour la valeur entière des choses primitivement assurées. Valin voulait qu'en ce cas le nouvel assuré déduisît les primes qui lui étaient payées en vertu du premier contrat, parce qu'il ne pouvait les perdre, et qu'on assure seulement ce qu'on est en danger de perdre (1). Il oubliait que, de son côté, le premier assureur paye une prime au nouveau, et que, par conséquent, la prime qu'il reçoit est aussitôt dépensée, au moins pour la plus grande partie, la différence des deux primes pourrait donc seule être détruite, et elle est trop faible pour que cette déduction puisse présenter un sérieux intérêt.

Les obligations des parties, dans le contrat de réassurance, se déterminent d'un seul mot : il faut appliquer à la lettre les règles que nous allons immédiatement fixer au sujet des rapports entre l'assureur et l'assuré.

Notamment le paiement de la prime, les déclarations

_____

(1) Valin, *Commentaire de l'ordonn. de* 1681, édition de 1766, t. II, p. 67.

exigées au moment du contrat, au moment du sinistre et dans la période de temps qui s'écoule entre ces deux événements, doivent être faits par le nouvel assuré ; quant au réassureur, il remboursera à ce dernier l'indemnité qu'il payera au premier assuré, ou la portion qui aura été convenue (1).

Quant au premier assuré, il ne peut exercer aucune action directe contre le réassureur, avec lequel il n'a pas contracté ; son seul droit consiste à partager, en vertu de l'article 1166 du Code civil, avec tous les créanciers du réassuré, l'action de celui-ci contre le réassureur.

(1) Voy. Paris, 26 juillet 1877. *Journ. des Assur.* 1877, p. 417. — Paris, 10 juillet 1880. *Journ. des Assur.* 1880, p. 424.

CHAPITRE IV

DES OBLIGATIONS DE L'ASSUREUR ET DES CIRCONSTANCES
QUI LES FONT NAITRE.

Les obligations de l'assureur peuvent se formuler en quelques mots : il doit, en cas de sinistre, payer l'indemnité : nous verrons, au contraire, que les obligations de l'assuré sont très nombreuses.

Ce n'est pas que l'assureur échappe aux obligations qui incombent à tout contractant : il ne doit pas user de dol ou de violence à l'égard de l'assuré, il doit lui faire connaître exactement sa qualité afin que l'assuré puisse se rendre compte de la nature et de l'étendue des garanties qui lui sont offertes.

Il y a, par exemple, erreur sur la substance entraînant nullité aux termes de l'article 1110 du Code civil, si l'assuré, croyant contracter avec une Compagnie d'assurances à primes fixes, traite avec une Société mutuelle (1).

Le dol entraîne la rescision du contrat s'il détermine à contracter (art 1116, C. civ.) par exemple à une Compagnie peu solvable ou son agent, — des actes duquel

---

(1) Cass., 6 mai 1878. S. 80. 1. 125. — Badon-Pascal, *Répertoire des Assurances*. Vo *Erreur de l'assuré*, no 1.

elle est responsable (art. 1384), — fait souscrire une police à un assuré en lui faisant croire qu'il traite avec une autre Compagnie dans laquelle il a toute confiance (1).

Quant à la violence, si elle se rencontre quelquefois en matière d'assurances sur la vie ou d'assurances maritimes (2), elle ne peut guère être supposée en matière d'assurances contre l'incendie ; il se peut cependant qu'un créancier, nous avons vu que les créanciers ne peuvent pas assurer eux-mêmes les propriétés de leur débiteur, exerce des violences sur ce dernier pour le contraindre à contracter une assurance ; cette assurance serait annulable, quoique la violence n'émanât pas du cocontractant (art. 1111).

A part ces obligations qu'on peut qualifier de négatives, l'assureur n'est tenu que du payement de l'indemnité, lorsque le sinistre se produit.

Cette obligation fait naître plusieurs questions :

1° Dans quels cas naît le droit à l'indemnité ; que faut-il, en d'autres termes, entendre par les *risques* dont répond l'assureur ?

2° Quelle est la durée des risques ?

3° Comment se calcule l'indemnité ?

4° Qui y a droit et à qui elle doit être payée.

5° Où, de quelle manière et dans quel délai s'en fait le payement ?

(1) Paris, 27 août 1838. *Juris. gén. des Assur.* II, 40.
(2) Comp. Cass. 27 avril 1887. S. 87. 1. 372.

Section I. — Des risques.

On entend par *risques* l'événement qui fait périr la chose sur laquelle porte le contrat, et dont les conséquences sont mises, par la loi ou la convention, à la charge de l'un des contractants ; c'est ainsi que tout créancier de corps certain a les risques à sa charge, c'est-à-dire que la perte fortuite de la chose libère le débiteur.

Les risques sont, dans le contrat d'assurance contre l'incendie, à la charge de l'assureur : il s'engage à indemniser l'assuré de la perte que lui causent des événements déterminés, produits d'une certaine matière.

Le mot *risques*, a d'ailleurs, en matière d'assurances, d'autres significations :

Il désigne d'abord, dans les tarifs des Compagnies, les classifications des objets à assurer, faites en raison de l'importance des primes : c'est ainsi que les bâtiments en bois et ceux en pierre forment des risques différents, c'est-à-dire sont soumis à un tarif spécial.

Le mot *risques* désigne aussi, mais seulement dans le langage courant et non dans les polices, la chose même qui est assurée : on dit *que les risques sont assurés pour une somme de...*

La manière même dont nous avons formulée l'obligation de l'assureur indique que la réunion de deux circonstances est nécessaire pour la faire naître : un événement prévu par le contrat, la production de cet événement par certains faits déterminés.

Nous dirons ensuite quelques mots de la pluralité des risques.

§ 1. — *Nature des risques garantis par l'assurance.*

Le contrat peut garantir toutes espèces de risques ; nous nous supposons naturellement en présence d'une assurance contre l'incendie, et nous avons à nous demander ce qu'il faut entendre par ce dernier mot.

L'incendie consiste dans un embrasement total ou partiel des objets, dans une perte que cause directement le feu par voie de combustion. Il suppose que cette action du feu endommage l'objet, lequel n'était pas, par nature, destiné à être brûlé au moment où il l'a été : c'est ainsi qu'un amas de bois ou de charbon donne lieu à indemnité, quand il est brûlé par suite d'un accident.

Le mot d'*embrasement* distingue l'incendie de divers autres faits qui ne sont pas garantis de plein droit par l'assurance, et avec lesquels il faut, en conséquence éviter de le confondre.

On ne peut, par exemple, soutenir qu'une indemnité doit être payée à celui dont le mobilier est détérioré, non par l'embrasement, mais simplement par la chaleur

excessive produite par un fourneau ou un appareil d'é-
clairage (1).

Il en est de même de l'explosion de certaines matières, comme le gaz, quelle que soit l'importance des
dégâts qui en résultent ; à moins toutefois que cette explosion ne produise un incendie ; dans ce dernier cas,
on se trouve directement dans les termes de la police.
Il en est de même encore si l'explosion est une suite de
l'incendie (2).

Les Compagnies ne refusent pas, d'ailleurs, d'assurer
contre l'explosion ; les assurances de ce genre sont fréquentes pour les usines ; mais elles entraînent généralement le payement d'une sur prime.

Nous n'étudions pas ici l'étendue des risques ; elle
trouvera plus naturellement sa place dans la section
consacrée au mode de calcul de l'indemnité.

§ 2. — *De quelles causes doit provenir l'incendie pour
être garanti.*

Lorsque la police, qui est souveraine sur ce point,
reste muette, il semble qu'en présence du sens général
du mot *incendie*, il faut admettre parmi les risques garantis l'embrasement provenant de quelque cause que
ce soit.

(1) Paris, 31 janvier 1882. S. 82. 2. 160. — Comp. Trib. Seine, 13 janvier
1888, *Droit* du 10 mars 1888.
(1) Trib. Seine, 5 mai 1882. *Jurisp. génér. des Assur.*, II, 292 (Explosion de la rue Béranger).

Toutefois, pour mieux étudier cette matière, il convient de distinguer les différents faits qui peuvent donner naissance à l'incendie.

L'incendie peut résulter soit du vice de la chose, soit d'un cas fortuit produit par une puissance extérieure, soit de la force majeure, soit de la faute légère de l'assuré, soit de son dol ou de sa faute lourde, soit enfin de la faute ou du dol des personnes dont il répond.

1° *Incendie provenant du vice de la chose.* — Il faut ici éviter une confusion : le vice de la chose peut détériorer et même détruire la chose sans qu'il se produise un incendie, c'est-à-dire un embrasement ; c'est un phénomène qui se produit souvent dans la fabrication des produits industriels.

Mais presque toujours la destruction opérée par un vice propre de la chose, a lieu à la suite d'un incendie. La Compagnie en est alors responsable.

Toutefois, il est rare que les polices n'écartent pas formellement cette garantie spéciale. On interprète d'ordinaire, sans motif suffisant selon nous, d'une manière très restrictive la clause que la Compagnie *ne répond pas du vice propre de la chose* ; ces expressions nous paraissent exclure l'incendie et non pas seulement la destruction due à l'influence de la chaleur ; interprétée dans ce dernier sens, elle serait en effet surabondante, puisque cette garantie est déjà déterminée par les principes.

La combustion spontanée rentre dans celle qui provient des vices de la chose, elle est donc exclue comme celle-ci, même quand elle entraîne un véritable incendie, par la clause qui écarte le vice de la chose.

2° *Incendie provenant d'un cas fortuit* — Le cas fortuit est l'événement produit par le jeu des lois de la nature et indépendamment de tout fait dû à l'une des parties contractantes.

On n'attend pas de nous une énumération complète des cas fortuits ; les circonstances qui peuvent être rangées sous cette dénomination sont innombrables.

La foudre est un des événements qui causent les incendies les plus fréquents ; elle est d'ailleurs, en général, prévue par les clauses de la police. Mais il faut évidemment qu'un incendie en résulte, nous n'approuvons donc pas un arrêt de la Cour de cassation qui, en l'absence d'une disposition formelle, condamne la Compagnie à une indemnité en raison de bestiaux tués par la foudre (1).

On peut supposer également que l'incendie provienne d'un météore (2).

3° *Incendie provenant d'une force majeure* — La force majeure est l'événement produit par un fait de l'homme et contre lequel il est impossible de réagir.

L'incendie allumé dans ces circonstances est des plus fréquents : il arrive souvent qu'un tiers mette soit par imprudence, soit même volontairement, le feu aux meubles ou aux immeubles d'autrui. On sait que le Code

---

(1) Cass. 14 avril 1878. *Jurisp. Génér. des Assur.* I. 80.
(2) Cass. 17 août 1846. S. 46. 1. 789.

pénal (art. 434) punit de la mort ou des travaux forcés
le crime d'incendie volontaire; ces peines sévères ne paraissent pas avoir atténué la fréquence des incendies dus
à la vengeance (1).

Il faut même considérer comme allumé par un tiers,
et par suite comme donnant droit à l'indemnité, l'incendie dû au fait du copropriétaire ou de l'administrateur de l'immeuble ; si, par exemple, le tuteur incendie
l'immeuble du pupille, il n'en peut pas moins réclamer
l'indemnité au nom de celui-ci ; seulement, comme nous
le verrons, la Compagnie a contre lui un recours
(art. 1382) ; mais elle ne peut lui opposer la compensation, en admettant même qu'elle ait eu le temps d'obtenir une condamnation et par là de rendre sa créance
liquide ; car le tuteur est débiteur à un autre titre qu'il
est créancier.

De même si le mari incendie un immeuble de communauté, il pourra, comme administrateur de la fortune de sa femme, réclamer la portion d'indemnité ;
qui représente la part de celle-ci dans l'immeuble au
regard de cette dernière, l'incendie est considéré comme
allumé par un tiers (2).

Il y a mieux ! Souvent l'incendie allumé par l'assuré
lui-même sera considéré comme une force majeure, on
n'a qu'à supposer que celui-ci a agi dans un moment de
folie (3) ; l'assuré n'est, nous le verrons, responsable

(1) Voy. *Journal des Assurances,* 1880, p. 474.
(2) Nancy, 30 mai 1856. S. 56. 1. 607.
(3) Cass. 18 janvier, 1870. D. 71. 1. 54.

qu'en cas de dol ou de faute lourde, il ne répond pas d'un simple fait.

Il en est ainsi même si la démence, sous l'empire de laquelle l'assuré a agi, provenait d'excès qui lui sont im·putables ; une doctrine qui nous paraît exacte contient, il est vrai, que dans ce cas le fou est responsable de ses simples faits qui causent dommage à un tiers ; cette opinion s'appuie sur ce que l'article 1382 punit les conséquences même les plus indirectes de la faute ; or il y a faute à se laisser entraîner à des excès dangereux pour la santé. L'application d'une telle théorie à l'assurance n'est pas possible, puisque la faute dont il est question ne peut être rangée que parmi les fautes légères, celles dont l'assuré ne répond pas.

On a, par un raisonnement différent, soutenu que l'assuré répond de l'incendie qu'il a allumé dans un moment de folie, au moins si la folie s'est déclarée postérieurement au contrat d'assurance : l'assuré, a-t-on dit, est tenu, aux termes de toutes les polices, de faire à l'assureur toutes les déclarations qui modifient *l'opinion du risque,* c'est-à-dire les chances d'incendie ; or il est certain que ces chances se trouvent augmentées par la folie de l'assuré ; il subit donc, en n'en faisant pas la déclaration, une déchéance absolue qui lui enlève tout droit à l'indemnité.

Il nous suffira de répondre que les déclarations exigées par la police ne sont relatives qu'aux changements dans la nature de la chose assurée ou dans la profession

de l'assuré ; la police peut, il est vrai, imposer la déclaration de tous les changements relatifs à la personne ;
c'est seulement alors que la déchéance peut se produire.

L'un des cas les plus importants de force majeure
est celui de l'incendie causé par la guerre ; il est rare
que les polices n'écartent pas formellement *les risques
de guerre* ; mais il faut noter qu'en l'absence d'une
clause spéciale, ils sont incontestablement garantis par
l'assurance.

Que faut-il entendre par « *risques de guerre, invasion,
émeute, occupation des troupes?* »

Il est d'abord certain que ces expressions compren-
nent tout acte militaire régulièrement accompli pendant
la guerre, tout fait de guerre proprement dit : un bom-
bardement, une bataille, un incendie allumé par les
troupes qui occupent un pays.

Certains tribunaux ont refusé d'aller plus loin et de
considérer comme faits de guerre tout incendie qui,
sans être directement le résultat d'une opération militaire, est la conséquence indirecte des hostilités, et n'eût
pas été allumé sans la présence de l'ennemi ou l'engagement des hostilités.

Des décisions, qui nous paraissent plus exactes, adop-
tent l'opinion contraire (1): il est conforme à l'intention
des parties d'exclure de l'incendie tout événement qui,
sans la guerre, ne se serait pas produit.

(1) Paris, 17 août 1872. D. 73. 1. 97. — Paris, 26 juillet 1872. D. 73. 1. 97.
— Besançon, 2 février 1872. S. 73. 2. 21.

Nous devons dire toutefois que la jurisprudence administrative et le Tribunal des conflits(1) s'en tiennent à la première opinion, qui s'appuie sur un argument sérieux : l'exclusion des faits de guerre se présente comme une limitation du sens du mot *incendie* ; or toute limitation doit s'interpréter de la manière la plus rigoureuse.

Quant à la Cour de cassation, elle ne tranche pas la question et maintient sans contrôle toutes les décisions que rend souverainement le juge du fait ; il s'agit en effet d'une simple interprétation de convention (2), et non pas, comme on l'a prétendu à tort (3), de la détermination des faits qui présentent le caractère juridique de fait de guerre ; on se demande uniquement ce que les parties ont voulu dire.

Quelque opinion que l'on adopte, il ne faut pas considérer comme fait de guerre l'incendie allumé, en temps de paix, pendant les manœuvres.

Nous en dirons autant de l'émeute ou d'une guerre intestine ; jusqu'à preuve du contraire, il faut admettre que la police a entendu le mot *guerre* dans le sens où il est pris d'ordinaire, c'est-à-dire a voulu désigner une guerre entre deux nations.

4° *Incendie provenant de la faute légère de l'assuré.*

(1) Conseil d'État, 1er mars 1874. D. 74. 3. 46. — Trib. conflits, 25 janvier 1873. D. 73. 3. 24.

(2) Cass., 26 février 1873 et 24 mars 1873. D. 73. 1. 97 et 295.

(3) De Lalande et Couturier, *Traité du contrat d'assurance contre l'incendie*, n° 122.

— D'une manière générale, toute personne répond de sa faute ; si l'on suivait ce principe, il faudrait admettre que l'assuré ne peut réclamer aucune indemnité en raison de l'incendie allumé par sa faute ; cette solution diminuerait notablement l'importance et la fréquence des assurances : car c'est précisément contre sa propre faute que l'assuré a le plus besoin de se garantir, souvent les incendies pouvant être imputés à sa négligence ou à son imprudence.

Nous avons déjà dit qu'à notre avis l'assurance ne doit pas être présumée, dans la plupart des circonstances, avoir pour but de garantir *d'une manière principale* la faute de l'assuré.

On pourrait même penser que l'assuré ne peut jamais se garantir de sa faute.

Beaucoup d'auteurs soutiennent en effet qu'il est contraire à l'ordre public de se décharger de sa faute et d'en faire subir les conséquences à un tiers ; cette faculté aurait quelque chose d'immoral ; elle exciterait le débiteur à commettre l'acte volontaire dont il saurait ne pas devoir subir les conséquences (1).

Une opinion, plus généralement adoptée et que nous croyons plus exacte, fait une distinction entre le contrat et le délit ; la jurisprudence s'est rangée à cette théorie.

On ne peut, d'avance, se décharger sur un tiers de la responsabilité qu'on est exposé à encourir par suite d'un

_____

(1) Lyon-Caen, S. 87. 1. 121. — Labbé, *Annales de Droit commercial*, 1887, p. 187.

7

délit ou d'un quasi-délit (1), car il est interdit de déroger, par une convention, à un texte législatif qui repose
sur l'ordre public ; d'ailleurs une telle convention est à
peu près impraticable puisque le délit et le quasi-délit
se produisent entre gens qui ne se connaissent pas (2).

Il en est autrement en matière de contrat, toutes les
clauses y sont possibles, pourvu qu'elles ne blessent pas
l'ordre public; or il n'y a rien de contraire à l'ordre public à diminuer sa responsabilité pourvu qu'on n'arrive
pas ainsi à se décharger de son dol ; la faute, toute en
dérivant de la volonté, n'appelle pas l'idée de malice ou
le désir de nuire (3).

Ce dernier principe doit être appliqué à l'assurance,
qui est un contrat ; il en est ainsi du moins de la faute
légère; nous verrons dans un instant ce qu'il faut penser
de la faute lourde.

Ceci admis, la jurisprudence et les auteurs décident,
avec raison, que l'assureur répond de plein droit de la
faute légère de l'assuré, lorsque le contrat est muet sur
ce point (4).

---

(1) Cass. (motifs), 19 août 1878. S. 79. 1. 422. — Sourdat, *Traité de la
responsabilité*, I. 662. — Sainctelette. *Responsabilité et garantie*, p. 18, nº 5.
— Demangeat, *Revue pratique*, 1884, p. 558. — Trib. St-Étienne, 10 août
1886. S. 87. 2. 48.

(2) Il en est toutefois autrement, si, avec la jurisprudence, on admet
qu'il y a délit ou quasi-délit dans la faute de l'armateur envers le pas-
sager, de la Compagnie de chemins de fer envers le voyageur, ou du pa-
tron envers l'ouvrier. — Cass., 21 juillet 1885. S. 87. 1. 121. — Trib. Moulins, 8 janvier 1887. S. 87. 2. 173.

(3) Colmet de Santerre, *Droit civil*, t. V, p. 66. — Glasson, *Question
ouvrière*, p. 31.

(4) Rouen, 28 novembre 1882. S. 85. 2. 48. — Rouen, 4 mars 1887.
S. 87. 2. 109.

Il en est sans doute autrement de l'assurance maritime (art. 352, C. co.) ; mais c'est que cette dernière a pour objet principal et même exclusif de prémunir contre les dangers de mer, c'est-à-dire contre des cas fortuits. La faute de l'habitant est au contraire trop fréquente, pour qu'on doive supposer que l'assurance contre l'incendie n'a pas pour but de la garantir.

5° *Incendie provenant de la faute lourde ou du dol de l'assuré*. — Il reste à savoir si cette théorie est applicable à la faute lourde ou au dol de l'assuré.

La négative ne nous paraît pas contestable (1) : non-seulement cette garantie n'est pas comprise de plein droit dans l'assurance, mais elle ne peut même pas y être insérée.

On admet, en effet, généralement que nul ne peut se décharger, directement ou indirectement, de son dol, pas plus en matière de contrat que de délit ; c'est ici que l'ordre public serait sérieusement froissé. Le contractant, qui n'aurait pas à subir les conséquences de son dol, n'hésiterait pas, la plupart du temps, à commettre de mauvaise foi l'acte qui lui est permis ; une telle solution serait particulièrement dangereuse en matière d'assurance.

Le Droit romain décidait déjà en ce sens ; la maxime *dolus ex contractu descendit* qu'on a invoquée pour appuyer la doctrine contraire, signifie simplement que le dol est une contravention au contrat et n'est pas consi-

(1) Rouen, 28 novembre 1882. S. 85. 2. 43.

déré de la même manière que le délit commis par une personne envers une autre personne qui lui est étrangère.

Ce que nous disons du dol doit être appliqué à la faute lourde (1), qui lui a toujours été assimilée (2). Cette faute est d'ailleurs tellement voisine du dol qu'une solution contraire se concevrait difficilement.

La décision différente que nous avons admise en ce qui concerne la faute légère rend essentielle la distinction des deux sortes de fautes.

En théorie, cette distinction ne présente pas de difficultés. La faute légère, — considérée, comme d'ordinaire, *in abstracto*, — est celle que ne commet pas un père de famille diligent ; la faute lourde est celle qui n'est même pas excusable de la part d'un administrateur peu soigneux. Ce serait, à notre avis, la caractériser d'une manière beaucoup trop vague, et même assez inexacte que de dire (3) qu'elle se distingue uniquement du dol par l'intention de nuire.

C'est aux tribunaux qu'il appartient de décider si une faute est lourde ou légère ; leur rôle est ici particulièrement délicat ; ils n'ont à considérer comme faute lourde que celle qu'on est coupable d'avoir commise. Il ne suffit pas qu'un règlement ait été publié et soit connu de

(1) Rouen, 13 mai 1846. S. 47. 2. 358. — Paris, 29 juin 1846, S. 47. 2. 359. — Paris, 23 août 1851. S. 51. 2. 645.

(2) Voy. Trib. Seine, 12 janvier 1883. *La Loi* du 14 février 1883. — Voy. cep. Thaller, *Annales du Droit commercial*, 1887, p. 189.

(3) De Lalande et Couturier, *Traité du contrat d'Assurance contre l'incendie*, n° 113.

tout le monde, même de l'assuré, pour que son inobservation constitue une faute lourde (1). C'est d'ailleurs à
l'assureur qu'incombe la preuve du caractère de la faute :
car la faute lourde ne se présume pas plus que le dol
dont elle est voisine : et d'un autre côté, l'assuré a rempli intégralement son rôle quand il a prouvé le sinistre
qui lui donne droit à l'indemnité (2).

5° *Incendie provenant du fait de la faute ou du dol de
personnes dont l'assuré est responsable.* — Aux termes
de l'article 1384 du Code civil on est responsable du dommage causé par le fait des personnes dont on doit répondre ou des choses que l'on a sous sa garde ; on doit garantir le dommage causé par ses enfants mineurs, ses
domestiques et préposés, ses élèves, ses animaux.

Ce texte doit-il s'appliquer en matière d'assurance,
dans les rapports entre l'assureur et l'assuré ?

La solution négative prévaut avec raison ; son exactitude ressort suffisamment des développements qui
précèdent ; l'assuré, avons-nous dit, est, de plein droit,
garanti contre tout incendie allumé sans son dol ni sa
faute lourde. Or, y eût-il crime de la part d'une personne dont l'assuré répond (3), celui-ci n'a commis ni
faute lourde ni dol. Cette règle n'est cependant pas
absolue ; il se peut que l'assuré, instruit de l'intention

(1) Cass., 18 avril 1882. D. 83. 1. 260. — Bourges, 11 août 1874. *Jurisp.
génér. des assur.*, II, 489.
(2) Cass., 18 janvier 1870. D. 71. 1. 55. — Cass., 23 mars 1875. S. 75.
1. 251.
(3) Paris, 7 février 1880. *Journal des Assurances*, 1882, p. 7.

de son domestique, ne fasse rien pour l'empêcher de la
mettre à exécution ; il se peut même que le domestique
agisse sur son instigation ; les tribunaux pourront le
considérer comme coupable de faute lourde dans le
premier cas, de dol dans le second ; mais sa responsabilité dérivera de l'application des règles posées plus
haut, et non de l'article 1384.

§ 3. — *De la pluralité des risques.*

La police détermine une limite que ne dépassera pas
l'obligation de l'assureur, quelle que soit l'étendue des
dommages ; nous aurons l'occasion d'en reparler en
nous occupant de l'indemnité.

Ce maximum est fixé pour chaque catégorie de risques, c'est-à-dire pour l'ensemble des choses qui sont
sujettes à être endommagées dans un même sinistre :
la maison et ses meubles, et même le recours du voisin
ou du locataire feront donc partie du même risque.

Au contraire seront l'objet d'un risque spécial les bâtiments qui, n'ayant aucune communication avec le
corps principal, ne sont pas exposés aux mêmes dangers.

L'intérêt pratique de cette distinction vient de ce que
les risques différents donnent lieu à des contrats séparés ; les risques ont beau être réunis dans une police
unique ; les conventions sont multiples lorsqu'une indemnité différente est stipulée pour chacun d'eux.

Il faut en conclure que le défaut de payement d'une seule des primes ne fera pas tomber l'assurance tout entière, mais n'entraînera déchéance que pour le risque auquel s'appliquait cette prime. Il en sera de même si l'assuré omet de faire, au sujet de l'un de ces risques, les déclarations qui lui sont imposées par la police.

De même, la Compagnie ne pourra user que pour l'un des risques du droit de réduction qu'elle se sera réservé, si les circonstances dans lesquelles cette faculté est ouverte, ne se produisent que pour le risque.

Section II. — De la durée des risques.

La garantie fournie par l'assurance dure, en principe, autant que le contrat ; l'indemnité sera donc due pour les incendies qui se déclarent entre la signature de la police et la fin de la convention.

Il n'en est pas ainsi en pratique. L'assureur veut se ménager, au moment de la signature de la police, le temps moral nécessaire pour se convaincre que l'assuré n'a commis aucune fraude, notamment n'a pas assuré une maison qui vient d'être incendiée. Aussi stipule-t-on généralement que les risques ne commenceront que le lendemain de la signature de la police, à midi ; dans les assurances mutuelles, son point de départ est même retardé jusqu'au premier jour du mois qui suit l'engagement de l'assuré.

Quant à la fin des risques, son étude se confond avec celle de la fin du contrat.

La durée limitée des risques peut donner lieu à une question douteuse : l'assurance garantit-elle l'incendie qui a éclaté avant le début des risques, mais dure encore au moment où ils commencent : réciproquement, que faut-il décider du sinistre qui n'est pas encore terminé au moment de la fin des risques ? Il est clair qu'une solution affirmative sur l'une de ces questions, entraîne une solution négative sur l'autre : le risque, est d'après l'intention même des parties, indivisible ; il ne peut que s'appliquer entièrement au sinistre, ou ne pas s'y appliquer du tout. Or il serait aussi injuste d'obliger la Compagnie à répondre des deux hypothèses que nous signalons, que de la rendre indemne dans les deux cas.

Nous croyons que l'assureur ne répond pas de l'incendie qui a éclaté antérieurement aux risques ; car la Compagnie n'a certainement pas voulu garantir le début du sinistre, il doit donc en être ainsi également de la fin de ce sinistre, en raison de l'indivisibilité des primes.

En sens inverse, et pour le même motif, la Compagnie répond entièrement de l'incendie qui a commencé avant la fin des risques.

Section III. — Du calcul de l'indemnité.

L'indemnité est la somme qui a été promise par l'assureur au cas de sinistre ; elle n'est donc due que si l'incendie éclate.

L'indemnité fixée ne dépasse pas le *plein*, c'est-à-dire le maximum que la Compagnie est, en vertu de ses statuts, autorisée à garantir. Si donc elle est supérieure à ce chiffre, l'assuré ne pourra pas réclamer l'intégralité de la somme stipulée ; en vain objectera-t-il que l'agent de la Compagnie ne l'avait pas instruit du montant du *plein* : un mandataire n'engage son mandant que dans les limites des pouvoirs qui lui sont confiés.

Nous verrons que ce maximum n'est pas le seul et que la totalité des dégâts n'est pas toujours réparée.

Après avoir indiqué suivant quels éléments se calcule l'indemnité, nous examinerons ses modes d'évaluation.

§ 1. — *De quels éléments se compose l'indemnité?*

L'indemnité fixée ne peut jamais être dépassée ; la Compagnie ayant promis une somme déterminée, ne saurait être contrainte à payer davantage ; la prime n'a d'ailleurs été calculée que sur cette somme, il serait

donc injuste de permettre à l'assuré de réclamer une
somme plus forte, voilà donc un maximum qui vient
s'ajouter à *celui du plein*. C'est ce qu'on appelle la *règle
proportionnelle*; l'assuré, disent les polices est son propre
assureur pour le surplus, et il supporte en cette qualité
sa part des dommages au centime le franc.

Mais cette indemnité elle-même ne sera pas toujours
atteinte : l'assuré ne peut s'enrichir par l'effet du contrat,
il n'aura donc jamais droit à une somme supérieure au
dommage causé. La solution contraire aurait pour effet
d'encourager l'assuré à provoquer le sinistre ; elle serait
également en opposition avec l'article 1965 du Code civil, qui interdit les paris.

La convention contraire n'aurait donc aucun effet
au point de vue des obligations de l'assureur ; nous
croyons cependant qu'elle produirait un résultat, celui
d'annuler la convention : dans l'intention des contractants, la fixation de l'indemnité est indivisible ; on n'a
donc pas le droit de la valider pour une partie ; on peut
même soutenir que l'engagement de l'assuré est soumis
à une condition illicite, celle de payer une somme supérieure au dommage (art. 1172, C. civ.).

Voilà donc un troisième maximum à l'indemnité. Il
peut paraître singulier, en présence de la solution que
nous avons donnée plus haut relativement à l'assurance
sans indemnité ! Nous avons validé cette dernière ; n'y
a-t-il pas un *a fortiori* pour valider l'autre, où la donation, au lieu d'être totale, n'est que partielle?

L'analogie entre ces deux hypothèses est trompeuse ; l'intention libérale, qui dirige l'assureur dans le contrat que nous avons étudié en premier lieu, ne guide pas l'assureur dans le second. Nous adopterons, bien entendu, une solution différente même dans ce dernier cas si la libéralité résulte des circonstances. En un mot, il n'y a là qu'une question d'intention.

A condition de ne pas dépasser les trois *maxima* dont nous avons parlé, l'indemnité peut et doit représenter l'intégralité du dommage causé par l'incendie.

1° Elle consiste donc en premier lieu dans le payement de la valeur qu'avaient, au moment du sinistre, les objets incendiés, c'est en effet à cette valeur que se réduit la perte de l'assuré ; toute clause contraire lui procurerait un gain, et constituerait, par suite, comme nous l'avons dit, un pari interdit par l'article 1965 du Code civil. La Compagnie déduira donc la *différence du vieux au neuf*.

Cette différence est facile à établir pour les immeubles ; après avoir établi par une opération très simple la valeur qu'aurait eu la maison si elle avait été neuve, on en déduit une somme que l'on fixe, à forfait, proportionnellement à cette valeur, pour la vétusté.

On opère plus simplement encore pour les meubles dont on considère directement la valeur à l'époque du sinistre.

La valeur considérée est uniquement la valeur vénale ;

on ne saurait tenir compte du prix d'affection, qui est difficilement appréciable en argent.

2° A côté des objets qui ont péri, il en est qui ont été endommagés ; ils sont compris dans la valeur totale, mais on déduit ensuite la valeur actuelle de ces objets ; c'est la *déduction du sauvetage* (1); nous verrons d'ailleurs dans un instant, s'il n'y a pas lieu de diminuer cette déduction des frais qu'a fait l'assuré pour opérer le sauvetage.

Les objets sauvés, plus ou moins endommagés par le feu, ne sont souvent que d'une utilité médiocre pour l'assuré ; aussi peut-il, en matière d'assurance maritime, l'éviter par le moyen du délaissement (art. 369, C. co.)

Cette solution, étant contraire au Droit commun, ne peut être étendue aux assurances contre l'incendie. Elle se justifie d'ailleurs par des motifs spéciaux à l'assurance maritime : le sauvetage est souvent très long. L'assuré serait donc forcé d'attendre pendant un certain temps la fixation de l'indemnité s'il n'en trouvait pas immédiatement tous les éléments par cet abandon. Au contraire, dans l'assurance contre l'incendie, le sauvetage, qui a lieu immédiatement, ne retarde guère le calcul du dommage (2).

Les Compagnies ne manquent, d'ailleurs, jamais de stipuler dans la police « qu'il ne sera fait aucun délais-

---

(1) Trib. Avignon, 21 juin 1860. *Journal des Assurances*, 1860, p. 271.
(2) Lyon, 21 février 1861. *Journal des Assurances*, 1861, p. 66.

» sement, total ou partiel, des objets assurés, avariés
» ou non avariés ». Cette clause, qui ne fait que reproduire le droit commun, a plutôt pour but de rappeler
aux assurés leurs obligations que d'éviter des difficultés.

La jurisprudence décide cependant que si les dégâts
causés aux objets sauvés leur enlève toute utilité pour
leur propriétaire, il y a lieu, non pas certes de les dé-
laisser, mais au moins de les vendre aux enchères pour
en fixer l'importance (1). Cette solution nous paraît arbitraire ; s'il est constaté que les marchandises ne présentent plus aucune valeur pour l'assuré, on doit n'en
pas en tenir compte ; au cas contraire, si faible que soit
cette valeur, l'assuré doit reprendre les objets endommagés.

Nous verrons, en étudiant les obligations de l'assuré,
que les polices contiennent le droit pour la Compagnie
d'exiger le délaissement que l'assuré ne peut les contraindre à accepter.

3° Nous venons de voir quel est le montant de l'indemnité à payer pour les choses soumises à l'assurance ;
l'assuré peut encore éprouver d'autres pertes dont il est
nécessaire de dire quelques mots.

4° Pour résoudre ces questions, il faut se souvenir
que nous sommes en présence d'un contrat, et que la
prime à payer ne doit comprendre, en conséquence,
que la perte qui a pu être prévue au moment du contrat

(1) Colmar, 30 mars 1858. *Jurisp. gén. des Assur.*, II, 200.

(art. 1150). Il ne peut guère y avoir lieu même à l'application de l'article 1151, qui, au cas de mauvaise foi, se contente de ce qui est une suite immédiate et directe de la convention. Il est bien entendu, d'ailleurs, que nous n'appliquons que par analogie ces dispositions, qui prévoient une hypothèse toute différente de la nôtre, celle de l'inexécution de la convention par la faute et le dol du débiteur ; elles indiquent au moins, et cela nous suffit, qu'en matière de contrat la réparation ne doit pas être complète.

Il en sera ainsi notamment des objets qui pourront être volés pendant l'incendie ; les Compagnies ne manquent jamais, d'ailleurs, de l'indiquer dans les polices.

Il en sera de même encore du gain dont l'assuré est indirectement privé : un propriétaire ne pourra, par exemple, rien réclamer en se fondant sur ce que la maison, pendant sa reconstruction, ne produit aucun loyer, ou un locataire en invoquant la faiblesse exceptionnelle du loyer qu'il payait dans la maison incendiée ; un négociant ne sera pas en droit de soutenir que les marchandises brûlées étaient sur le point, par suite d'événements quelconques, d'acquérir une plus-value. De telles constatations donneraient lieu, en outre, aux plus sérieuses difficultés ; il faut même ajouter que les incendies volontaires pourraient en devenir plus fréquents.

La première des hypothèses que nous venons de citer rentre dans le *chômage*, c'est-à-dire la privation forcée de profits résultant temporairement de l'incendie ; on peut citer, comme un autre cas de chômage, l'incendie d'un mobilier industriel difficile à remplacer, ou même d'une boutique installée dans des conditions propres à attirer une clientèle qu'il sera difficile de trouver ailleurs.

L'assurance contre le chômage est souvent stipulée cependant, notamment par les négociants et industriels ; mais elle donne alors lieu à une surprime.

A la différence des pertes que nous venons de passer en revue, nous croyons que les frais de sauvetage, et même les frais d'extinction de l'incendie, si cette extinction est assez rapide pour préserver quelques-uns des objets assurés, doivent être remboursés par la Compagnie ; sans doute ces frais sont à la charge des communes et l'assuré, qui n'a pas à les payer, ne peut se les faire rembourser (1). Mais la jurisprudence admet, à tort ou à raison, par application de l'article 1383 du Code civil, que toute personne qui a été blessée en essayant de retirer un objet des flammes, peut réclamer une indemnité au propriétaire de cet objet (2) ; en cas d'assurance, il nous semble que l'assureur est passible soit d'une action en gestion d'affaires intentée par le sauveteur, soit d'une action en remboursement de l'indemnité payée à ce dernier par l'assuré ; l'une et l'autre de ces obligations se limitent, bien entendu, à la valeur de l'objet sauvé.

(1) Cass., 3 mars 1888. S. 88. 1. 219.
(2) Trib. Seine, 2 décembre 1887. *Droit* du 17 décembre.

5° Nous n'avons prévu jusqu'à présent que l'hypothèse d'une perte totale ; il nous faut dire quelques mots de la perte partielle, qui met en jeu l'application la plus inique de la *règle proportionnelle*.

Si la chose a été assurée pour une somme représentant sa valeur intégrale, la perte partielle sera complètement couverte par l'assurance ; voilà qui ne donne pas de difficultés.

Mais supposons qu'au moment du sinistre, la chose assurée représente une somme supérieure à l'indemnité stipulée ; un mobilier assuré pour 10.000 francs vaut aujourd'hui (ou même a toujours valu) 15.000 francs ; les deux tiers de ce mobilier périssent. L'assuré songera naturellement à réclamer l'indemnité toute entière : « vous m'avez, dira-t-il à l'assureur, garanti une somme de 10.000 francs sur mon mobilier ; ma perte s'élève à ce chiffre ; vous devez me la rembourser. »

Nous ne voyons pas une seule objection sérieuse qu'on puisse opposer à ce raisonnement. En vain dit-on qu'une fraction seulement ayant péri, l'indemnité ne doit être accordée que dans la même proportion : l'assuré répondra victorieusement qu'il a voulu se garantir de ses pertes quelles qu'elles fussent, jusqu'à concurrence de la somme fixée et que la Compagnie n'a aucunement à se plaindre, puisqu'elle devait s'attendre au payement de cette somme et qu'aucun des *maxima* que nous avons indiqués n'est dépassé.

En vain encore allègue-t-on l'indivisibilité des risques ; cette indivisibilité signifie simplement, nous l'avons dit, qu'un incendie ne peut être garanti partiellement ; il n'a aucunement pour but d'empêcher une indemnité égale à la perte de l'objet ; la preuve c'est que tout le monde admet le droit réciproque de la Compagnie de limiter l'indemnité, stipulée trop forte au dommage, même si la perte est totale.

La solution que nous donnons n'a d'intérêt qu'en pure théorie, les Compagnies ne manquent jamais de stipuler que l'indemnité sera proportionnelle à la perte. Cette clause est certainement valable (1) : les tribunaux doivent donc l'appliquer, les assurés prétendraient-ils n'en avoir pas eu connaissance ou ne l'avoir pas comprise.

C'est naturellement au moment du sinistre qu'il faut se placer pour connaître s'il y a lieu d'appliquer la règle proportionnelle ; toutes les modifications de valeur survenues au cours de l'assurance n'ont aucune importance ; il suffit, pour que la règle proportionnelle trouve son application, que l'objet dont une partie a péri soit, au moment de l'incendie, d'une valeur supérieure à l'indemnité. S'il a péri en entier, nous avons vu que l'indemnité sera due dans son intégralité ; il ne peut plus être alors question de règle proportionnelle.

En pratique, l'application de la règle proportionnelle se fait facilement ; il en est ainsi même si plusieurs

---

(1) Alger, 15 avril 1872. *Jurisp. génér. des Assur.*, II. 419. — Paris, 2 décembre 1880. *Ibid.*, II. 622. — Cass., 30 mai 1881. *Ibid.*, I. 2€6.

choses ont été assurées par la même police ; la proportion se calculera sur la totalité de l'indemnité, lorsqu'une
seule indemnité aura été fixée ; si on en a stipulé une
par objet, on fixera la proportion à part sur chaque
objet. Cette dernière observation doit également s'étendre à la pluralité de risques, où, nous l'avons dit, plusieurs indemnités sont fixées.

La jurisprudence écarte la règle proportionnelle dans
l'assurance contre le recours du voisin (1) ; elle se fonde
sur l'impossibilité où se trouvait l'assuré, lors du contrat,
de calculer l'importance de ce recours, lequel varie suivant les dégâts ; il est donc excusable, dit-on, de n'avoir
demandé qu'une indemnité inférieure au dommage.

Nous admettons cette solution pour l'hypothèse dans
laquelle elle a été rendue, celle où la règle proportionnelle n'a pas été formellement stipulée ; nous suivons
aussi logiquement l'opinion que nous avons précédemment émise sur le défaut d'accord entre cette règle et
le Droit commun, mais nous croyons que la jurisprudence cesse ainsi d'être d'accord avec elle-même : si la
règle proportionnelle est de droit, si les raisons sur lesquelles on l'établit sont fondées, toute distinction est
impossible.

Nous en dirons autant de l'assurance contre le recours
des locataires, que la jurisprudence assimilerait sans
doute à celle contre le recours des voisins (2).

(1) Dijon, 17 janvier 1876. S. 76. 2. 84.
(2) De Lalande et Couturier, *Traité du contrat d'Assurance contre l'incendie*, n° 781.

Enfin, l'assurance des risques locatifs appelle la même solution (1) ; l'indemnité promise par les Compagnies s'élève, en pratique, à une somme égale à la valeur de l'immeuble occupé par le locataire ; elles ont le soin de stipuler l'application de la règle proportionnelle pour le cas où la valeur aurait augmenté lors du sinistre.

Même dans l'opinion de la jurisprudence, il faut admettre que la règle proportionnelle est inapplicable en matière d'assurance de marchandises indéterminées : en assurant 10.000 francs sur telles marchandises, on entend indiquer que cette somme sera toujours due, lorsque la perte sera au moins égale à ce chiffre. En un mot la règle proportionnelle a été formellement écartée par le contrat.

6° Nous nous sommes, jusqu'à présent, placé presque constamment dans l'hypothèse où l'assurance portait sur une chose. L'estimation de l'indemnité peut présenter plus de difficultés pour les assurances de responsabilités.

Aussi, dans ce cas, procède-t-on autrement : l'indemnité n'est due que si le recours contre lequel l'assuré s'est garanti est réellement exercé ; il faut en outre que le montant de la responsabilité soit établi judiciairement ; au cas contraire, la Compagnie n'en tient pas compte.

L'assuré ne se déchargera même pas complètement de sa responsabilité, si elle dépasse l'indemnité fixée

_____
(1) Cass., 24 février 1869. S. 70. 1. 431.

d'avance, pour le cas au moins où la jurisprudence reconnaît l'application de la règle proportionnelle.

Nous venons de voir notamment qu'il en est ainsi de l'assurance des risques locatifs : l'indemnité est fixée à une somme égale à la valeur que présente la chose au moment de l'assurance.

Elle est déterminée différemment toutefois, lorsque la maison est habitée par plusieurs locataires ; l'indemnité promise se calcule alors en prenant pour base le prix de la location.

Les conséquences de ce mode de calcul, combinées avec l'application de la règle proportionnelle, étaient, nous l'avons vu, il y a quelques années encore, très fâcheuses. Le locataire qui ne prouvait pas que l'incendie n'avait pas commencé chez lui (art. 1733, C. civ.) répondait, solidairement avec ses co-locataires, de la valeur totale de l'immeuble incendié.

§ 2. — *Des modes d'évaluation de l'indemnité.*

L'indemnité nécessitant avant tout l'évaluation des dommages et ne recevant en dehors de cette estimation que les limitations connues d'avance et que nous venons d'étudier, la seule opération qui puisse occasionner des débats est la détermination de la perte subie, c'est-à-dire d'une part la fixation de la valeur des objets qui ont péri, d'autre part celle des objets sauvés qui doivent entrer en déduction.

1° *Estimation amiable*. — Après que l'assuré a rempli les obligations qui seront étudiées dans le chapitre suivant, et qui doivent suivre immédiatement le sinistre, les parties procèdent contradictoirement à l'estimation.

Il est rare que cette estimation amiable ait lieu en pratique ; les agents des Compagnies ne sont autorisés à y procéder que pour les petits sinistres, c'est-à-dire ceux qui ne dépassent pas trois cents francs, encore faut-il que l'assurance ait porté sur des choses et non sur des responsabilités.

2° *Expertise*. — Pour tous les autres cas, l'accord amiable n'est pas même tenté : la Compagnie et l'assuré nomment chacun un expert. Ceux-ci s'ils ne peuvent s'entendre en choisissent eux-mêmes un troisième qui, généralement, d'après les stipulations de la police, doit être domicilié dans l'arrondissement où habite l'assuré. On convient souvent aussi que ce tiers expert sera choisi par le président du tribunal civil ou du tribunal de commerce du lieu où se produit le sinistre ; dans tous les cas c'est le tribunal qui, même au cas où rien n'a été stipulé à ce sujet, désigne le tiers expert sur le choix duquel les deux premiers n'ont pas su s'accorder ; les polices donnent toujours ce droit au président du tribunal de commerce.

Il en est de même de l'expert que l'une des parties se refuse à nommer.

L'expertise est la première formalité qui suit le si-

nistre ; aucune attaque ne peut, avant qu'elle soit terminée, être dirigée contre l'assureur par l'assuré. Les
polices règlent formellement ce point ; la solution
qu'elles donnent a pour utilité d'éviter des procès coû-
teux et frustratoires, dont l'assuré subirait, lui-même,
les conséquences.

De même l'assureur ne peut refuser de nommer son
expert en invoquant une déchéance subie par l'assuré,
par exemple pour défaut d'une des déclarations exigées
par la police; sans doute l'assureur n'est pas tenu, en
l'absence d'une clause spéciale dans le contrat, d'attendre, comme l'assuré, le résultat de l'expertise pour
agir en justice ; mais il faut au moins qu'il ne mette
pas, par son fait, entrave à l'estimation de la perte dont
il pourra, malgré ses prétentions, être contraint d'indemniser l'assuré. L'expertise ne doit pas être re-
tardée, sous peine d'être rendue plus difficile ou même
impossible.

L'expertise, étant amiable, n'est pas obligatoirement
soumise à toutes les formalités du Code de procédure ;
toutefois il est nécessaire que tous les intéressés y as-
sistent ; l'assureur doit donc, par une sommation, contraindre tous ceux qui pourraient avoir à exercer une
action en indemnité contre lui à se présenter; et de même
l'assuré doit y inviter ceux qui seront en mesure d'exercer un recours contre lui. Ainsi la Compagnie qui a assuré à la fois le propriétaire et le locataire, ne procèdera
qu'avec le concours de l'un et de l'autre ; le proprié-

taire assuré, appellera en cause le locataire et le voisin, ou leur assureur, si celui-ci a usé de la faculté de se faire subroger à leurs droits.

Il est, en effet, important que ces personnes soient mises en mesure de contrôler l'exactitude du chiffre indiqué par les experts : ainsi le locataire dont la faute a causé l'incendie doit, comme nous le verrons, indemniser la Compagnie de la somme qu'elle aura payée au propriétaire ; il faut donc qu'il puisse savoir si on ne lui réclame pas un remboursement exagéré. Nous n'irons pas jusqu'à prétendre, comme on l'a fait (1), que le résultat de l'expertise lui soit de plein droit opposable ; il est clair que c'est là une *res inter alios acta*. Mais le tribunal devant lequel sera porté le recours de l'assureur, fixera souverainement le montant de la somme à verser ; et rien ne l'empêchera de décider que l'expertise doit être prise pour base ; cette décision, qui sans doute sera généralement celle du tribunal, n'a rien que d'équitable ; car il est juste que l'assureur puisse obtenir une indemnité complète du véritable auteur de l'incendie, surtout si, ayant eu le soin de convier les intéressés à assister à l'expertise, il n'a rien à se reprocher à son égard.

On a décidé que les experts une fois nommés ne peuvent plus être révoqués (2) ; nous ne croyons pas que cette solution puisse être acceptée sans distinction.

(1) Caen, 10 décembre 1861. *Journal des Assurances*, 1863, p. 145.
(2) Trib. co. Rouen, 19 novembre 1873. *Journal des Assurances*, 1874, p. 148.

La partie qui a nommé son expert peut le révoquer, comme tout mandant peut mettre fin aux pouvoirs de son mandataire ; l'expert est en effet le mandataire de l'assureur ou de l'assuré qui l'a choisi, puisqu'il fait « quelque chose en son nom » (art. 1984, C. civ.).

Quand les deux parties ont fait le choix, qu'elles ont respectivement eu connaissance des nominations qu'elles ont faites toutes deux et les ont acceptées, la révocation ne nous semble plus possible ; un contrat synallagmatique est, en réalité, intervenu, puisque les contractants ont tous deux, dans leur intérêt commun, participé au choix des experts.

La même qualité de mandataire permet de résoudre la question de savoir à qui les experts peuvent réclamer le montant de leurs honoraires ; ils ont évidemment le droit de se faire payer par celle des parties qui a poursuivi l'expertise, suivant les règles ordinaires de la procédure (1) ; ils peuvent aussi s'adresser à celle qui a perdu le procès si une instance succède à l'expertise ; enfin, selon nous, rien ne les empêche d'actionner leur mandant, même si celui-ci n'a fait qu'accepter l'expertise (art. 1999, C. civ.) (2).

3° *Arbitrage.* — La cause compromissoire tenait souvent lieu, autrefois, de l'expertise : les parties convenaient dans la police, que des arbitres règleraient toutes les difficultés qui pourraient s'élever entre elles,

---

(1) Trib. Bordeaux, 10 mai 1882. *Journal des Assurances*, 1884, 7.
(2) *Contrà*, Trib. Bordeaux, jugement précité.

et notamment fixeraient le montant de l'indemnité.

Cette clause avait, sur celle d'expertise, un grand avantage ; c'est qu'elle constituait une économie de frais, en interdisant d'avance aux parties de recourir aux tribunaux.

Néanmoins la Cour de cassation (1) l'a déclarée nulle en se fondant sur l'impossibilité où l'on se trouvait au moment de la police, de satisfaire aux prescriptions de l'article 1006 du Code de procédure.

Cette solution nous paraît très contestable.

L'article 1006 du Code de procédure exige, nous en convenons, la désignation, à peine de nullité, des noms des arbitres et des objets en litige. Mais il faut remarquer que ces prescriptions atteignent uniquement le compromis, c'est-à-dire le procès-verbal dressé par les arbitres ; rien n'empêche donc la validité de la clause compromissoire dépourvue de ces indications ; et la nullité de même du compromis n'aurait sur elle aucune influence et permettrait de recommencer les opérations.

En admettant même qu'on étende l'article 1006 du Code de procédure du compromis à la clause compromissoire, celle-ci n'est pas, pour cela, forcément interdite : il est bien facile d'indiquer d'avance les noms des arbitres ; la désignation de la nature des contestations que ces arbitres seront chargés de résoudre ne pré-

---

(1) Cass., 2 décembre 1844. S. 45. 1. 79. — Cass., 15 juillet 1879. *Journal des Assurances*, 1880, p. 9. — Cass., 22 mars 1880. S. 81. 1. 10.

sente pas plus de difficultés ; et la loi, par les mots *objets en litige*, ne paraît pas exiger autre chose.

Quoi qu'il en soit, la prohibition édictée par la jurisprudence ayant fait disparaître de toutes les polices la clause compromissoire, il est inutile d'insister davantage sur cette discussion.

Dans tous les cas, rien n'empêche les parties de faire un compromis, abstraction faite de toute clause préalable elles peuvent, en d'autres termes, après le sinistre, porter leur contestation devant des arbitres (1).

4° *Rôle des tribunaux.* — Il est à peine besoin de dire que l'évaluation faite par les experts n'a rien de définitif, les parties ne pourraient stipuler le contraire qu'en tombant dans l'une de ces clauses compromissoires interdites par la jurisprudence (2).

Chacune des parties peut donc déférer au tribunal compétent le règlement définitif du sinistre (3) ; le juge s'inspirera généralement des résultats de l'expertise, à laquelle il n'est pas obligé de se conformer ; il peut aussi ordonner une nouvelle expertise, qui sera faite par des experts différents, mais nommés de la même manière que les premiers.

Nous avons vu qu'il doit également nommer l'expert que l'une des parties se refuse à choisir, ou le tiers ex-

(1) Paris, 20 avril 1882. *Gazette des tribunaux* du 20 août. — Trib. Mâcon, 21 novembre 1882. *Gazette des Tribunaux* du 8 février 1883.

(2) Cass., 15 juillet 1879, *précité.*

(3) Colmar, 10 août 1855. *Journal des Assurances*, 1856, p. 19. — Lyon, 4 mai 1880. *Jurispr. génér. des Assur.*, II, 615.

pert, lorsque la convention n'a pas accordé cette nomi-
nation à une autre personne.

Il nous resterait, avant de terminer ce paragraphe,
à indiquer de quelle manière les experts doivent former
leur conviction ; mais cette question rentre plutôt dans
la matière de la preuve, à laquelle nous renvoyons.

Section IV. — Qui a droit à l'indemnité et à qui elle doit être payée.

§ I. — *Qui a droit à l'indemnité.*

La seule personne qui ait droit à l'indemnité est évidemment l'assuré, on pourrait dire celui du patrimoine
duquel sortent les primes, si elles n'étaient pas quelquefois acquittées, à titre de libéralité, par un tiers.

Il faut, en outre, bien entendu, que l'assuré ait éprouvé un dommage ; on ne peut réclamer d'indemnité, nous
l'avons dit, que pour un préjudice éprouvé.

Les principales conséquences de cette double idée ont
déjà été tirées : nous avons cité certains cas où l'assurance est nulle dès le début, et par suite ne donne lieu
à aucune indemnité, lorsque l'assuré est désintéressé
dans le contrat.

L'assurance tombe de même si l'assuré cesse d'avoir
intérêt à la conservation de la chose, par exemple s'il
vend son mobilier ou son immeuble ; le successeur par-

ticulier ne peut se prévaloir de l'assurance conclue par
son auteur. En vain dirait-il que son acquisition com-
prenait tous les droits accessoires ! Le vendeur n'a pu
lui céder que ce qu'il avait ; or, par le fait même qu'il
se dessaisissait de sa chose, il perdait tout droit à l'assurance ; on peut ajouter que les seuls droits qui se transmettent aux successeurs particuliers sont les droits
réels, et les droits personnels qui font, pour ainsi dire,
partie intégrante de l'immeuble ; or il en est autrement
de l'assurance (1).

Un autre application de ces principes se rencontre
dans les relations entre l'usufruitier et le nu-propriétaire ;
on a vu que l'assurance contractée par l'une de ces
personnes ne saurait profiter à l'autre, sauf le cas de
gestion d'affaires. Sans doute juridiquement, le nu-propriétaire 'n'est pas l'ayant cause à titre particulier de
l'usufruitier ; néanmoins celui-ci n'a pas pu transmettre
un droit à indemnité qui s'est éteint de plein droit lorsque son intérêt a disparu.

Mêmes principes pour l'assurance d'une chose que
son propriétaire cède à titre de donation.

Il en est autrement de la succession *ab intestat* ; tout
contractant est censé stipuler pour ses héritiers et
ayants cause à titre universel (art. 1122, C. civ.), qui

---

(1) Cette solution est généralement adoptée par la jurisprudence. Voy.
notamment : Trib. co. Seine, 11 août 1836. *Jurisp. génér. des Assur.*, III, 3,
— Trib. Seine, 14 août 1869. *Jurisp. génér. des Assur.*, III, 14. Voy. cep.
en sens contraire : Agen, 14 août 1833. *Jurisp. gén. des Assur.*, II, 17. —
Trib. Seine, 23 décembre 1874. *Jurisp. gén. des Assur.*, III, 196.

peuvent se prévaloir des droits qu'il a stipulés à son profit, à moins que le contraire ne résulte des termes ou de la nature de la convention.

Or la police n'a, par hypothèse, apporté aucune dérogation à l'article 1122 ; et quant à la nature de l'assurance, elle n'est pas opposée à une transmission de ce genre ; il est vrai que la Compagnie a intérêt à connaître le nom du nouveau propriétaire, dont la situation peut être une cause d'augmentation des risques ; mais elle n'a qu'à exiger une déclaration des faits de ce genre. Si nous avons décidé autrement pour les successeurs à titre particulier, c'est pour des motifs spéciaux.

Ce que nous disons de l'héritier s'applique également au légataire universel ou à titre universel, qui succède à la totalité ou à une quote-part de tous les droits du défunt ; mais le légataire particulier ne peut pas plus que tout autre successeur particulier, se prévaloir de l'assurance.

Ces observations paraissent donner une solution toute naturelle d'une question très controversée, celle du sort de l'assurance d'un immeuble ou d'un meuble qui est attribué ensuite pour l'usufruit à une personne et pour la nue-propriété à une autre personne ; question qui ne doit d'ailleurs pas être confondue avec celle de l'assurance contractée par un usufruitier et un nu-propriétaire.

Et d'abord, en ce qui concerne l'usufruitier, il n'aura jamais droit à l'indemnité stipulée par son auteur.

Cela est évident lorsque la transmission a lieu entre-vifs ; nous n'avons, sur ce point, qu'à répéter le raisonnement que nous faisions tout à l'heure au sujet de tous les successeurs à titre particulier.

Le même motif conduit à une décision identique pour la transmission par décès ; s'il est incontestable que l'usufruitier d'un bien déterminé est un successeur à titre particulier, cela n'est pas moins vrai de l'usufruitier de toute la succession ou d'une quote-part de la succession ; les textes législatifs lui donnent bien le nom de légataire universel ou à titre universel de l'usufruit, mais la jurisprudence lui substitue la qualification de légataire de l'usufruit universel ou d'une portion de cet usufruit ; les auteurs suivent en général cette opinion qui seule nous paraît d'accord avec les définitions légales des legs : le legs universel est celui qui donne une vocation au moins éventuelle à tous les biens de la succession ; le légataire à titre universel est celui qui a une vocation au moins éventuelle à une partie de la succession ou à tout ou partie des meubles ou des immeubles qui la composent ; tout autre legs est à titre particulier.

Sans doute, aux termes des articles 608 et 609, celui que la loi appelle légataire universel ou à titre universel de l'usufruit, a droit aux intérêts des créances de succession et paye les intérêts de ces dettes. Ces textes, appliqués à l'assurance, obligeraient l'usufruitier à acquitter les primes et lui permettraient de jouir de l'indemnité pendant la durée de l'usufruit.

Ces solutions n'auraient en elles-mêmes rien que de rationnel ; l'indemnité d'expropriation pour cause d'utilité publique appartient bien en jouissance à l'usufruitier ; néanmoins elles ne nous paraissent pas admissibles en matière d'assurance.

Qu'arrive-t-il en effet si l'on considère la prime comme une dette de succession et l'indemnité comme une créance de succession ? il arrivera que le payement de la prime sera obligatoire pour l'usufruitier et qu'il sera forcé de maintenir l'assurance contractée ? Or il est bien clair qu'on ne peut, en l'absence d'une manifestation de volonté de la part du défunt, lui imposer une telle obligation. Il n'est pas moins évident que la Compagnie d'assurances ne saurait être tenue de prolonger l'assurance qu'elle a contractée en faveur d'un propriétaire, lorsque l'administration des biens passe à un usufruitier beaucoup moins intéressé à la conservation, puisque sa jouissance n'est que temporaire.

L'usufruitier pourra-t-il davantage prétendre que l'indemnité allouée au nu-propriétaire dans les cas que nous allons déterminer doit être soumise à sa jouissance ? Si l'affirmative devait être admise, elle s'étendrait même à l'usufruitier d'un bien unique. Car on ne pourrait la fonder que sur la subrogation de l'indemnité à la chose. Nous verrons, en étudiant le sort de l'indemnité, que cette subrogation constituerait une

erreur juridique ; un meilleur argument nous est offert
pour répondre à l'objection que nous venons de prévoir : l'usufruitier n'ayant aucun droit à la continuation
de l'assurance, l'indemnité n'était due au nu-propriétaire que pour la valeur de sa nue-propriété, il éprouverait une perte s'il était obligé d'attendre la jouissance
de cette somme réduite, aussi longtemps que celle de
la chose.

Voilà pour l'usufruitier ; quant au nu-propriétaire il
peut être, aussi bien que le propriétaire et dans les
mêmes cas que lui, légataire universel ou à titre universel. Il aura droit alors à l'indemnité, seulement cette
indemnité doit évidemment être réduite à la valeur de
la nue-propriété. Il y a mieux, elle subit une réduction,
même si elle ne dépasse pas cette valeur, toujours en
vertu de la règle proportionnelle que nous avons déjà
signalée, si une indemnité de 10.000 francs garantit
un immeuble de 15.000 francs, le nu-propriétaire, son
droit valût-il, d'après l'estimation qui en sera faite,
10.000 francs, n'aura droit qu'aux deux tiers de l'indemnité.

Notre théorie aboutira à un résultat singulier ; c'est
que le sinistre sera quelquefois, en un certain sens, profitable au nu-propriétaire, il touchera immédiatement
une somme moindre il est vrai, que la valeur du bien,
et on pourrait en conclure qu'il a quelque intérêt à allumer lui-même l'incendie. Cette observation peut être
exacte, quoique l'intérêt du propriétaire s'aperçoive

difficilement ; dans tous les cas elle ne saurait modifier l'application des principes.

Un résultat plus singulier se produira si l'usufruitier contracte une assurance, et que le nu-propriétaire de son côté bénéficie d'une convention différente, conclue par son auteur ou par lui-même : le sinistre fera disparaître le conflit des droits de l'usufruitier et du nu-propriétaire, qu'ils portaient sur l'immeuble incendié : chacune de ces deux personnes touchera une indemnité différente, qui lui appartiendra en pleine propriété.

Pour résumer tous ces développements d'un mot, le successeur universel ou à titre universel est le seul qui ait le droit et l'obligation de continuer l'assurance ; elle s'éteint de plein droit quand la chose assurée est transmise à un successeur à titre particulier, qui n'a par suite aucun droit à l'indemnité. Nous verrons d'ailleurs, en étudiant la fin du contrat, qu'il peut en être autrement, en vertu de la convention.

§ 2. — *A qui doit-être payée l'indemnité ?*

L'indemnité est payable à celui qui y a droit ou à toute personne qui le représente en vertu de la loi ou de la convention. Les principales applications de cette dernière idée ont déjà été données au chapitre deuxième, où nous avons indiqué en même temps quelles personnes ont droit à l'indemnité.

Quelques mots doivent ici être ajoutés relativement à la transmission du droit à l'indemnité.

9 .

Le droit à l'indemnité une fois né, se transmet évidemment aux successeurs universels ou particuliers ;
les héritiers ou légataires peuvent donc exercer l'action
ou recevoir un payement amiable ; il en est ainsi même
si l'indemnité n'a pas été réglée du vivant de l'assuré,
pourvu que l'événement qui y a donné lieu se soit produit avant son décès, car une créance non liquide n'en
peut pas moins se transmettre. C'est dans l'examen des
rapports de l'assuré avec les personnes étrangères à l'assurance que trouvera sa place la question de savoir si
l'indemnité appartient au successeur des meubles ou à
celui des immeubles ; c'est également là que nous nous
demanderons si elle tombe en communauté.

L'indemnité peut également se transmettre à un cessionnaire ; le cessionnaire, pour que son droit soit opposable à la Compagnie, devra faire signifier à cette dernière l'acte de cession, conformément à l'article 1690
du Code civil ; la Compagnie pourra également accepter
la cession dans l'acte authentique qui la constate. Nous
étudierons un genre particulier de cession au profit du
créancier hypothécaire.

Enfin les créanciers peuvent, se substituant à l'assuré
leur débiteur, intenter, si celui-ci néglige de le faire, l'action en indemnité contre la Compagnie et en débattre à
l'amiable ou judiciairement le montant. Cette solution
dérive, sans aucune controverse possible, de l'article 1166 du Code civil. Nous avons décidé, il est vrai,
que les créanciers ne peuvent contracter l'assurance ;

mais la question est ici toute différente, et les motifs mêmes que nous avons invoqués pour refuser aux créanciers le droit d'assurer leur débiteur doivent conduire, sur le point qui nous occupe, à la solution que nous adoptons. Nous avons dit que l'article 1166, étant une application de l'article 2092 et ayant pour but de permettre aux créanciers de convertir en argent l'action qui se trouve dans le patrimoine de leur débiteur, ne leur permet pas de passer des contrats en son nom. Or, il s'agit incontestablement ici de faire liquider la créance de l'assuré contre l'assureur et de lui substituer une somme d'argent. L'indemnité sera donc payée aux créanciers qui se la partageront : la question de savoir si les créanciers privilégiés ou hypothécaires du bien assuré doivent être préférés aux autres est renvoyée, avec celles que nous avons déjà signalées, à l'examen des rapports de l'assuré avec les tiers.

L'action des créanciers est impossible en cas de faillite. On sait que toute instance individuelle est suspendue dans cette hypothèse ; le syndic, représentant de la masse, a seul qualité pour intenter l'action en indemnité et recevoir le payement.

Section V. — Où, de quelle manière et dans quel délai se fait le payement de l'indemnité ?

Le payement de l'indemnité se fait, en l'absence de convention formelle, au domicile du débiteur (art. 1247

C. civ.). C'est donc au siège de la Compagnie que l'assuré ira réclamer la somme qui est reconnue lui être due. Il ne peut être question d'y substituer comme on l'a prétendu (1) la résidence de l'agent qui a rédigé la police. Cet agent est, non pas le débiteur, mais le mandataire du débiteur.

Toutefois, en pratique, cette dernière solution est appliquée par suite de l'usage pratiqué par les Compagnies qui insèrent dans les polices une clause en ce sens. Le payement se fait en argent à moins qu'un autre mode de payement ne soit prévu par la police. L'assuré peut évidemment accepter tout autre objet mais il ny est aucunement obligé.

C'est immédiatement après que l'indemnité a été fixée que le payement doit en être fait. En d'autres termes, aussitôt que les parties sont tombées d'accord sur le chiffre du préjudice causé ou que le tribunal l'a fixé, l'assuré peut se présenter au lieu convenu ou déterminé par la loi et réclamer le montant de l'indemnité.

La Compagnie ne se refuse pas d'ordinaire à acquitter cette indemnité aussitôt après son règlement.

Le tribunal peut même, en raison des circonstances particulières, ordonner le payement d'une somme quelconque représentant le montant approximatif du dommage garanti, avant la fixation du chiffre. C'est ce qui arrivera notamment si la Compagnie, par des objections,

---

(1) De Lalande et Couturier, *Traité du contrat d'assurances contre l'incendie,* n° 524.

évidemment mal fondées et dans le seul but d'obtenir un délai, retarde le payement et intente une action judiciaire. De même l'assuré peut faire une saisie-arrêt entre les mains d'un débiteur de la Compagnie, si la solvabilité de cette dernière lui laisse des doutes. Mais il faut au moins que sa créance sans être liquide (art. 559, C. pr.) soit déjà certaine, c'est-à-dire que son droit à l'indemnité ne soit pas sérieusement contesté (1).

Dans tous les cas, l'assuré peut obtenir les intérêts ordinaires en cas de retard à condition de faire en ce sens une demande formelle (art. 1153, C. civ.) qui, d'ailleurs, pourra être postérieure à la demande principale en indemnité, au moins d'après l'opinion générale.

Les intérêts s'élèvent à 6 0/0 au moins dans les circonstances les plus ordinaires, celle où l'assurance est à primes. La jurisprudence le décide ainsi pour les Compagnies (2) et nous ne voyons aucun motif d'adopter une solution différente lorsque l'assureur est un particulier, cas d'ailleurs très exceptionnel : le taux légal de l'intérêt en matière commerciale est, en effet, de 6 0/0 et il suffit que l'acte présente un caractère commercial de la part du débiteur pour que celui-ci soit assujetti à toutes les obligations du commerçant ; or l'assureur n'agit jamais que dans un but de spéculation ; il fait donc un acte de commerce.

L'intérêt sera, au contraire, de 5 0/0 seulement quand

(1) Trib. Seine, 21 février 1874. *Jurisprud. génér. des assur.*, III. 184.
(2) Cass., 16 juillet 1872. *Jurispr. génér. des assur.* I. 133.

l'assurance sera mutuelle ; on sait qu'un contrat de ce
genre, qui ne constitue qu'une sorte d'association, ne
présente aucun caractère commercial.

On peut prévoir une solution dérogatoire à la loi : il
peut arriver, notamment, que la police stipule qu'en
cas de retard, la Compagnie ne devra pas d'intérêts ou
qu'ils se calculeront à un taux inférieur à 6 0/0. On a
prétendu qu'une stipulation de ce genre est illicite ;
cette opinion nous paraît être le résultat d'une inadver-
tance : il a toujours été permis de réduire le taux légal
des intérêts, si on a défendu souvent, — et si on interdit encore aujourd'hui en matière civile, — de l'augmenter.

Cette solution est d'autant moins dangereuse qu'elle
n'empêche nullement l'assuré de demander la réparation intégrale du dommage causé, si le retard lui a
causé des pertes graves ou a été le résultat d'une fraude
de l'assureur (2). On sait, en effet, l'interprétation que la
jurisprudence donne, — trop hardiment peut-être, —
à l'article 1153 du Code civil : le taux légal des intérêts
ne serait, à l'en croire, fixé à forfait que pour les dommages ordinaires ; les pertes spéciales causées au créancier par le payement tardif d'un capital qui lui aurait
servi à réaliser une opération avantageuse, le retard
causé par la mauvaise volonté du débiteur qui cherchait

---

(1) De Lalande et Couturier, *Traité du contrat d'assurance contre l'incendie*, n° 529.
(2) Cass., 13 janvier 1873. *Jurispr. génér. des assur.*, I. 139. — Cass.,
21 avril 1880, S. 81. 1. 223. — Cass., 15 mars 1881. S. 81. 1. 464.

à gagner du temps sont des circonstances qui, d'après la Cour de cassation, autorisent les tribunaux à ne tenir aucun compte de l'article 1153 du Code civil.

Le payement de l'indemnité empêche l'assuré de réclamer un supplément, à moins que les circonstances n'indiquent qu'il l'a considéré comme provisoire (1).

(1) Cass., 13 février 1883. S. 83. 1. 466.

CHAPITRE V

DES OBLIGATIONS DE L'ASSURÉ.

L'assureur, nous l'avons dit, n'a qu'une seule obligation, celle de payer l'indemnité.

Les obligations de l'assuré sont, au contraire, multiples : la loi en met plusieurs à sa charge, la convention aggrave leur sanction et y ajoute d'autres obligations qui, sont également imposées sous des peines rigoureuses.

Les obligations de l'assuré peuvent se classer en quatre catégories, suivant qu'on étudie sa situation au moment de la rédaction de la police, pendant la durée de l'assurance, lors du sinistre et après le sinistre.

Section I. — Des obligations de l'assuré lors de la rédaction de la police.

Les obligations de l'assuré lors de la rédaction de la police sont celles de tout contractant. En outre, la police l'oblige généralement à acquitter la première prime et à faire certaines déclarations intéressantes pour l'assureur.

§ 1. — *Du payement de la première prime.*

La prime ou coût de l'assurance, qui est généralement annuelle, est, aux termes des stipulations des polices, payable d'avance ; il est donc naturel que la première prime doive être payée dès le moment où commencent les risques ; en imposant cette obligation à l'assureur, les polices portent que le payement de la première prime est une condition essentielle à la formation du contrat : « l'assurance n'aura d'effet qu'après le payement de la première prime ». Si donc l'assuré ne la paye pas immédiatement, il aura soin au moins de l'acquitter avant le lendemain à midi ; sinon la Compagnie ne répondra pas des sinistres.

§ 2. — *Des déclarations à faire par l'assuré lors de la rédaction de la police.*

L'assureur tient à être complètement édifié sur l'opinion des risques, c'est-à-dire sur les chances d'incendie que présente la chose assurée ; on comprend donc qu'il impose à l'assuré, sous une peine sévère, l'obligation de faire toutes les déclarations qui peuvent lui indiquer les dangers d'incendie.

L'article 348 du Code de commerce décide, en matière d'assurance maritime, que la réticence, — c'est-à-dire l'omission d'une des déclarations utiles —, ou la fausse déclaration qui diminueraient l'opinion du risque ou en changeraient le sujet, annulent l'assurance même si elles n'ont pas influé sur le dommage ou la perte de l'objet assuré.

Les polices d'assurances contre l'incendie reproduisent presque toutes, à peu près textuellement, cette disposition.

L'assuré indiquera d'abord en quelle qualité il agit ; nous connaissons déjà l'importance de cette déclaration : elle a pour objet de montrer à la Compagnie quel est le degré de l'intérêt de l'assuré, par suite quels sont les dangers d'incendie et de quelle manière se calculera l'indemnité ; ainsi, le nu-propriétaire ayant un intérêt moindre que le plein-propriétaire, l'incendie volontaire est plus à craindre de la part du premier que du second ; comme en outre son droit a une valeur moindre, l'indemnité sera moins forte et la prime moins importante. De même certaines personnes s'assurent croyant être responsables de risques qui ne sont pas à leur charge. Nous avons cité le dépositaire. La Compagnie n'acceptera pas alors d'assurance ; on voit que la déclaration de la qualité quoique imposée dans l'intérêt de l'assureur peut être utile à l'assuré.

L'assuré déclarera donc s'il est propriétaire, nu-propriétaire ou usufruitier (1), s'il a un droit qui puisse être assuré ou s'il n'est que représentant du titulaire de ce

(1) Rouen, 4 avril 1845. S. 45. 2. 518. — Cass., 18 janvier 1869. *Jurispr. génér. des Assur.* I, 113.

droit ; il n'a d'ailleurs à indiquer que sa qualité actuelle et notamment n'est pas obligé de faire part à l'assureur de ses chances d'éviction ou de résolution (1).

L'assuré devra également déclarer toutes les circonstances relatives aux choses assurées qui peuvent augmenter l'opinion du risque.

L'application la plus fréquente de cette obligation est relative à la manière dont les bâtiments assurés sont couverts ; les Compagnies attachent une très grande importance à ces faits d'où dépendent en partie les chances d'incendie ; un bâtiment couvert en bois offre beaucoup plus de dangers que s'il l'était en tuiles (2) ; un bâtiment couvert en chaume présente tellement peu de sécurité que beaucoup de Compagnies refusent de l'assurer (3). Il en est de même des bâtiments dans lesquels se trouvent les marchandises assurées (4).

Enfin l'assuré doit déclarer toutes les assurances qui garantissaient déjà les objets qu'il soumet à une nouvelle assurance.

Section II. — Des obligations de l'assuré au cours du contrat.

Ces obligations sont comme celles qui sont impo-

(1) Cass., 11 février 1868. S. 68. 1. 180.
(2) Orléans, 4 juillet 1846. D. 46. 2. 137.
(3) Dijon, 15 décembre 1871. *Jurisp. génér. des Assur.*, I, 409.
(4) Lyon, 20 juillet 1849. *Jurispr. génér. des Ass.*, II, 92. — Besançon, 4 mars 1882. S. 83. 2. 60.

sées à l'assuré lors de la signature de la police, de deux espèces : payement de la prime, déclarations.

§ 1. — *Du payement de la prime.*

Nous n'avons plus à examiner à la charge de qui est le payement de la prime : celui qui a droit à l'indemnité, celui qui obtient le profit du contrat doit également en supporter les charges.

Quatre questions sont encore à résoudre : comment, dans quel délai et où la prime doit-elle être payée, la Compagnie a-t-elle une garantie pour son recouvrement ?

I. — COMMENT LA PRIME EST-ELLE PAYABLE ?

La prime est, comme toute dette, payable en argent; l'assureur se contente quelquefois de billets à ordre, dits *billets de prime,* que lui remet l'assuré au moment de chaque échéance; la personne, au profit de laquelle l'assureur a escompté ce billet, vient le présenter à l'assuré qui en acquitte le montant. Ce système est assez peu employé parce qu'il est peu pratique : les billets sont en effet remis par l'assuré lors du payement de la première prime, c'est-à-dire généralement au moment du contrat; on est donc obligé de considérer la prime de chaque année comme égale à la première ; or il peut, comme nous le verrons, survenir au cours du contrat certaines modifications qui auront pour effet de diminuer ou d'augmenter la prime.

Il est plus fréquent de voir les assureurs, surtout quand ce sont de petites Compagnies, accepter au moment de l'échéance de la prime, un billet à ordre en raison de la difficulté qu'éprouve l'assuré à s'acquitter.

Tous ces billets emportent-ils novation ? Cette question qui est loin d'être spéciale à notre matière présente une grande importance. Il nous paraît certain, la jurisprudence et la majorité des auteurs sont de cet avis, que les parties ont uniquement voulu employer un mode de payement avantageux pour l'une d'elles et n'ont aucunement eu l'intention de nover. Cette solution est surtout intéressante si des sûretés ont été stipulées pour garantir le payement de la prime : elles survivront à la souscription des billets à ordre (comp. art. 1278, C. civ.). La question présenterait une importance plus considérable encore si on accordait à l'assureur un privilège pour le recouvrement de la prime ; question qui ne tardera pas à être étudiée.

II. — DANS QUEL DÉLAI LA PRIME EST-ELLE PAYABLE ?

La prime est payable au début de l'année pour la durée de laquelle elle est fixée ; les polices l'indiquent formellement, et réduisent à une durée fixe de quinze jours le délai de grâce accordé à l'assuré.

On sait que, d'après les règles générales, le payement qui n'est pas fait à l'amiable peut être immédiatement

poursuivi par les voies judiciaires et extrajudiciaires ;
on sait en outre que la partie à laquelle le payement
devait être fait peut demander la résolution qui sera
prononcée par le tribunal (art. 1184) ; celui-ci peut
accorder au débiteur de bonne foi un délai modéré
(art. 1184 § 2) ou même, d'après l'opinion générale,
fractionner le payement (art. 1244 § 2).

Aucune de ces solutions ne s'applique en matière
d'assurances, par suite de la manière uniforme dont les
polices sont rédigées. Nous parlerons ultérieurement de
la résolution ; quant au terme de grâce, il est, dans les
polices, unique, et réduit à une durée fixe de quinze
jours.

Cette clause a été maintes fois validée par les tribunaux, elle ne présente en effet rien de contraire à l'ordre
public ; la loi elle-même va jusqu'à supprimer, en plusieurs circonstances, le délai de grâce ; rien n'empêche
les parties de le restreindre par la convention.

III. — A QUI ET OU LE PAIEMENT DE LA PRIME DOIT-IL ÊTRE FAIT ?

En l'absence de toute stipulation, la prime est payée
au domicile du débiteur (art. 114) c'est-à-dire de l'assuré ; la prime est donc quérable.

Toutefois, on sait que la convention peut déroger à
cette règle, qui repose sur l'interprétation de la volonté
présumée des parties ; aussi les polices sont-elles dans
l'usage de stipuler que la prime sera payée au bureau de
l'agent qui a signé la police ; la prime devient portable.

Cette convention fait la loi des parties ; l'assuré ne peut donc payer ni au siège social de la Compagnie (1) ni à tout autre agent que celui qu'on lui a désigné.

En pratique, il n'en est cependant pas ainsi : les Compagnies ne manquent pas de faire toucher au domicile de l'assuré la prime échue ; la prime redevient ainsi quérable.

Il en résulte une conséquence très grave si l'on sait qu'aux termes de la police, le fait par l'assuré de ne pas porter sa prime, dans le délai fixé, au domicile de l'agent, entraîne déchéance. Nous verrons en étudiant cette déchéance, qui en fait est ainsi supprimée, de quelle manière les Compagnies ont essayé de réagir contre ce résultat.

IV. — GARANTIES DE PAYEMENT.

La Compagnie se fait souvent consentir une hypothèque sur les biens de l'assuré pour garantie du payement de la prime ; cette hypothèque peut porter même sur l'immeuble assuré.

De plus, la Compagnie créancière des primes peut, jusqu'à due concurrence, retenir l'indemnité dont elle serait débitrice.

On pourrait croire, à première vue, que cette hypothèse ne peut pas se présenter : le défaut de payement de la prime entraîne déchéance et par conséquent enlève à l'assuré tout droit à l'indemnité ; il ne peut donc être

(1) Trib. Seine, 2 décembre 1876. *Jurispr. Génér. des Assur.* III. 217.

question pour la Compagnie de retenir cette dernière.

On oublierait en faisant ce raisonnement que le sinistre peut se produire dans le délai de quinzaine qui constitue le terme de grâce; l'assuré a droit alors à l'indemnité et n'est pas libéré de la prime. En outre la Compagnie n'a peut-être pas stipulé la déchéance de plein droit qui se trouve d'ordinaire écrite dans les polices. Enfin elle peut être débitrice au moment de l'échéance de la prime, d'une indemnité en raison de l'incendie d'un autre immeuble.

Rien ne s'oppose, dans tous les cas, à la confirmation légale ; la prime est, au moins dans la plupart des cas, liquide ; l'indemnité n'étant, comme toute dette, payable que le jour où elle est fixée définitivement, est-elle aussi liquide lorsque se pose la question. Les deux dettes sont également fongibles et exigibles.

Cette idée de conservation nous entraînera-t-elle plus loin et nous obligera-t-elle à accorder à l'assuré un privilège pour le recouvrement des primes ?

L'affirmative peut se baser sur un raisonnement assez séduisant; tout d'abord l'assureur maritime jouit de ce privilège (art. 191, 10° C. comm.) qu'il est équitable d'étendre à l'assureur terrestre. En outre, l'article 2102, 3° du Code civil préfère à tous les créanciers le conservateur, sur la chose qu'il a maintenue dans le patrimoine ; or les primes ne sont-elles pas le prix de la conservation de la chose (1).

(1) Trib. de Beaune, 25 août 1859. *Journ. des Ass.* 1861, p. 379.

Ce raisonnement peut être facilement réfuté : l'esprit restrictif qu'il faut apporter dans l'étude des privilèges est trop connu, pour qu'il soit nécessaire d'établir que l'article 191, 5° n'est pas applicable à l'assureur contre l'incendie ; les primes étant d'ailleurs beaucoup plus fortes dans l'assurance maritime, l'assureur éprouverait une perte trop considérable qu'a voulu lui éviter l'article 191.

Quant à l'article 2102, 3° du Code civil, il s'applique à celui qui a conservé la chose, c'est-à-dire qui a par ses efforts maintenu dans le patrimoine de son débiteur un objet qui, sans lui, en aurait été distrait; il est facile de voir que cette hypothèse n'est pas la nôtre : l'assureur a empêché la perte de la chose d'être préjudiciable à l'assuré ; mais, comme c'est en raison même de cette perte qu'il devient débiteur, il ne peut prétendre qu'il l'a évitée. Tout ce qu'il est possible de conclure de ce rapprochement, c'est qu'il serait bon d'accorder un privilège à l'assureur (1).

§ 2. — *Des déclarations à faire par l'assuré au cours du contrat.*

Nous avons déjà cité l'article 348 du Code de commerce qui, en s'appuyant sur l'idée très rationnelle que

(1) Paris, 8 avril 1834. S. 34. 2. 307. — Trib. Marseille, 15 février 1861. *Journ. de Marseille*, 1861. 1. 194, — Trib. Grenoble, 31 janvier 1862, *Journ. des Assur.* 1862, p. 63. — Chambéry, 23 juillet 1864. *Journ. des Assur.* 1865, p. 132.

10

l'indemnité est fixée en raison des dangers d'incendie, oblige l'assuré à faire toutes les déclarations qui pourraient augmenter l'opinion du risque.

Ce n'est pas seulement au moment de la rédaction que ces déclarations sont exigées, mais pendant tout le cours du contrat. La police détermine d'ailleurs la nature des déclarations, et ce règlement a une double utilité : elle substitue d'abord, en vertu de la sanction indiquée dans cet acte, la déchéance de plein droit à la résolution prononcée par le juge ; en outre elle entraîne cette déchéance même lorsqu'en fait, le défaut de déclaration n'a pas produit une augmentation de risques.

L'assuré fera sa déclaration, par lettre ou verbalement, au directeur de la Compagnie ou à l'agent qui a signé la police ou son successeur. Il ne pourrait pas le faire à un autre agent ; les mandataires de la Compagnie n'ont en effet qu'une mission restreinte, qui ne comprend pas le droit de recevoir les déclarations relatives aux assurances rédigées dans d'autres lieux.

A la suite de cette déclaration, l'agent et l'assuré rédigent de concert un *avenant*, à moins que les modifications survenues ne soient de nature à mettre fin à l'assurance : cet avenant contient, avec la teneur de la déclaration, l'augmentation ou la diminution de la prime et de l'indemnité, ou l'indication qu'il n'y a lieu à aucun changement de ce genre.

Si un sinistre se produit avant que cette convention ait eu lieu, la sanction prévue au contrat, c'est-à-dire la déchéance, aura son plein effet ; l'assuré ne pourra pas s'y soustraire en prétendant qu'il n'a pas eu le temps matériel nécessaire pour faire la déclaration ; mais l'assureur est engagé dès que son mandataire s'est mis d'accord avec l'assuré, dès avant la signature de l'avenant.

Le délai de la déclaration est souvent fixé par la police ; mais il n'arrive pas moins fréquemment qu'elles le passent sous silence.

Lorsque le délai est indiqué par la police, l'assuré est tenu de s'y conformer, sous peine de déchéance ; car cette sanction est établie aussi bien lorsque la déclaration est tardive que quand elle n'a pas lieu : ainsi l'assuré qui s'est engagé à dénoncer sa faillite à la Compagnie dans les vingt jours qui suivent le jugement déclaratif ne peut, sous aucun prétexte, retarder cette déclaration (1). Les juges ne pourront, en cette matière, s'inquiéter de sa bonne foi ; car la convention des parties est souveraine.

Quand la police ne détermine pas le délai dans lequel doit être faite la déclaration, tout dépend des circonstances. Le sinistre qui se produit immédiatement après le fait à déclarer, sans que ce fait ait pu être prévu par l'assuré, doit être réparé ; car ce dernier n'a aucune faute à se reprocher ; le juge du fait appréciera d'ail-

(1) Cass., 10 juillet 1877. S. 78. 1. 351.

leurs souverainement si l'assuré avait le temps de faire
la déclaration (1).

Si l'assuré a pu prévoir le fait, la déclaration doit,
selon nous, être faite avant qu'il ne se produise; c'est
ainsi que la construction d'un théâtre voisin de l'immeuble assuré est toujours connue bien avant que le
théâtre ne soit terminé et n'augmente ainsi les chances
d'incendie; de même l'assuré qui projette un déplacement du lieu du risque, doit en informer la Compagnie.
On voit qu'il n'y a pas à faire de distinction, malgré
l'opinion de quelques auteurs (2), entre les faits qui dépendent de la volonté de l'assuré et ceux qui en sont in-
dépendants; ces derniers sont, comme les premiers,
assujettis à une déclaration préalable, puisque l'assuré
en a eu ou a pu en avoir connaissance.

L'assuré ne serait même pas admis, selon nous, à
prouver qu'en réalité il ignorait le fait qu'il devait connaître, la Compagnie a entendu l'obliger non seulement
à la déclaration, mais à une vigilance qui pût la garantir elle-même contre l'augmentation du risque.

Pourra-t-il soutenir qu'il a considéré la déclaration
comme inutile, parce que l'agent de la Compagnie a eu,
par une autre voie, connaissance du fait sujet à déclaration?

On connaît les décisions du législateur au sujet des

(1) Paris, 26 juin 1868. *Jurisprudence générale des assurances.* II. 351.
(2) Voy. De Lalande et Couturier, *Traité du contrat d'assurances contre
l'incendie,* n° 307.

modes spéciaux qu'il établit pour porter un fait à la connaissance de certaines personnes ; si ces modes n'ont pas été employés, on ne pourra pas soutenir qu'ils ont été connus d'une autre manière.

C'est ainsi que le défaut de transcription d'une substitution ne peut être suppléé ni regardé comme couvert par la connaissance que les créanciers ou les tiers acquéreurs en auraient eue par d'autres voies (art. 1071, C. civ.). On étend sans difficulté, et malgré quelques dissidences, cette disposition soit à l'inscription de l'hypothèque, soit à la signification de la cession de créance.

Faut-il appliquer le même principe à un mode conventionnel de faire connaître un événement à une personne déterminée? On voit que la question ne se restreint pas à notre matière.

Nous n'hésitons pas à répondre négativement : si l'ordre public est intéressé à ce que la publicité exigée par la loi se produise effectivement, l'intérêt privé est seul en jeu lorsqu'il est question pour l'une des parties d'être instruite d'un fait que seule elle a intérêt à connaître ; qu'importe d'ailleurs à la Compagnie de le savoir par une voie ou par une autre, pourvu qu'elle le sache ? Le contraire a été jugé (1), mais en l'absence d'une disposition très explicite dans la police, — et dont la validité n'est pas douteuse, — nous persistons à croire notre opinion aussi juridique qu'équitable.

(1) Paris, 5 mai 1875. S. 75. 2. 214.

Quoi qu'il en soit, c'est certainement à l'assuré qu'il appartient de prouver que la Compagnie connaissait le fait à déclarer ; mais la Compagnie doit, elle-même, établir préalablement, l'existence de ce fait ; c'est ce qu'on verra amplement plus tard.

La déclaration faite, la Compagnie exige, s'il y a lieu, une surprime ou augmentation de prime ; elle peut même — si, comme cela a lieu généralement, elle s'en est réservé la faculté, — résilier le contrat ; elle est tenue dans ce cas, à moins de convention contraire, de restituer la portion de la prime applicable au temps restant à courir jusqu'à la fin de l'année.

Étudions maintenant les déclarations en elles-mêmes. Les déclarations que doit faire l'assuré peuvent se ranger en trois chefs : les changements relatifs à la personne, les changements relatifs à la chose, les nouvelles assurances contractées.

I. — DÉCLARATIONS DES CHANGEMENTS RELATIFS A LA PERSONNE.

Les changements relatifs à la personne peuvent être de deux sortes ; car s'ils se produisent souvent, sans que l'assuré cesse d'être propriétaire de l'objet assuré, ils consistent fréquemment aussi dans une transmission de propriété.

1°. *L'assuré reste propriétaire.* — Les polices ne prévoient guère qu'un changement dans la profession de l'assuré, ce changement doit être déclaré.

La raison en est facile à comprendre : telle profession

expose plus que telle autre aux dangers d'un incendie ; une maison bourgeoise brûlera peut-être moins facilement que celle qui est occupée par une industrie.

Il existe d'autres situations que la police ne prévoit pas et qui par suite ne sont pas sujettes à déclaration à moins qu'en fait elles ne modifient l'opinion du risque ; encore faut-il remarquer qu'elles n'entraînent même pas dans ce dernier cas, la déchéance prononcée par la police, mais seulement l'application du droit commun en matière de contrats synallagmatiques (C. civ., 1184). La demande en résolution sera portée devant les tribunaux qui ne pourront l'admettre que si un dommage a été causé, c'est-à-dire si l'incendie a été allumé pour une raison dépendant de ce changement ; la Compagnie pourra également, si elle a connaissance de ces modifications, demander soit la résolution, soit une augmentation de prime.

On peut citer pour exemple le fait par un fermier d'introduire, dans une maison qui jusqu'alors, ne servait qu'à son habitation, une grande quantité de foin et de paille (1).

Une autre obligation imposée à l'assuré est celle de faire connaître sa faillite ou sa liquidation si c'est une Société. Le motif de cette déclaration est facile à saisir : ces événements fournissent une présomption d'insolvabilité dont la Compagnie a intérêt à être instruite.

(1) Bordeaux, 30 mai 1859. *Journ. des Assur.*, 1860, p. 126.

2° *L'assuré ne reste pas propriétaire.* — Nous avons
vu dans quels cas le bénéfice et la charge de l'assurance
se transmettent au successeur de l'assuré, les légataires
universels ou à titre universel sont, selon nous, les seuls
qui succèdent à l'assurance ; les successeurs particuliers
y sont étrangers.

On sait que l'assuré qui cesse d'être propriétaire cesse
aussi par là même d'être assuré ; la convention contraire
n'aurait même aucun effet puisque l'indemnité suppose
un risque.

L'assuré n'a donc aucune déclaration à faire ; mais
ceux de ses successeurs qui continuent l'assurance en
sont tenus aux termes de la police. Cette clause est très
rationnelle et peut être rapprochée de celle qui est relative au changement de profession ; les héritiers n'ont
ni les mêmes habitudes ni la même manière de vivre
que leur auteur ; la Compagnie a besoin d'être informée
d'une circonstance qui peut gravement modifier l'opinion
du risque. Ajoutons que rarement le successeur exercera
la même profession que l'assuré ; la déclaration dont
nous parlerons rentre donc, jusqu'à un certain point,
dans celle que nous signalions tout à l'heure.

Le défaut de déclaration n'empêche pas les successeurs
universels de profiter de l'assurance puisqu'ils acquièrent
tous les droits et subissent toutes les charges de l'hérédité ; mais il permet à la Compagnie soit d'invoquer la
déchéance stipulée soit, quand l'obligation de déclarer
n'a pas été imposée, de faire prononcer la résolution si

des raisons personnelles au successeur ont produit le sinistre.

Généralement la déclaration est imposée par la police même aux successeurs à titre particulier. On peut en conclure que la Compagnie, a, d'avance, consenti à maintenir le contrat avec eux ; ils peuvent donc, en faisant cette déclaration, se prévaloir de l'assurance, puisqu'ils invoquent une promesse faite par la Compagnie (1). Mais en sens inverse celle-ci ne peut exiger leur engagement ; car ils ne succèdent pas aux obligations de celui dont ils sont les ayants cause. Le droit du successeur tombe lui-même s'il néglige la déclaration ; en vain prétendrait-il que cette obligation est imposée par une police dont il n'a pas eu connaissance : il n'obtiendra pas le bénéfice sans exécuter les conditions auxquelles on l'astreint. La jurisprudence après quelques décisions contraires (2) paraît fixée en ce sens (3).

Dans d'autres circonstances et non moins fréquemment, l'assuré s'oblige dans la police à faire contracter à son successeur particulier l'engagement de continuer l'assurance.

Cette clause destinée à donner au contrat une durée certaine est évidemment valable. Elle entraîne à la charge de l'assureur qui ne satisfait pas à son engagement le payement de dommages-intérêts. La police fixe

(1) Comp. Trib. Seine, 16 décembre 1853. *Journ. des Assur.*, 1854, p. 55.
(2) Rouen, 29 avril 1845. *Jurispr. génér. des Assur.*, II, 66.
(3) Trib. Seine, 2 juin 1858. *Jurispr. génér. des Assur.* III, 63. — Amiens, 30 décembre 1852, *eod op.* II, 144.

d'ordinaire d'avance ces dommages-intérêts au montant
d'une ou de deux années de primes, c'est *la prime d'indemnité*. Elle n'est pas due si malgré les efforts de l'assuré, l'acquéreur n'a pas consenti à renouveler le contrat.

La Compagnie stipule souvent, même dans ce cas,
qu'elle n'entend pas s'engager envers l'acquéreur, qu'elle
garde le droit de résilier l'assurance ; dans ce cas la
présomption de continuation de l'assurance que nous
avons fait résulter de l'obligation de déclaration imposée au successeur ne saurait être admise ; l'assurance
tombe donc, seulement la clause que nous venons d'indiquer est conçue d'une manière vicieuse, il vaudrait
mieux dire : de ne pas *refaire une nouvelle assurance*,
nous savons en effet que la première est résiliée de plein
droit lors de la transmission à titre particulier. Il va
sans dire quoiqu'on ait soutenu le contraire, que, dans le
cas où la Compagnie use de cette faculté, elle n'a pas droit
à la prime d'indemnités ; car, à moins d'une clause formelle, le créancier qui par son fait empêche l'exécution
de l'obligation ne peut prétendre à des dommages-intérêts de la part du débiteur (arg. *a pari* art. 1178, C.
civ.).

II. — DÉCLARATIONS DES CHANGEMENTS RELATIFS A LA CHOSE ASSURÉE.

Les polices imposent toujours à l'assuré l'obligation de déclarer le déplacement de la chose ou *chan-*

gement de lieu du risque. On doit en outre faire rentrer dans les circonstances qui peuvent aggraver les risques et qui comme telles sont également sujettes à déclaration, soit les modifications dans la chose, soit les changements dans les objets voisins de cette chose.

1° *Changement de lieu du risque.* — Il est clair qu'un objet en se déplaçant peut être soumis à des risques plus ou moins grands que dans l'endroit où il se trouvait d'abord. C'est pour ce motif que l'assuré est tenu de déclarer le changement de lieu du risque, et, s'il y a lieu, de fixer contradictoirement avec l'agent de la Compagnie une surprime.

Cette obligation est de nature à causer une grande gêne à l'assuré, aussi ne faut-il pas l'interpréter trop rigoureusement : s'il est certain que le sinistre qui se produit pendant le déplacement même momentané d'un objet ne donne pas droit à une indemnité, il faut décider autrement de celui qui est postérieur au replacement de la chose assurée dans l'endroit où elle se trouvait primitivement (1).

De même, il a été jugé que le fait de porter un meuble d'une chambre à l'autre, sans le sortir de l'appartement n'entraîne pas la sanction prévue au contrat, c'est-à-dire la déchéance (2). L'opinion contraire, qui aboutirait à des vexations, serait d'ailleurs peu juridique :

(1) Pouget, *Dictionnaire des ssurances*, p. 53.
(2) Cass., 12 juillet 1887. Dalloz, *Répertoire.* V° *Assurances terrestres* n° 215.

toutes les pièces d'une habitation étant soumises aux mêmes dangers, faisant partie d'un seul et même risque, la police n'a pu avoir en vue un déplacement comme celui dont nous parlons ; la convention contraire est possible, mais elle n'est pas sous-entendue.

2° *Changements qui dénaturent l'objet.* — On comprend que si, par suite de modifications dans la couverture du bâtiment, ou d'un changement de destination de l'objet, les risques sont augmentés, la Compagnie doit en être informée. Nous avons cité plus haut le cas d'une maison d'habitation, transformée en grange ; ajoutons-y l'établissement d'une usine dans le lieu loué (1), le remplacement d'une couverture en tuiles par une toiture en chaume.

Réciproquement, on peut remplacer le chaume par de la tuile sans avoir à en faire la déclaration : les risques deviennent en effet, moins considérables, et si une modification devait avoir lieu, ce serait pour diminuer la prime (2).

Citons enfin, comme devant donner lieu à déclaration, l'introduction dans le bâtiment assuré d'objets qui augmentent les dangers d'incendie, par exemple l'éclairage au gaz (3).

3° *Changements dans les objets près desquels se trouve la chose assurée.* — La contiguité d'édifices dont l'in-

---

(1) Trib. Epinal, 12 avril 1877. *Jurispr. génér. des assur.*, III, 225.
(2) Comp. Rouen, 6 janvier 1852. *Le Droit* du 25 février.
(3) Trib. La Rochelle, 25 juin 1858. *Journal des Assurances*, 1859. p. 12.

cendie peut être rapide rend une déclaration obligatoire : on peut citer l'établissement d'un théâtre ou d'une
usine (1). Quoiqu'il n'ait aucune part dans ces faits,
l'assuré doit en instruire l'assureur.

III. — DÉCLARATIONS RELATIVES AUX NOUVELLES ASSURANCES CONTRACTÉES.

Ces déclarations sont celles qui donnent lieu au
moins grand nombre de difficultés d'applications ; l'assuré n'a pas à apprécier les circonstances qui augmentent les risques pour les déclarer à l'exclusion de toutes les autres modifications, son obligation est donc,
quant à ce dernier chef, assez facile à remplir. La
mission du juge est également, pour le même motif,
moins délicate à accomplir : il pourra se dispenser d'entrer dans l'examen des faits, et l'étude de la question de
savoir si la déclaration omise aurait eu quelle utilité.
Toute nouvelle assurance doit donc être déclarée ; c'est
la déclaration des *réassurances*.

Cette obligation appelle une étude sommaire des diverses sortes d'assurances que peut contracter une personne déjà assurée et qui doivent, aux termes de la
police, être déclarées.

Mais, avant d'entrer dans ce détail, il est bon de
faire une observation qui nous est suggérée par le but
même de la déclaration dont nous parlons.

La Compagnie, nous l'avons déjà dit, a intérêt à con-

(1) Trib. Lyon, 22 novembre 1859. *Journ. des Assur.* 1860, p. 126.

naître les nouvelles assurances contractées par l'assuré,
afin de savoir si l'indemnité qu'elle a elle-même promise ne doit pas être réduite en cas de sinistre : car
l'assuré, ne pouvant pas s'enrichir par une série de
contrats destinés à l'indemniser n'est jamais en droit de
réclamer une somme supérieure au préjudice qui lui est
causé.

Or la Compagnie, dira-t-on, n'a besoin d'acquérir
cette connaissance qu'au moment du sinistre, c'est-à-
dire lorsqu'elle est sur le point de payer l'indemnité
promise. En conséquence si aucun délai n'a été fixé par
la police, l'assuré peut, semblerait-il, jusqu'au moment
qui suit immédiatement l'incendie, déclarer les nouvelles assurances qu'il a contractées. C'est d'ailleurs ce que
décident souvent les polices. Cette dérogation à la règle
générale qui prescrit de déclarer les événements avant
qu'ils ne se soient produits ou aussitôt après qu'ils ont
eu lieu, pourrait donner à penser que cette étude serait
mieux placée au milieu des obligations qui incombent à
l'assuré après le sinistre. Toutefois l'usage dont nous
parlons ne s'est pas encore généralisé : beaucoup de
Compagnies exigent que la déclaration ait lieu avant
même que la nouvelle assurance n'ait été faite ou ne
stipulent aucun délai ; et dans ce cas on retombe sous
l'application des principes que nous avons développés :
la Compagnie n'a, il est vrai, un intérêt vraiment considérable à connaître les nouvelles assurances qu'après le
sinistre, au moment de la fixation de l'indemnité. Mais

il peut cependant lui être avantageux de savoir à l'avance dans quelle proportion le sinistre serait à sa charge, parce qu'elle se demande, par exemple, s'il est bon qu'elle contracte elle-même une réassurance. En outre, l'assuré s'imagine peut-être que les Compagnies lui payeront en cas de sinistre, l'indemnité que chacune d'elles a promise, fût-elle, réunie aux autres, supérieure au dommage causé. La Compagnie n'a-t-elle pas intérêt à détruire cette illusion dangereuse, et partant à connaître les nouvelles assurances qui l'ont fait naître ?

Ces divers motifs et les termes généraux dans lesquels sont conçues les stipulations des polices obligent à déclarer toutes espèces de nouvelles assurances contre l'incendie, pourvu, bien entendu, qu'elles aient trait aux objets mêmes qui ont été assurés, et non à des objets voisins (1). C'est ainsi que le propriétaire d'un mobilier peut, sans déclaration, assurer à une nouvelle Compagnie d'autres meubles, placés dans le même local que les premiers et soumis aux mêmes risques.

Les nouvelles assurances peuvent être de plusieurs espèces. On fait garantir par une nouvelle Compagnie soit l'objet déjà garanti par la première, soit la solvabilité de celle-ci, soit la prime ; enfin on peut se substituer quelqu'un dans la première assurance.

1° *Assurance des objets déjà assurés.* — Les objets déjà assurés contre un danger quelconque peuvent être

(1) Trib. Co. Seine, 19 novembre 1877. *Journal des Assurances.* 1878. p. 143.

assurés une seconde fois contre un danger différent ; ce point ne présente aucune difficulté ; si j'ai assuré ma maison contre l'incendie, rien ne m'empêche de l'assurer contre l'inondation, le chômage ou les risques de guerre. Ces nouvelles assurances ne sont pas sujettes à déclaration, car l'ancien assureur n'a aucun intérêt à les connaître ; il faut toutefois excepter le cas où l'un des nouveaux chefs d'assurance se trouvait au moins en partie, prévu par l'ancien contrat : souvent, nous l'avons vu, les Compagnies garantissent le dommage produit par le chômage qui résulte de l'incendie, si ce chômage est ultérieurement assuré d'une manière spéciale ; le premier assureur doit en être instruit.

Il n'y a pas même nouvelle assurance si les objets assurés contre l'incendie sont assurés une seconde fois contre les sinistres de même nature, mais par une personne intéressée à un titre différent : l'usufruitier et le nu-propriétaire, — nous avons toujours raisonné en considérant ce point comme indiscutable, — peuvent successivement assurer la même chose : les indemnités ne représenteront, réunies, que la valeur entière de la chose, aucun danger n'est, par suite, à craindre.

Il faut donc supposer, pour se trouver en face d'une même assurance, un objet unique assuré successivement par le même intéressé à deux Compagnies différentes. Et on voit immédiatement que cette hypothèse en comprend deux. Les deux assureurs successifs ont pu garantir l'objet chacun pour le tout, ou ensemble pour le tout. Le premier cas est celui de la double assurance, le second est désigné sous le nom de *coassurance*.

La *double assurance* est donc l'assurance successive, auprès de deux assureurs différents, d'un même objet pour la totalité. Cette définition nécessite cependant un correctif : il y aura double assurance même lorsque l'une des assurances ne comprendra l'objet que pour une partie ; mais la double assurance n'existera alors que pour cette portion ; quoiqu'il en soit, cette dernière hypothèse tombe, sans aucun doute, sous les prohibitions que nous allons indiquer.

Si les deux contrats successifs produisaient tous deux leurs effets, un sinistre enrichirait l'assuré, solution qui, nous l'avons vu, est aussi fâcheuse au point de vue de la morale qu'inexacte au point de vue du Droit.

Aussi ne peut-il être question d'exécuter les deux contrats que proportionnellement : si chacun d'eux mentionne l'objet pour le tout, les Compagnies payeront chacune la moitié de l'indemnité : si l'une des Compagnies a assuré la chose tout entière et l'autre la moitié seulement de cette chose, la charge de l'indemnité sera répartie dans la proportion de deux à un, c'est-à-dire que la première Compagnie en acquittera les deux tiers, et la seconde un tiers.

Mais une autre solution peut également être proposée : la première assurance, dira-t-on, est définitive ; elle contient de la part de la Compagnie un engagement ferme de payer l'indemnité en cas de sinistre ; il lui est impossible de s'y soustraire en invoquant l'existence d'une seconde assurance. Quant à la deuxième Compagnie, aucune indemnité ne peut lui être réclamée, puisque l'existence d'un contrat antérieur valable pour le tout, a empêché la création d'une seconde assurance.

· C'est sans doute en s'inspirant de ces motifs que les rédacteurs du Code de commerce, ont, dans l'article 359 de ce code, adopté, en matière d'assurance maritime, la solution suivante : « S'il existe plusieurs contrats » d'assurance faits sans fraude sur le même charge· » ment, et que le premier contrat assure l'entière » valeur des effets chargés, il subsiste seul ».

La jurisprudence paraît incliner à admettre cette solution en matière d'assurances contre l'incendie (1) ; l'opinion contraire, qui compte également pour elle quelques décisions judiciaires (2), nous semble préférable.

Le texte même de l'article 359 du Code de commerce ne nous embarrasse guère ; nous avons dit déjà que les règles de l'assurance maritime ne doivent s'étendre à l'assurance contre l'incendie que si elles reposent sur le droit commun ou constituent l'application d'un principe commun à toutes les sortes d'assurances.

Or il n'en est pas ainsi de l'article 359.

Tout d'abord cet article est contraire au Droit com-

---

(1) Cass., 8 janvier 1878 (motifs). S. 78. 1. 446. — Trib. Seine, 7 juillet 1881. *Jurispr. génér. des assur.*, III. 279.

(2) Colmar, 14 décembre 1849. S. 52. 2. 269. — Paris, 9 juin 1863. *Jurispr. génér. des assur.*, II, 270. — Orléans, 20 août 1880 (motifs). *Journal des Assurances*, 1880, p. 200.

mun : le propre du contrat d'assurance est, il est vrai, de
n'accorder jamais une indemnité inférieure au dommage ; mais on sait aussi que l'indemnité fixée par la
police varie suivant les éventualités. Or un second contrat ne peut-il pas, aussi bien que la diminution de la
valeur des objets assurés, modifier le montant de son
indemnité ? On ne peut nier la validité du second contrat, et la preuve c'est que tout le monde permet à la
Compagnie qui y est partie de réclamer la prime stipulée ; il faut donc admettre que les deux assurances exis-
teront simultanément.

L'article 359 du Code de commerce se justifie en outre
par des motifs spéciaux ; il suppose que la seconde assurance est contractée de bonne foi, c'est-à-dire par une personne qui est digne de la sollicitude du législateur ; or on
n'ignore pas l'importance des primes stipulées en matière d'assurances maritimes ; on a voulu empêcher la
ruine de l'assuré ; et l'insignifiance des primes écarte
un tel motif de l'assurance contre l'incendie.

Il faut ajouter que l'article 359 du Code de commerce
accorde au second assureur un dédommagement sérieux ; il lui permet de retenir une portion des primes
égales à un demi pour cent des sommes assurées ;
étendra-t-on cette disposition à l'assureur contre l'incendie ? Ce n'est pas possible parce qu'une telle somme
représente, dans un contrat où la prime est très faible,
une indemnité exorbitante. Lui permettra-t-on d'exiger
des dommages-intérêts qui seront fixés par les tribu-

naux ? Ce serait encore contraire aux principes, au moins dans le cas où l'assuré a agi de bonne foi, c'est-à-dire ignorant la première assurance, la croyant nulle, ou estimant qu'une double assurance était possible.

A notre avis donc, l'article 359 du Code de commerce ne s'applique pas, et les assurances contre l'incendie successivement contractées s'exécutent simultanément.

Notre doctrine a l'avantage de donner une solution des plus simples à une question très controversée : si la première assurance est annulée ou résolue, la seconde est-elle valable ?

Pour nous, cette assurance, étant valable même si la première est maintenue, s'exécute évidemment aussi dans le cas contraire. Elle s'exécute même alors pour le tout ; car, répétons-le, c'est pour le tout qu'elle est valable, et le concours de la première assurance aurait seul pu réduire l'indemnité promise.

La doctrine contraire est assez embarrassée sur cette question : la seconde assurance s'est trouvée, d'après elle, nulle par suite de l'existence d'une assurance antérieure, il semble donc que la disparition de cette dernière ne peut pas la rendre valable.

La Cour de cassation est cependant d'un avis contraire : elle décide que la deuxième assurance prend la place de la première, après l'annulation de celle-ci (1). Mais une telle solution, qui se justifie facilement au point de vue de l'équité, nous paraît peu juridique ; la

_____

(1) Cass., 22 décembre 1874. S. 77. 1. 365.

seconde assurance, si elle est nulle, ne peut revivre : son manque de validité ne peut tenir qu'à un défaut d'objet, si l'on part de l'idée qu'une chose ne peut être assurée deux fois ; or cette sorte de nullité est radicale et le contrat ne peut revivre. La Cour suprême paraît le frapper d'une nullité conditionnelle. Dans notre doctrine seule, on peut exiger de l'assuré une déclaration au premier assureur, celui-ci n'aurait pas à se préoccuper d'une assurance qui serait nulle. Pour nous, au contraire, l'intérêt de la Compagnie à connaître la seconde assurance est certain : l'existence de cette dernière lui permet d'espérer que l'indemnité à payer en cas de sinistre sera moindre ; en outre, une seconde assurance présente pour la première Compagnie des inconvénients sérieux, en raison même de la répartition de la charge de l'indemnité. Elle sera forcée de se mettre en relation avec la seconde Compagnie et peut-être même d'engager avec elle des procès difficiles. Enfin, comme la prime ne varie pas et que d'un autre côté l'assuré est tenu de payer une autre prime au second assureur, l'existence simultanée de ces deux dettes peut entraver le payement de chacune d'elles. Aussi les polices stipulent-elles souvent que la Compagnie, sur la déclaration de la seconde police faite par l'assuré, peut résilier elle-même cette dernière (1).

Pour nous résumer en quelques mots, la double assurance est permise en matière d'assurances contre l'in-

(1) Voy. Cass., 10 avril 1877. D. 77. 1. 479.

cendie, sauf l'obligation contenue dans toutes les
polices, de déclarer les nouvelles assurances. Les assureurs se partagent la responsabilité et payent l'indemnité dans la proportion suivant laquelle ils ont respectivement garanti le dommage ; mais aucun recours ne
peut, en cas d'insolvabilité de l'un deux, être exercé
contre l'autre pour la part du premier, car la solidarité
ne se présume pas (art. 1202, C. civ.) et ne peut résulter que de la loi ou d'une convention formelle. L'annulation ou la résolution de l'une des polices ne peut, à
moins d'une clause explicite, diminuer l'indemnité,
qui devra en ce cas, être intégralement acquittée par
l'autre assureur, lequel a promis la réparation totale
du dégât.

La double assurance est encore appelée *assurance
multiple* ou *assurance cumulative*.

A côté de la double assurance se place la *coassurance*
qui donne lieu à moins de difficultés.

La *coassurance* est également une seconde assurance
garantissant le même objet que la première ; seulement
l'indemnité n'est stipulée qu'en raison d'une portion
de l'objet non garantie par le premier assureur ; il y a
donc coassurance quand une chose, assurée pour deux
tiers par une Compagnie, est assurée pour l'autre tiers
par une Compagnie différente.

La clause par laquelle les Compagnies stipulent la
déclaration d'une assurance antérieure ou postérieure
comprend, sans aucun doute, la coassurance ; l'exis-

tence de deux assurances sur le même objet oblige, en effet, les deux Compagnies à entrer en relations l'une avec l'autre et par suite rend possibles des difficultés que nous avons déjà signalées.

Les effets de la coassurance diffèrent essentiellement de ceux de la double assurance ; chacune des Compagnies n'a, dans notre cas, garanti que des portions différentes d'un même objet ; l'annulation ou la résolution de l'une des assurances ne peut donc augmenter l'indemnité stipulée dans l'autre contrat.

On appelle aussi *coassurance* l'assurance d'objets différents de ceux qui ont été assurés, mais soumis aux mêmes risques ; nous avons déjà étudié cette hypothèse, qui donne lieu à une solution contraire.

2° *Assurance de la solvabilité de l'assureur.* — L'assurance de solvabilité n'est pas une assurance contre l'incendie ; elle a pour objet de garantir l'assuré contre l'insolvabilité de l'assureur ; ce n'est donc qu'indirectement qu'elle répare le dommage causé par l'incendie, quoiqu'elle n'ait d'utilité réelle qu'en cas de sinistre.

Néanmoins, à cause même de ce dernier motif, nous croyons que la clause qui exige la déclaration des nouvelles assurances s'adresse à l'assurance de solvabilité : en réalité, sinon juridiquement, c'est contre l'incendie qu'elle garantit l'assuré. En outre l'assureur a intérêt à la connaître puisqu'en faisant douter de sa solvabilité elle peut inspirer au public une certaine défiance à son égard.

La nature juridique de l'assurance de solvabilité n'est pas facile à déterminer : la plupart des anciens auteurs, notamment Pothier (1) et Valin (2), y voyaient un cautionnement : le second assureur garantissant uniquement le payement de l'indemnité par le premier, n'est qu'un débiteur accessoire accédant à l'obligation de celui-ci.

Cette opinion était déjà combattue dans l'ancien Droit (3), mais pour des motifs qui ne nous paraissent pas exacts.

On partait de l'idée que le cautionnement est, par son essence, un contrat de bienfaisance : la caution s'engage, disait-on, dans l'intérêt soit du débiteur principal, soit du créancier, et sans aucune pensée de spéculation. Il en est tout autrement de l'assureur de solvabilité qui, comme tous les assureurs, recherche son gain personnel.

Cette manière d'envisager le cautionnement est certainement erronée ; il n'est pas plus un contrat à titre gratuit qu'un contrat à titre onéreux, quoiqu'on le range d'ordinaire parmi les premiers : la caution peut aussi bien stipuler une rémunération, soit du débiteur, soit du créancier, qu'intervenir libéralement dans l'intérêt de l'un ou de l'autre.

Il existe un autre motif pour distinguer de la caution l'assureur de solvabilité, c'est l'intention même des par-

(1) Pothier, *Traité de l'Assurance*, n° 33.
(2) Valin, *Commentaire de l'ordonnance de* 1681, titre des *Assurances*, art. 20.
(3) Emérigon, *Traité des Assurances*, édition Boulay-Paty, t. II, p. 257.

ties. L'assurance se présente comme un contrat principal qui, s'il produit, comme beaucoup d'autres conventions, des effets soumis à l'existence d'un événement
déterminé, n'est pas, dans la pensée des contractants,
essentiellement dépendant d'un autre contrat. Il n'exis-
terait pas, si l'on adoptait sur notre question l'opinion
contraire, de motif pour ne pas décider que l'assureur
contre l'incendie est également une caution, dont les
obligations ne prendront naissance qu'en cas d'insolvabilité du débiteur principal.

Le caractère de l'obligation de l'assureur de solvabilité produit une conséquence importante, il ne jouit
pas du bénéfice de discussion que l'article 2023 du
Code civil accorde à la caution (1).

On a pu cependant soutenir le contraire (2). L'assureur, a-t-on dit, de quelque manière qu'on le considère,
ne doit l'indemnité promise qu'au cas d'insolvabilité de
l'assureur principal ; l'assuré doit donc prouver qu'il ne
peut être indemnisé par celui-ci, avant d'engager des
poursuites contre le premier ; et cette solution l'oblige
à discuter préalablement les biens de l'assureur principal.

Ce raisonnement n'est pas complètement exact ; sans
doute l'assureur de solvabilité n'est tenu qu'au cas
d'insolvabilité de l'assureur contre l'incendie. Mais rien

_____

(1) Emérigon, *Op. et loc. cit.*
(2) Bédarride, *Commentaire du Code de commerce, des Assurances*
n° 1161.

n'exige une discussion longue et coûteuse ; l'assuré se contentera de prouver l'insolvabilité, et, comme il s'agit d'un simple fait, cette preuve pourra être administrée de toutes les manières, par témoins (art. 1348, C. civ.), ou même par présomptions (art. 1353).

L'assurance de solvabilité n'est pas prévue par nos Codes ; l'ordonnance de 1681 (liv. III, tit. VI, art. 20) l'autorisait formellement en matière d'assurance maritime, et quoique cette disposition n'ait pas été reproduite, la validité de ce contrat n'est pas douteuse.

Il est devenu toutefois de plus en plus rare, surtout en matière d'incendie ; on se fait d'ordinaire assurer par une Compagnie sérieuse et ancienne dont les propriétés mobilières et immobilières répondent de l'indemnité ; beaucoup mieux que la garantie d'un tiers ; l'assurance de solvabilité n'aurait de raison d'être qu'au cas où le sinistre serait garanti par un particulier.

3° *Assurance de la prime ou du coût.* — Nous ne revenons pas sur cette sorte d'assurance, qui a été étudiée plus haut. Il est clair qu'elle est sujette à déclaration, — sauf, bien entendu, le cas où elle est contractée avec la première Compagnie elle-même. — Le premier assureur a, en effet, intérêt à connaître tous les assureurs avec lesquels il peut se trouver en relations.

4° *Substitution d'un nouveau débiteur.* — L'assuré ne peut évidemment, en principe, se substituer un nouvel assuré ; celui qui y a intérêt a seul le droit de profiter

et les ayants cause, dont nous avons d'ailleurs étudié la situation, sont les seuls qui y aient intérêt.

Mais l'assuré a au moins la faculté de se décharger sur un tiers du payement des primes ; c'est ce qu'on appelle la *reprise d'assurance* : le nouvel assuré, — qui généralement est une Compagnie d'assurances, — est chargé du payement de la prime stipulée au premier contrat, et exige en retour de l'ancien assuré, dont il devient l'assureur, une prime nouvelle.

L'utilité, pour l'assuré, de ce nouveau contrat est facile à comprendre : il permet de faire subir à un tiers les conséquences de l'insolvabilité de l'assureur, il a donc les mêmes effets que l'assurance de solvabilité.

Cette nouvelle assurance est sujette à déclaration ; car l'assureur acquiert un second débiteur qu'il a intérêt à connaître. Remarquons d'ailleurs que l'assuré n'est pas déchargé de la prime à son égard ; la délégation imparfaite qu'il a faite n'éteint pas sa propre obligation. L'assureur gagne donc à la reprise d'assurance, puisqu'il acquiert un second débiteur qui s'ajoute au premier.

L'assuré y gagne également : il aura à son tour, en cas de sinistre, deux débiteurs.

La reprise d'assurance présente un grand avantage sur l'assurance de solvabilité, en ce sens que la preuve de l'insolvabilité de l'assureur ne sera aucunement nécessaire en cas de sinistre ; l'assuré s'adressera directement à celui qui aura repris l'assurance, et celui-ci, pour la fixation de l'indemnité, enjoindra à l'assureur d'assister à l'expertise.

La reprise d'assurance est aussi rare que l'assurance de solvabilité, et pour les mêmes motifs. Elle ne se pratique guère que dans les Sociétés mutuelles ; le sociétaire, qui ne sait pas exactement à quelle somme il aura droit en cas de sinistre, s'adresse à une Compagnie à primes, qui reprend l'assurance et lui promet une indemnité égale au dommage.

Il est quelquefois difficile de distinguer la reprise d'assurance de la double assurance ; toutes deux peuvent porter sur la totalité de la chose, et la police n'est pas toujours assez explicite pour qu'on soit certain d'être en face de l'une ou de l'autre : le tribunal décidera s'il y a double assurance ou reprise d'assurance (1).

Section III. — Des obligations de l'assuré au moment du sinistre.

L'assuré n'a, en général, aucun intérêt personnel à essayer de sauver du sinistre les objets assurés, puisqu'il en recouvre la valeur ; en revanche, la Compagnie tient à ce que tous les efforts possibles soient faits pour limiter l'indemnité en restreignant les dégâts.

Aussi les polices obligent-elles l'assuré à entraver les

(1) Orléans, 20 août 1880. *Journal des Assurances,* 1880, p. 200.

dommages dans la mesure de ses moyens : il doit arrêter les progrès de l'incendie, faire appel à toutes les
personnes en état de lui porter secours, en un mot agir
comme il le ferait, sans doute, si les dégâts devaient
lui être préjudiciables.

En l'absence même de toute stipulation sur ce point,
l'assuré serait obligé de se livrer à ces soins et à ces démarches ; tout contractant, en effet, est tenu de ses
fautes et doit apporter dans ses actes la diligence d'un
bon père de famille (art. 1137, C. civ.). Il est vrai que
le contrat d'assurance a précisément pour objet, nous
l'avons dit, de protéger l'assuré contre sa propre faute ;
mais seulement contre la faute qu'il a commise en allu-
mant l'incendie ; et il est ici question de celle qui se
produit après que le sinistre a commencé. L'assuré est
donc responsable de la faute même légère dont il se rend
coupable pendant la durée du sinistre. Ajoutons qu'en
matière d'assurance maritime, un texte formel (art. 381,
C. com.) consacre cette solution.

Il ne sera pas arrêté dans les soins à donner par les
frais qu'il sera forcé de faire pour le sauvetage des objets exposés à la flamme ; en dehors des frais d'extinction, qui sont à la charge de la commune, nous avons vu
que les dépenses de sauvetage, étant faites dans l'intérêt
de l'assureur, doivent être remboursées par lui ; les
polices le disent, en général, formellement.

Il est certain que l'assuré qui ne s'acquitte pas de
l'obligation dont nous parlons, est tenu de dommages-

intérêts envers la Compagnie (1) ; celle-ci invoquera, non pas l'article 1382 ou l'article 1383 du Code civil, lesquels, — quoiqu'on dise (2), — n'ont rien à faire en pareille hypothèse, mais les articles 1150 et 1151 ; il y a en effet, violation d'un contrat. L'assuré peut en outre être condamné à une peine de police en vertu de l'article 475-12° du Code pénal. Aux termes de cette disposi-« tion: sont punis d'une amende de six à dix francs ceux » qui le pouvant, ont refusé ou négligé de faire les tra-» vaux, le service, ou de prêter le secours dont ils auront » été requis dans les circonstances......d'incendie.....». Un emprisonnement de cinq jours au plus est prononcé en cas de récidive (art. 478, C. pén.). Cette disposition, comme sa seule lecture l'indique, s'applique à l'assuré dans les mêmes termes qu'à tout autre contrevenant, quoiqu'il s'agisse de ses propres biens, il n'est ni plus ni moins excusable de s'être soustrait à son devoir que si l'incendie s'attaquait à la propriété d'autrui. Les dommages-intérêts dus à l'assureur en raison de l'inaction de l'assuré, se payeront d'ordinaire par voie de compensation: l'assureur retiendra jusqu'à due concurrence le montant de l'indemnité. Il n'en sera cependant ainsi que dans le cas où les deux dettes seront liquides ; si donc l'indemnité est fixée d'une manière certaine avant les dommages-intérêts, la Compagnie

(1) Besançon, 25 juillet 1850. *Journal des Assurances*, 1851, p. 229.
(2) De Lalande et Couturier, *Traité du contrat de l'assurance contre l'incendie*, n° 372.

ne pourra exercer aucune retenue et n'aura que la faculté de se faire payer par les moyens ordinaires.

Section IV. — Des obligations de l'assuré après le sinistre.

Si l'assuré n'a pas eu le temps de donner à la Compagnie connaissance de l'incendie avant qu'il ne fût éteint, cette obligation lui incombe aussitôt après le sinistre. Généralement les polices fixent un délai pour cette déclaration, en spécifiant que l'assuré qui ne s'y conforme pas est déchu de tout droit à l'indemnité.

Cette déclaration est utile à la Compagnie, qu'elle met en mesure de prendre toutes les informations relatives soit au montant de la perte, soit à son origine. Néanmoins comme elle ne constitue pas une application pure et simple du droit commun, elle ne peut être exigée si la police ne l'a pas imposée.

Quelquefois les parties, tout en stipulant la nécessité de la déclaration, n'indiquant pas dans quel délai elle sera faite, il appartient alors aux tribunaux d'examiner si le temps qu'a mis l'assuré à faire cette dénonciation est, ou non, exagéré.

On a proposé (1) d'appliquer sur ce point l'article 374 du Code de commerce et d'accorder à l'assuré un délai de trois jours après qu'il a eu lui-même connaissance du sinistre. Mais, outre que l'article 374 est spécial à

(1) Persil, *Traité des assurances terrestres*, n° 162.

l'assurance maritime, cette disposition s'occupe, non
point de la déclaration du sinistre, mais de la signification faite par l'assuré à l'assureur de sa volonté de lui
abandonner ce qui reste des effets assurés. Cette déclaration étant d'ailleurs beaucoup moins importante au
point de vue de ses résultats que celle dont nous parlons, et nécessitant d'un autre côté une certaine réflexion, on comprend que la loi ait accordé quelques
jours à l'assuré ; la déclaration du sinistre doit être faite
par l'assuré, en principe, dès qu'il l'a connu.

Cette déclaration doit être faite à l'agent de la Compagnie dont la résidence est la plus rapprochée du lieu du
sinistre : elle doit être suivie, dans le délai qu'indique la
police et à peine de déchéance, d'une autre déclaration
devant le juge de paix du canton ou le maire de la commune où s'est produit le sinistre : cette déclaration a
pour but de montrer à la Compagnie, ou du moins de
faire présumer que l'incendie a réellement eu lieu, et de
lui accorder les moyens de s'informer s'il est imputable
à l'assuré ou à toute autre personne contre laquelle elle
peut avoir un recours ! Aussi l'acte dressé doit-il indiquer
le moment où l'incendie s'est déclaré, le moment où il
a cessé, le motif qui, d'après l'assuré ou la rumeur publique l'a produit, enfin le montant approximatif des
dommages. Une expédition délivrée par le juge de paix
ou le maire rédacteur est immédiatement envoyée à l'a-
gent le plus voisin par l'assuré.

On peut se demander si le juge de paix ou le maire de-

vant qui se présente l'assuré peut se refuser à recevoir
sa déclaration.

L'affirmative peut s'appuyer sur le caractère, obligatoire pour l'assuré, du contrat, et sur la déchéance qu'il
encourrait sans sa faute si sa déclaration n'était pas acceptée. Ce motif n'est évidemment pas suffisant ; s'il est
établi que la rédaction de la déclaration d'incendie ne
rentre pas dans les attributions obligatoires du juge de
paix et du maire, l'intérêt de l'assuré ne suffit pas pour
la leur imposer. Il est d'ailleurs très douteux que
l'assuré encoure, en cette hypothèse, une responsabilité
quelconque : la déchéance doit être interprétée d'après
son esprit ; elle n'est sans doute dirigée, que contre
la faute de l'assuré, et ne doit lui faire subir aucune
perte si l'omission de la déclaration ne lui est pas imputable. La police peut, nous en convenons, en décider
autrement, mais ici encore l'assuré n'est pas en droit de
se plaindre des effets d'une clause qu'il a acceptée en
toute liberté.

On pourrait proposer une distinction : le juge de
paix serait tenu de recevoir la déclaration, par analogie de l'article 243 du Code de commerce qui décide
que le capitaine fait devant lui son rapport, lorsqu'il est
de retour d'un voyage. Quant au maire, une sous-dis-
tinction serait nécessaire : le maire est officier de police
judiciaire, et par suite est compétent pour rechercher
si l'incendie est due à un crime ; il devrait donc rédiger
la déclaration au moins en ce qui concerne les causes

12

de l'incendie ; quant aux autres mentions exigées par la police, il pourrait les omettre.

Nous ne croyons pas, pour notre part, que l'un ou l'autre de ces deux fonctionnaires soit, en aucun cas, tenu de recevoir la déclaration de l'assuré.

Aucune loi n'impose au juge de paix une telle fonction ; ce magistrat a, il est vrai, des attributions très variées, mais qui toutes résultent d'un texte législatif.

L'article 243 du Code de commerce ne fournit à l'opinion contraire qu'un argument insuffisant : cette disposition a un objet tout à fait spécial ; elle ne s'occupe même pas d'un cas qu'on puisse rapprocher du nôtre et n'a aucune application en matière d'assurance maritime.

Quant au maire le procès-verbal contenant la déclaration de l'assuré ne rentre pas davantage dans ses attributions ; il est vrai que, comme officier de police judiciaire (art. 8 et 43, C. Instr. crim.), il peut et doit rechercher les causes de l'incendie ; mais en résulte-t-il l'obligation de dresser un procès-verbal des allégations de l'assuré à ce sujet ? Évidemment non. Encore moins est-il forcé de recevoir la déclaration sur les autres points prévus par la police.

Le maire reçoit bien, aux termes de la loi du 3 frimaire an VIII, une déclaration de l'incendie destinée à permettre le dégrèvement de la contribution foncière que cette loi accorde pendant les deux ans qui suivent la construction d'une maison. Mais cette décision ne peut pas non plus fournir un argument à la doctrine que nous combattons, car elle n'exige qu'une déclaration très spéciale qui ne contient aucun des renseignements exigés par la police d'assurance.

Notre solution ne présente cependant pas en pratique, beaucoup d'intérêt ; il n'est jamais, croyons-nous, arrivé qu'un juge de paix ou un maire ait refusé de recevoir la déclaration dont nous parlons. Aussi ne relevons-nous sur cette question aucune décision judiciaire.

En dehors des deux déclarations qui constituent les premières obligations de l'assuré, celui-ci doit fournir dans un délai fixé par la police et qui est généralement de quinze jours après le sinistre, un état des objets perdus, avariés et sauvés. Cet état récapitulera en détail tous les objets assurés, du moins si ceux-ci étaient indiqués article par article et non pas en bloc dans la police. L'assuré les divisera en trois paragraphes destinés à mentionner respectivement les objets perdus, avariés et sauvés. Il indiquera leur valeur vénale actuelle et comprendra parmi les derniers ceux qui auront été soustraits pendant le sinistre, et qui, par suite, ne sont pas sujets à remboursement.

Le délai fixé par la police ne peut, en aucun cas, être dépassé. On a jugé (1) qu'il ne court que de l'ordonnance de non lieu si l'assuré a été arrêté pour avoir incendié volontairement sa maison ; mais cette décision nous paraît très hasardée : la détention de l'assuré n'est pas un obstacle à l'accomplissement des formalités obli-

(1) Trib. Marseille, 23 mars 1832. *Jurispr. génér. des assur.* III, 289.

gatoires, car rien ne l'empêche d'en charger un mandataire. Les polices stipulent la déchéance soit au cas où le délai est dépassé, soit pour l'exagération de la valeur des objets. Nous retrouverons cette rigoureuse sanction dans le chapitre suivant. Signalons une dernière obligation de l'assuré ; ou plutôt un dernier droit de l'assureur, tout à fait accidentel. La compagnie stipule quelquefois le droit de reprendre en cas de sinistre, pour le montant de leur estimation, les matériaux provenant des bâtiments incendiés et les objets avariés en tout ou en partie, ainsi que le droit de faire reconstruire les bâtiments et remplacer les objets incendiés. Cette stipulation a pour but d'éviter des estimations qui pourraient être arbitraires. La Compagnie use d'ailleurs rarement du droit qu'elle s'est réservé.

CHAPITRE VI

DE LA NULLITÉ, DE LA RÉSOLUTION DE L'EXTINCTION,

ET DE LA RÉDUCTION

EN MATIÈRE D'ASSURANCES CONTRE L'INCENDIE.

Un contrat est nul lorsqu'il manque de l'une des conditions que la loi considère comme essentielles à sa formation ou à sa validité.

La résolution suppose au contraire que la convention a été valablement conclue ; mais il se produit un fait postérieur qui l'anéantit de telle manière, qu'il est censé n'avoir jamais existé.

Quant à l'extinction, — qu'on peut aussi qualifier de cessation du contrat, — elle suppose que les obligations des parties ont été exécutées, que la convention a suivi son cours, mais qu'un événement, — prévu ou imprévu, normal ou extraordinaire, — vient l'arrêter pour l'avenir —: l'extinction consiste donc dans l'arrivée du terme fatal qui met fin au contrat.

Enfin la réduction est spéciale à l'assurance ; elle a lieu lorsque le montant du dommage éventuel qui doit causer le sinistre diminue, et consiste dans une diminution corrélative de la prime et de l'indemnité ; on peut mettre à côté de la réduction, l'augmentation de la prime et celle de l'indemnité.

On sait que les nullités sont rangées par la loi, au point de vue de la cause et des effets, en deux catégories : celles qui tiennent à l'existence des contrats, celles qui tiennent à la validité des obligations.

§ I. — *Des conditions nécessaires pour la formation du contrat.*

Trois conditions sont exigées pour la formation du contrat : le consentement des deux parties, un objet certain et licite, une cause également licite. Après les avoir passées en revue, nous déterminerons la nature de la nullité.

1° *Consentement.* — L'assureur et l'assuré doivent tous deux consentir et par conséquent être en situation de le faire. La convention conclue par une personne en état d'ivresse, par exemple, ne produit aucun effet. Une pareille hypothèse est, d'ailleurs, à peu près impossible à réaliser : on rencontrera rarement, aujourd'hui que les assureurs sont des Sociétés, un agent d'assurances assez zélé pour abuser de l'ivresse d'un propriétaire et lui faire signer une police dont il y ait lieu ensuite de prononcer l'annulation ; de même l'absence de consentement de la part de l'assureur sera très rare.

Nous avons cependant cité le cas où l'agent d'assurances, mandataire de la Compagnie, outrepasse, volontairement ou non, les pouvoirs qui lui sont confiés : par exemple en se contentant d'une prime plus faible que celle du tarif ou en garantissant des risques qui ne rentrent pas dans les statuts. Il n'y a pas alors à proprement parler consentement de la part de la Compagnie et si celle-ci n'est pas engagée par les actes de son mandataire, c'est que sa volonté était absente de la convention. On peut également signaler l'hypothèse d'une Société irrégulièrement constituée. Tous les actes qu'elle passe sont nuls parce qu'elle ne constitue pas un être moral et que par suite elle ne peut pas légalement fournir son consentement.

2° *Objet*. — L'objet principal de l'obligation de l'assureur est de garantir, celui de l'obligation de l'assuré est de payer l'indemnité.

Tout d'abord il n'y a pas d'assurance sans indemnité et de là deux conséquences : l'assureur doit être tenu de payer une somme en cas de sinistre ; un sinistre doit être possible pour justifier la promesse de cette somme, qui dans le cas contraire n'est pas une véritable indemnité.

Il est à peine possible de supposer une assurance sans indemnité car un tel contrat n'aurait aucun sens, il ne serait ni à titre onéreux, ni à titre gratuit, et par suite ne pourrait être attribué qu'à une aberration, à moins qu'on y vît une donation des primes par le prétendu assuré au prétendu assureur, cette hypothèse a été déjà examinée. Il ne faut pas d'ailleurs confondre avec le cas où l'assurance est contractée sans indemnité, celui où le montant de l'indemnité n'est pas fixé ; cette détermination est d'autant moins nécessaire que par essence nous l'avons vu, elle n'est jamais que provisoire. L'indemnité varie d'après des éléments si nombreux, elle est soumise à tant d'éventualités qu'elle peut n'être aucunement indiquée au contrat ; sa fixation n'en sera pas moins facile quand éclatera le sinistre, car elle sera égale au montant du dommage causé par le sinistre. Il en est ainsi, croyons-nous, si les parties, allant plus loin, n'indiquent même pas le droit à l'indemnité ; le droit dérive de la dénomination même du contrat. *Assurer* signifie *garantir*, c'est-à-dire promettre la réparation d'un préjudice. Le contrat n'est donc nul pour défaut d'indemnité que dans l'hypothèse inouïe où les parties indiquent formellement qu'elle ne sera pas due en cas de sinistre.

Il arrive beaucoup plus souvent que la somme promise par l'assureur ne constitue pas une véritable indemnité, c'est-à-dire ne réponde à aucun risque. Nous avons au cours de ce travail fourni plusieurs applications de l'idée que nous venons d'exprimer. L'assurance ne peut exister, du moins avec son véritable caractère, que si l'assuré paye une somme convenue en échange de l'éventualité où se trouve l'assureur d'acquitter une indemnité. La convention des parties peut d'ailleurs apporter toutes les modifications possibles à la nature et au mode de payement de la prime.

Le montant de la prime doit-il être fixé lors du contrat? On ne peut, croyons-nous, le déterminer ultérieurement, il serait possible de le modifier au cours du contrat, par suite de circonstances diverses déjà indiquées. La solution contraire que nous avons donnée à propos de l'indemnité s'appuyait sur des motifs spéciaux : la prime, tout en n'étant pas invariable, ne présente pas comme l'indemnité un caractère provisoire : les changements qui y sont apportés sont plus rares et n'ont trait qu'à l'avenir ; en outre la prime est à proprement parler le prix de l'assurance, un prix dont le montant n'est pas déterminé par le contrat, est considéré comme n'ayant pas été promis, l'obligation de l'une des parties manque d'objet : il faut donc annuler le contrat quand il n'y a pas eu de prime stipulée, soit quand son montant n'a pas été indiqué.

Ici encore on peut se demander si l'assurance ne vaudra pas à titre de donation. Tout en constatant sur ce point que la libéralité doit être prouvée et n'est jamais présumée, — nous ne parlons pas des formes de donation que la jurisprudence considère comme inutiles, — nous ne faisons aucune difficulté de reconnaître qu'elle se rencontrera plus facilement dans cette hypothèse que dans les précédentes : il n'y a rien d'étrange à supposer qu'une personne dans l'intention d'en gratifier conditionnellement une autre, promette de la garantir contre un sinistre. Cette clause accessoire est quelquefois jointe à la donation d'un immeuble. — Nous nous sommes jusqu'à présent occupé de la nullité pour défaut d'objet ; il y a également nullité lorsque l'objet de l'une des obligations est illicite, nous avons cité la promesse d'une indemnité au cas d'incendie de marchandises de contrebande, cette assurance nous a paru nulle.

3° *Cause.* — Le caractère synallagmatique du contrat d'assurance nous permet d'être bref sur ce dernier point.

On sait, que d'après la plupart des auteurs, la cause de l'obligation de chacune des parties doit être recherchée *dans l'objet de l'obligation* de l'autre ; — quelques-uns disent dans l'obligation de l'autre ; mais cette légère divergence ne présente à notre point de vue aucun intérêt. La cause se définit en effet le motif immédiat qui nous porte à contracter, or ce motif n'est que l'objet que nous stipulons en échange de celui que nous promettons.

Nous avons donc, en déterminant ce qu'il faut entendre par défaut d'objet et par objet illicite, traité par là même de la nullité pour défaut de cause.

4° *Conséquence de l'inexistence du contrat.* — La nullité touchant au consentement, à l'objet ou à la cause est absolue, les deux parties peuvent donc s'en prévaloir : l'assureur refusera de payer l'indemnité, l'assuré répétera les primes déjà acquittées. Les textes législatifs ne laissent aucun doute sur ce point, qui n'est pas contesté d'une manière générale. L'obligation sans cause..... dit notamment l'article 1131 du Code civil, ne peut avoir aucun effet.

On fait cependant souvent en matière d'assurances une distinction qui contredit cette théorie : la nullité serait absolue si les deux parties avaient ignoré la circonstance qui mettait obstacle à la formation du contrat; elle serait relative si l'un des contractants s'était seul trouvé dans cette situation (1).

Cette opinion n'est certainement pas exacte : lorsqu'un contrat manque des éléments nécessaires à sa formation, il est permis aux deux parties, qu'elles soient ou non de bonne foi, d'en faire prononcer la nullité (2). La doctrine contraire aboutirait à un singulier résultat, c'est qu'au cas où les deux parties auraient connu la cause de nullité aucune d'elles ne pourrait l'invoquer ; solution évidemment erronée, puisqu'elle consisterait à admettre une nullité que personne ne pourrait demander. Le tort de la doctrine que nous combattons a été de confondre la question qui nous occupe avec celle du dol dans le contrat. Il existe cependant, en pratique, une différence entre le cas où l'assureur a été induit en

---

(1) Boudousquié, *Traité de l'assurance contre l'incendie*, nᵒˢ 344 à 347.
(2) De Lalande et Couturier, *Traité du contrat d'assurance contre l'incendie*, nᵒ 827.

erreur par l'assuré, et celui où l'assureur connaissait le
fait qui donnait naissance à une action en nullité : les
Compagnies stipulent toujours dans la police que l'assuré dont la faute aura donné lieu à l'annulation du contrat, ne pourra pas demander la restitution des primes
versées jusqu'à ce moment.

En sens inverse si c'est la Compagnie seule qui est
de mauvaise foi, — par exemple si elle a persuadé à
un propriétaire d'assurer des objets qui n'étaient soumis à aucun risque , — elle restituera les primes qui
auront, en fait, été inutiles. Il pourra en être ainsi même
si la Compagnie stipule, — c'est le cas général, — que
les primes ne seront restituées en aucun cas : l'assuré
aura droit à des dommages-intérêts, qui pourront être
fixés par les tribunaux à une somme égale au montant
des primes.

Nous avons vu qu'il y a défaut d'objet dans l'assurance contractée par une personne qui n'a aucun intérêt ou aucun droit : l'obligation de la Compagnie n'existe
pas, puisqu'aucune indemnité ne peut être due. On a
prétendu (1) que dans ce cas particulier, la Compagnie
seule peut se prévaloir de la nullité ; l'assuré, dit-on, a
commis une réticence dont il ne saurait se prévaloir et
dont il doit supporter les conséquences; il ne peut donc
pas répéter les primes, ni se prévaloir du contrat pour
l'avenir.

---

(1) De Lalande et Couturier, *Traité du contrat d'assurance contre l'incendie*, nº 828.

Un tel argument est certainement insuffisant et ne constitue qu'une forme déguisée de la fameuse règle : *Nemo auditur suam turpitudinem allegans.* Or que signifie cette règle ? elle veut dire simplement que le contractant qui a fait une promesse déshonorante pour lui, — et l'honneur de l'assuré n'est aucunement engagé dans le cas qui nous occupe, — ne peut se prévaloir pour l'avenir du contrat. On ajoute souvent qu'il ne peut répéter des prestations qu'il a fournies , mais on sait que l'existence de cette application de la règle *remo auditur.....* est fortement controversée dans notre Droit ; beaucoup d'auteurs l'écartent par argument des articles 1131 et 1376, et la jurisprudence elle-même qui, jusqu'à ces derniers temps, la proclamait fréquemment (1), paraît aujourd'hui éprouver une tendance à la rejeter (2). Quoi qu'il en soit, cette règle spéciale ne peut s'appliquer en matière d'assurance, où il est question, non pas de répétition, elle est écartée par la clause de la police, — mais de nullité devant produire ses effets dans l'avenir.

Il faut avouer que la doctrine contraire produit un singulier résultat auquel, sans doute, elle n'a pas songé : si l'assureur seul peut invoquer la nullité, la convention demeurera debout, car quel intérêt a-t-il à faire tomber un contrat qui ne lui offre que des avantages ? Il y gagne

(1) Cass, 5 décembre 1873. S. 74. 1. 241.
(2) Cass. civ., 25 janvier 1887. S. 87. 1. 224. — Caen, 18 janvier 1888. *Loi* du 31 janvier 1888 ; *Droit* du 1er février 1888 ; *France judiciaire*, 1888. 2. 108.

en effet, de toucher une prime annuelle ; l'indemnité, qui d'ordinaire est la compensation du droit aux primes, ne pourra jamais lui être réclamée : on sait, en effet, que le montant de l'indemnité ne peut dépasser la perte subie ; or un assuré qui n'a aucun intérêt à la conservation d'une chose, ne subit aucun dommage si elle périt (4). L'assureur sera donc créancier sans être débiteur éventuel ; quelle apparence y a-t-il qu'il aille demander l'annulation de la police ?

Les autres caractères de la nullité dont nous nous occupons ne sont pas contestés ; ils dérivent des principes : aucune ratification n'est possible de la part de l'une ou de l'autre des parties ; l'action peut être intentée pendant trente ans.

§ II. — *Des conditions nécessaires pour la validité du contrat.*

Un contrat nécessite de la part de chacune des parties une entière capacité ; il faut, en d'autres termes, que la loi n'ait pas privé telle ou telle personne soit du droit de contracter d'une manière générale, soit de la faculté de passer un ou plusieurs actes déterminés (art. 1123, 1124, C. civ.). L'obligation contractée par un incapable est annulable.

En outre, le consentement, tout en étant réellement

---

(1) Cass., 25 janvier 1887. S. 87. 1. 224. — Caen, 18 janvier 1888. *Droit* du 1ᵉʳ février 1888.

donné, peut être affecté de certains vices qui l'empêchent d'être valable et soient de nature à provoquer l'annulation du contrat.

Voici donc deux cas où manque l'une des conditions dont la réunion est nécessaire pour la validité des contrats ; après les avoir rappelés sommairement nous nous occuperons du caractère de la nullité.

1° *Incapacité.* —Nous n'avons pas à revenir sur ce point que nous avons étudié en détail : nous avons déterminé la capacité nécessaire soit à l'assuré soit à l'assureur : le mineur non émancipé, l'interdit dans certains cas, la femme mariée nous ont paru incapables de jouer le rôle d'assuré. Quant à l'assureur l'étude de sa capacité ne présente guère d'intérêt pratique, puisque d'ordinaire les assurances sont faites par des Compagnies. Si celles-ci sont régulièrement constituées, elles sont capables ; dans le cas contraire, leur consentement n'existe même pas. Le contrat est donc ou valable ou dépourvu d'un des éléments nécessaires à sa formation ; il n'est jamais nul pour incapacité de l'assureur.

2° *Vices du consentement.* — Les vices du consentement qui peuvent donner lieu à la nullité du contrat sont l'erreur, la violence, le dol. L'erreur ne peut être invoquée comme cause de nullité que si elle porte sur la personne du co-contractant ou sur la substance de la chose.

Il est difficile de concevoir de la part de l'assureur une erreur sur la personne de l'assuré pouvant entraî-

ner la nullité du contrat ; la Compagnie qui consent à
garantir la perte d'un objet s'occupe généralement, bien
plus des risques de la chose que de la profession du propriétaire et de sa famille. Or il faut, pour obtenir l'annulation du contrat, prouver qu'on n'a contracté qu'en
considération de la personne (art. 1110).

Une erreur de ce genre peut se rencontrer plus fréquemment chez l'assuré. Ce dernier ne se décide souvent à contracter une assurance qu'en considération
de la solvabilité de la Compagnie à laquelle il s'adresse ;
il est clair qu'il aurait refusé de payer une prime annuelle à une Société dont il ne serait pas à peu près certain de recevoir, en cas de sinistre, l'indemnité promise. Or il peut arriver qu'un agent contracte au nom
d'une Compagnie jouissant d'un bon renom et en représente, en réalité, une autre plus ou moins véreuse.
L'assuré pourra, en ce cas, demander la nullité pour
erreur sur la personne.

Quant à l'erreur sur la substance, elle est plus rare encore. Les polices sont trop clairement rédigées pour
qu'on puisse facilement admettre un vice de ce genre ; elle
est à peu près impossible de la part de l'assureur. Quant
à l'assuré, on a supposé qu'il a cru stipuler une indemnité en cas d'incendie, alors que la Compagnie ne l'a
promise que si le sinistre provenait d'une cause spéciale,
par exemple de la communication par une maison voisine ; mais il y a là plutôt une erreur sur l'objet ou sur
la cause, qui entraîne, par suite, une nullité absolue.

La violence est, nous l'avons déjà dit, dans l'état social actuel, presque une pure et simple hypothèse en matière d'assurances ; elle ne sera, dans tous les cas, jamais pratiquée ni par la Compagnie ni sur elle. Quant à l'assuré, il peut se produire certaines circonstances exceptionnelles où il sera la victime d'une violence : les créanciers qui, nous l'avons vu, n'ont pas eux-mêmes le droit d'assurer les biens de leur débiteur, peuvent user de violence sur la personne de ce dernier pour le décider à le faire ; on peut en dire autant des héritiers présomptifs, des voisins qui craignent la communication de l'incendie. L'annulation pourra être demandée dans ces hypothèses car, on le sait, et nous l'avons dit, il n'est pas nécessaire que la violence ait été pratiquée par la personne avec laquelle on contracte (art. 1111, C. civ.).

Il en est autrement du dol, qui ne permet la nullité que si les manœuvres frauduleuses sont pratiquées *par l'une des parties* (art. 1116, C. civ.) ; le dol qui est l'œuvre d'un tiers, n'ouvre qu'une action en dommages-intérêts contre ce dernier (art. 1382).

Est-il facile de trouver des cas d'application de dol pratiqué par l'une des parties sur l'autre, en matière d'assurances ?

L'assureur se rendra très rarement coupable de faits de ce genre ; il faut supposer que l'agent de la Compagnie ait trompé seulement l'assuré sur la solvabilité de celle-ci. La Compagnie elle-même peut déguiser la

13

vérité dans ses prospectus, soit en exagérant le chiffre de son capital, soit en indiquant inexactement son mode de constitution.

Encore l'assuré sera-t-il obligé, pour obtenir la nullité de son contrat, de prouver (art. 1116, § 2), que sans les manœuvres pratiquées (art. 1116, § 1), il n'eût pas contracté ; par exemple une Compagnie anonyme s'est présentée comme constituée sous la forme de Société en nom collectif, et a indiqué des associés dont la fortune a paru à l'associé suffisante pour le déterminer à signer la police.

Le dol se rencontre beaucoup plus souvent du côté de l'assuré ; nous avons déjà étudié l'hypothèse où il provoque un contrat qui n'a pas d'objet. A part ce cas, l'assuré peut tromper la Compagnie sur les divers faits qu'elle tient à connaître avant de contracter l'assurance. Souvent ces manœuvres déterminent la Compagnie ; d'autres fois elles la décident simplement à se contenter d'une prime plus faible que si elle avait connu le véritable état des choses. Au premier cas, elle pourra, sans difficulté, demander la nullité ; au second le droit commun ne lui accorderait que des dommages-intérêts, lesquels pourraient être fixés par le juge à une somme représentant la différence des primes. En pratique, les polices stipulent que l'assuré qui ne se conforme pas, soit aux prescriptions de la loi, soit à celles de la police, encourt les déchéances. Outre l'avantage qu'elle présente d'éviter des difficultés sur le point de savoir si l'assuré a agi par dol ou par ignorance, cette solution permet à la Compagnie de faire annuler le contrat. Il en est ainsi par exemple, si l'assuré commet une réticence, — c'est-à-dire omet une des déclarations exigées par la police, — ou fait une déclaration inexacte. On n'a pas non plus à s'enquérir si cette faute a causé un dommage à l'assureur : il suffit qu'il y ait contravention à la convention, pour que la sanction prévue trouve son application.

C'est ce qu'on appelle la déchéance. Ce mot désigne donc ici une nullité conventionnelle ; ailleurs, comme nous le verrons, il indique une résolution, notamment quand l'assuré n'a pas satisfait aux obligations qui lui sont imposées pendant le contrat : ces dernières ne peuvent en aucun cas donner lieu à nullité puisqu'aucune des conditions nécessaires à la formation ou à la validité de la convention n'a fait défaut.

La déchéance est donc, pour la définir immédiatement, la cessation en vertu de la police, du contrat d'assurance, par suite de l'inexécution des obligations de l'une des parties. On peut ajouter qu'elle n'est encourue jamais que par l'assuré, contre laquelle elle est dirigée.

C'est, en d'autres termes, soit une annulation soit une une résolution conventionnelle. Le dol de l'assuré commis au moment du contrat est une cause de déchéance ; la non-déclaration des risques en est une autre ; mais ces déclarations sont toutes différentes, la première

une nullité, la seconde une résolution. Les développements ultérieurs montrent qu'il y a intérêt, notamment
au point de vue de la prescription, à distinguer entre
ces deux formes de la déchéance, quoiqu'on ne le fasse
pas généralement. Nous verrons même qu'elle n'est pas
toujours rétroactive, et rentre souvent dans la cessation.

3° *Nature de la nullité pour incapacité ou vice du con-*
sentement. — La nullité pour incapacité ou vice du
consentement est relative ; l'incapable ou la personne
qui n'a pas librement consenti, peut seule faire prononcer la nullité (art. 1125).

Elle peut également, en ratifiant le contrat, s'interdire
à l'avenir toute action de ce genre (art. 1338, C. civ.).
Cette ratification peut être faite, si l'incapable n'est pas
devenu capable, dans les formes où le contrat aurait dû
être passé pour être valable.

Enfin la prescription de dix ans (art. 1304), à partir
du jour où le vice a cessé ou du jour où l'incapacité a
disparu, constitue une ratification tacite.

Tels sont les principaux caractères de l'action en nullité. Quant à ses effets, ils sont les mêmes que ceux de
l'action étudiée dans le paragraphe précédent : le contrat est rétroactivement anéanti, et les parties sont respectivement placées dans la même situation que si elles
n'étaient jamais entrées en relations ensemble. La nullité, une fois prononcée, produit donc ses effets contre
les deux parties.

Elle peut, en outre, donner lieu à des dommages-intérêts au profit de l'une d'elles. En pratique même, les dommages-intérêts sont fixés par la police, pour le cas de déchéance de l'assuré : il est formellement stipulé que la Compagnie ne rendra pas les primes qu'elle aura perçues.

On pourrait même soutenir comme on l'a fait pour la nullité absolue, que la retenue des primes est de droit et est autorisée même en l'absence de clause : l'annulation du contrat, dirait-on, n'empêche pas, qu'en fait, l'assureur a été garant des risques jusqu'au jugement qui a refusé de reconnaître la validité du contrat ; elle peut donc garder les primes, qui ne sont que la rémunération de ces risques. Cette opinion aurait pour conséquence de permettre à la Compagnie de garder les primes, même au cas où l'annulation serait prononcée contre elle.

La doctrine contraire nous paraît préférable : la loi ne met qu'une restriction à l'effet rétroactif de la nullité. Il est d'ailleurs inexact de prétendre que l'assuré ait eu les risques de la chose, même en fait. Si l'on suppose, en effet, que le sinistre se soit produit avant le jugement qui prononce la nullité ou même avant que l'action en nullité soit intentée, l'annulation postérieure enlèvera tout droit à l'indemnité et permettra même à l'assureur de répéter l'indemnité qu'il aura acquittée.

Il faut remarquer que la nullité du contrat ne portera aucune atteinte aux autres contrats contenus dans la même police. On sait qu'une seule police contient sou-

vent plusieurs assurances, par exemple de choses soumises à des risques différents, et pour lesquelles sont
également fixées des primes et des indemnités différentes : à moins d'une intention contraire, que les tribunaux sont chargés de rechercher (1), il faudra alors décider que les diverses conventions sont séparées et ne
dépendent pas essentiellement l'une de l'autre ; la disparition de l'une ne nuit aucunement à l'autre (2).

Cette opinion ne serait pas contestable, si les polices
ne décidaient pas que la déchéance encourue par l'assuré, — nous avons vu que souvent cette déchéance rentre dans la nullité, — le prive « de tout droit à l'indemnité », ne lui donne droit « à aucune indemnité ».

Aussi quelques tribunaux, en se plaçant en face de
clauses de ce genre, ont-ils décidé que la nullité conventionnelle prononcée contre l'assuré qui n'a pas rempli ses obligations, ou la résolution qu'il encourt dans
les mêmes circonstances, est indivisible : le droit à l'indemnité disparaît même pour les objets soumis à un
risque différent (3).

Les clauses que nous avons rappelées ne sont pas
assez formelles pour justifier une telle solution : le
Droit commun, nous l'avons montré, commande de
n'admettre que l'annulation du contrat entaché de l'un

(1) Cass., 28 janvier 1873. S. 73. 1. 68.
(2) Amiens, 30 janvier 1861, *Jurisprudence générale des Assurances.*
II. 241. — Douai, 18 mars 1877. S. 77. 2. 242. — Douai, 15 mai 1887.
S. 83. 2. 220.
(3) Voy. notamment Dijon, 21 décembre 1875. *Journal des Assurances,*
1876, p. 220.

des vices susceptibles d'en entraîner la nullité ; la police peut certainement aller plus loin ; mais encore faut-il qu'elle s'en explique formellement. Or en supprimant l'indemnité, elle n'a peut-être en vue que celle qui a été promise pour le contrat vicié. L'annulation d'un contrat sérieux, comme punition de la fraude commise dans un autre contrat, est assez singulière pour exiger une convention certaine.

Il ne faut d'ailleurs pas considérer, quoiqu'on dise généralement le contraire, comme étant en désaccord avec la doctrine que nous avons admise, les arrêts qui, dans l'hypothèse où des objets soumis à un même risque, ont été répartis, au point de vue des primes et des indemnités, en plusieurs catégories, considèrent la déchéance comme indivisible (1). Cette solution est pleinement exacte : les objets étant soumis au même risque, ne font, en réalité, partie que d'un seul contrat : certes, ils ont été séparés au point de vue de la fixation de la prime et de l'indemnité ; mais quelle en est la raison ? C'est que certains de ces objets brûlent plus vite que d'autres, ou sont plus précieux ; on sait que ce tarif des primes varie à l'infini. Les parties n'ont donc pas réuni dans la police plusieurs conventions distinctes. Il en est bien différemment du cas où les objets ne sont pas soumis au même risque ; c'est ici seulement que la convention n'est pas unique.

---

(1) Toulouse, 3 décembre 1877. *Journal des Assurances*, 1878, p. 84. — Nancy, 16 décembre 1876. *Journal des Assurances*, 1877, p. 125.

En somme la nullité est divisible, c'est-à-dire ne s'attaque qu'au contrat qui manque de l'un des éléments qui lui sont nécessaires ; les contrats voisins restent intacts.

Notre solution s'étend, avec le raisonnement qui nous y a conduit, à la nullité qui a fait l'objet du paragraphe précédent.

Nous n'aurons pas davantage à étudier l'indivisibilité de la cessation du contrat, et celle de la résolution, dans lesquelles rentrent plusieurs des espèces de la déchéance ; la décision doit être partout la même.

Section II. — De la résolution du contrat d'assurance.

Aux termes de l'article 1184 du Code civil. « La condition résolutoire est toujours sous-entendue dans les contrats synallagmatiques, pour le cas où l'une des deux parties ne satisfera pas à son engagement ».

La résolution peut donc, en théorie, être prononcée soit contre l'assureur soit contre l'assuré.

En fait, elle n'existe jamais contre l'assureur. La seule obligation de ce dernier est, nous l'avons vu, de payer l'indemnité. Or, s'il ne satisfait pas à cette obligation, quelle sera pour l'assuré l'utilité d'une action en résolution ? Il y gagnera de recouvrir ses primes ; mais elles sont, en tout, inférieures à l'indemnité ; il a donc avantage à poursuivre le payement de l'indemnité, à laquelle viendront s'ajouter les intérêts de retard, et même dans les circonstances exceptionnelles où la jurisprudence l'admet, des dommages-intérêts.

La résolution n'a donc besoin d'être étudiée qu'en tant que l'assuré s'y expose en ne remplissant pas ses obligations. La convention la règle généralement, quoique le texte de l'article 1184 nous ait appris que cela n'est nullement nécessaire ; aussi n'est-ce pas uniquement pour rappeler les principes que la police s'occupe de la résolution, mais surtout pour les modifier.

La résolution prononcée contre l'assuré qui ne remplit pas ses obligations est qualifiée par les polices elles-mêmes de déchéance ; c'est également le nom qu'on lui donne en pratique. Il semblerait donc, et après ce que nous venons de dire, que l'étude de la résolution se confondit avec celle de la déchéance.

Ce serait une double erreur.

D'abord la résolution n'existe pas seulement dans les cas où l'une des parties ne remplit pas son obligation. On peut stipuler toute espèce de condition résolutoire, c'est-à-dire révoquer rétroactivement le contrat pour le cas où tel événement se produira. Cette condition résolutoire, qui peut être insérée dans tout contrat mais ne fait partie intégrante d'aucun d'eux, présente par là-même quelque chose d'accidentel qui nous dispense de l'étudier ici. On peut stipuler, par exemple, que le contrat sera résolu si une guerre survient ou si l'assuré arrive à acquérir une situation de fortune dé-

terminée. La résolution ainsi entendue ne se distingue
pas moins par ses effets que par les événements qui la
produisent, de celle qui doit faire l'objet de cette section : elle opère de plein droit, en exécution de la volonté des parties ; elle peut être invoquée par les deux
contractants, parcequ'elle ne constitue pas une peine
dirigée contre l'un d'eux : enfin le juge ne peut accorder
de délais de grâce.

Un second motif pour ne pas confondre comme on le
fait généralement la déchéance avec la résolution, c'est
que si la première comporte comme on vient de le voir
une signification moins étendue, elle comprend aussi,
en revanche, des hypothèses qui ne peuvent pas être
qualifiées de résolution puisqu'elle embrasse les cas
d'annulation.

On verra également dans la section suivante, que certaines déchéances n'anéantissent le contrat que pour
l'avenir, et constituent, par suite, des causes de cessation. Il est donc essentiel de connaître que la déchéance
en matière d'assurance, désigne juridiquement trois
événements distincts.

Les observations faites, et notre rôle réduit à l'étude
de la résolution dirigée contre l'assuré, il nous reste trois
points à étudier :

Les causes qui donnent lieu à la déchéance ;

La manière dont elle opère ; — enfin ses effets.

§ 1. — *Des causes de déchéance.*

Les causes de résolution ne dépendent pas de la convention, la loi les indique d'un seul mot en décidant
que la résolution peut être prononcée contre toute personne qui ne remplit pas ses obligations.

Il est cependant intéressant de savoir dans quels cas
la déchéance remplace la résolution — dont elle n'est
d'ailleurs ici qu'une variété — puisque nous la verrons
produire des effets différents.

Or pour répondre à cette question, il faut se reporter
à la police : elle seule détermine les circonstances dans
lesquelles l'assuré, qui ne remplit pas ses obligations
pendant la durée du contrat, éprouve une déchéance.

On a donc tort de prétendre (1) qu'il y ait deux sortes
de déchéances : celles qui sont prévues par la police et
celles qui sont prononcées par la loi. La loi ne prononce
aucune espèce de déchéance. On a bien cité le cas d'un
incendie criminellement allumé par l'assuré. Il est incontestable que ce fait écarte tout droit à l'indemnité ;
mais c'est par application d'une idée toute différente,
celle qui refuse au créancier de se prévaloir de sa
créance lorsque l'exigibilité en était subordonnée à un
événement dont il a hâté l'accomplissement... L'assuré
perd l'indemnité, mais le contrat, — qui a d'ailleurs

---

(1) De Lalande et Couturier. *Traité du contrat d'assurance contre l'incendie*, n° 798.

cessé, nous le verrons, — n'est pas anéanti rétroactivement.

Il ne peut donc y avoir résolution du contrat d'assurance, que si l'assuré manque d'exécuter l'une des obligations qu'il s'est engagé à remplir pendant la durée du
contrat.

En pratique, cette déchéance est stipulée à peu près
pour toutes ces obligations, dont elle forme ainsi la
sanction. Il suffit donc, pour connaître les cas de déchéance, de passer en revue les obligations de l'assuré.

Elles se réduisent à deux, avons-nous dit, jusqu'au
moment du sinistre : le payement de la prime et un
certain nombre de déclarations ; d'autres doivent être
exécutées pendant et après le sinistre.

1° *Payement de la prime.* — On sait qu'aux termes
des polices, les primes doivent être payées d'avance,
par conséquent dès le début de l'année à laquelle elles
s'appliquent. Cette clause est incontestablement valable,
ainsi que la sanction de la déchéance, que les Compagnies ne manquent jamais d'y ajouter (1).

Toutefois, par mesure d'équité, nous avons vu que
les polices accordent à l'assuré un délai de grâce de
quinze jours : ce délai constitue en réalité une proro-
gation de terme ; si donc un sinistre se produit après
l'échéance fixée , mais avant le délai de quinzaine,
l'assuré a droit à l'indemnité. Le terme de grâce ac-

(1) Cass., 15 novembre 1852. S. 52. 1. 737. — Cass., 11 juin 1855. S.
56. 1. 42. — Cass., 27 juin 1855. S. 56. 1. 264. — Cass., 1er décembre
1881. S. 81. 1. 252.

cordé par la police diffère, en effet, de celui que les
juges peuvent accorder, en général, avant de prononcer
la résolution. Cette dernière faveur accordée à l'assuré
ne donne pas droit à l'indemnité en cas de sinistre (1),
car il ne modifie pas la situation accordée au débiteur,
et ne peut tenir lieu d'un payement ; ce terme de grâce
stipulé dans la police n'est, en réalité, qu'un terme de
droit, c'est-à-dire un délai conventionnel de payement ;
il fait donc, à la différence du terme accordé par le juge
(art. 1192, C. civ.), obstacle à la compensation ; et de
même il permet de réclamer l'indemnité.

Ainsi l'assuré peut, pour éviter la déchéance, payer la
prime dans la quinzaine qui suit le début de chaque année. Il la payera soit chez lui, soit au siège de la Compagnie, soit au domicile d'un agent désigné suivant les
conventions des parties. Mais il est clair que dans ces
deux derniers cas, — où la prime est portable, — il
n'évitera la déchéance qu'en apportant ou en envoyant
le montant de sa dette. Dans le second, au contraire, la
prime étant quérable, il n'est tenu que de l'acquitter à
l'agent qui vient la recouvrer à domicile, et ne subit
aucune déchéance si, au moment du sinistre, par suite
d'un retard de cet agent, il ne l'a pas encore payée.

Aussi est-il très important de savoir si la prime est
quérable ou portable.

Nous avons, après avoir rappelé l'article 1247 du Code

_____

(1) Trib. Rouen, 26 mars 1874. *Jurisprudence générale des Assurances,*
III. 185.

civil, indiqué qu'en général la police rend les primes portables ; mais nous avons ajouté que dans la pratique, la Compagnie les fait toucher à domicile.

Cet usage qui est suivi par toutes les Compagnies rend-il les primes quérables ? On conçoit tout l'intérêt de la question, qui, suivant qu'elle sera résolue négativement ou affirmativement, permettra ou interdira à l'assureur de se prévaloir de la déchéance.

La jurisprudence décide que la prime devient quérable, et nous n'hésitons pas à adopter cette opinion bien qu'elle soit fortement combattue en doctrine.

Au point de vue de l'équité, elle ne donne prise à aucune objection si la Compagnie déroge aux conditions du contrat, en faisant toucher la prime au domicile de l'assuré ; ce n'est pas seulement dans l'intérêt de l'assuré, c'est encore et surtout dans le sien propre ; il n'est donc pas injuste qu'elle supporte les conséquences d'un usage introduit pour sa commodité.

Quant à l'assuré, il s'est habitué à recevoir la visite d'un agent entre les mains duquel il paye la prime ; il ne s'inquiète donc pas de l'époque de l'échéance que la Compagnie s'est chargée de lui rappeler, il y aurait une iniquité flagrante à lui opposer les conséquences d'une faute de la Compagnie. Cette dernière a commis, en effet, une véritable faute en ne faisant pas toucher la prime par son agent ; les traditions qu'elle suivait, devaient être continuées ; l'assuré ne doit pas souffrir de leur interruption.

Tout le raisonnement juridique des assureurs s'appuie sur la dérogation que le contrat a fait subir à l'article 1247 du Code civil ; il a été formellement stipulé, disent-ils, que la prime serait payée, à peine de déchéance, au domicile de l'agent. L'assuré a donc admis qu'en aucun cas, il ne serait excusable d'acquitter les primes au lieu indiqué ; et, par suite, s'il oppose à la déchéance l'objection dont nous parlons, on lui répondra par son propre engagement.

Ce raisonnement n'est pas décisif : si la stipulation de la police engage l'assuré, la possibilité d'une convention contraire est certaine. Or cette convention ne se trouve-t-elle pas implicitement proposée par la Compagnie et acceptée par l'assuré lorsqu'un agent vient toucher la prime à domicile ?

Il ne peut y avoir tolérance de la part de la Compagnie à faire retour au droit commun et ceci d'autant plus que l'assuré, de son côté, n'a pas considéré comme tel l'acte de l'agent.

A plus forte raison rejetons-nous un argument qu'on a pu tirer de l'article 2232 du Code civil, aux termes duquel les actes de simple tolérance ne peuvent fonder ni possession ni prescription. Deux motifs rendent cette disposition inapplicable dans l'espèce : il ne s'agit ici ni de possession ni de prescription ; nous venons en outre de démontrer que la Compagnie, en faisant toucher les primes au domicile de l'assuré, ne se borne pas à un simple acte de tolérance.

Toutefois nous n'irons pas plus loin et nous accorderons plein effet à la clause, aujourd'hui usitée, par laquelle l'assuré s'engage à ne pas se prévaloir de l'usage suivi par la Compagnie. Les conventions doivent, en effet, s'exécuter toutes les fois qu'elles ne sont pas contraires à l'ordre public ; or les parties, qui peuvent édicter la déchéance, ne peuvent se voir refuser le droit d'en fixer les conditions.

Le contraire, a, il est vrai, été jugé (1), mais sans motifs sérieux, on s'est contenté d'invoquer la bonne foi qui est la condition même de toutes les conventions ; mais il est clair que la bonne foi commande avant tout de respecter son engagement.

En vain ajoute-t-on que la clause en question ne doit pas être prise dans son sens absolu ; il ne peut y avoir lieu à interprétation, que si la signification d'une convention est douteuse.

Quoi qu'il en soit, les décisions adoptées par la Cour de cassation font naître une question importante : quelles sont les démarches qu'il faut considérer comme suffisantes pour transformer le payement des primes et les rendre quérables?

On comprend que sur ce point aucune solution absolue ne peut être donnée; les tribunaux jouissent d'un pouvoir discrétionnaire. Il est bon, cependant, qu'ils le dirigent dans un sens favorable aux Compagnies ; il

(1) Paris, 18 juin 1868. S. 69. 2. 107. — Voy. cep. Paris, 2 août 1883. S. 84. 2. 10.

ne faut pas oublier, en effet, qu'il s'agit de la renonciation à un droit et que les renonciations ne se présument
pas (1). La preuve de la modification incombe à l'assuré, puisqu'il invoque une dérogation au contrat ; nous
indiquerons au chapitre de la preuve, quels moyens il
peut employer.

Il convient de remarquer que la Compagnie qui, par
suite du changement apporté au mode de payement, ne
peut invoquer la déchéance, ne reste pas absolument
sans ressources ; l'article 1184 lui permet de faire résoudre le contrat ; mais on sait déjà et on verra plus
amplement que le droit commun est pour elle beaucoup moins avantageux que la faculté de se prévaloir de
la déchéance ; elle est tenue de justifier de ses démarches, — il est vrai que la jurisprudence a singulièrement atténué, en cette circonstance, le jeu apparent
des principes, — et de s'adresser au tribunal qui n'est
pas obligé de prononcer la résolution.

2° *Déclarations*. — Nous savons que les polices manquent rarement de stipuler la déchéance contre l'assuré
qui ne fera pas dans le délai indiqué, les déclarations
qu'elles exigent. Ce délai est souvent reporté au jour
même du sinistre pour certaines d'entre elles, notamment les réassurances.

3° *Obligations pendant et après le sinistre*. — Nous
avons distingué les obligations imposées à l'assuré dans
le cours de l'assurance de celles qui lui sont imposées

_____

(1) Arg. art. 784, 2221, C. civ.

pendant le sinistre. Il faut cependant remarquer que
ces dernières rentrent, en réalité, dans les premières,
et il faut dire de même des obligations que doit remplir
l'assuré après le sinistre. Si nous en avons fait, en les
étudiant en détail, des catégories à part, c'est qu'elles
présentent des caractères spéciaux. Mais nous verrons,
en nous occupant de la fin du contrat, que la police n'a
pas cessé de produire ses effets lors du sinistre.

Aussi la déchéance, ne fût-elle stipulée que pour l'i-
nexécution *des obligations qui sont à la charge de l'assuré, jusqu'à la fin du contrat,* s'applique sans contredit à celles dont nous parlons.

Nous croyons donc que la Compagnie peut refuser
de payer l'indemnité promise à l'assuré qui ne donne
pas l'alarme aussitôt qu'il a connaissance de l'incendie,
ou qui ne fait pas devant le juge de paix ou le maire la
déclaration prescrite.

Nous avons même vu que, dans le cas où la déchéance
n'a pas été stipulée, la Compagnie peut également, sous
certaines conditions, se faire autoriser, à titre de dommages-intérêts, à ne pas payer l'indemnité.

§ 2. — *De la manière dont opère la déchéance.*

La condition résolutoire opère, en général, de plein
droit, c'est-à-dire sans qu'aucune action en justice soit
nécessaire.

Ce principe comporte une très importante exception,

relative à la condition résolutoire que l'article 1184 sous-entend dans tous les contrats synallagmatiques. « Dans ce cas, dit l'article 1184, le contrat n'est point résolu de plein droit ».

On favorise le créancier en lui permettant de ne pas se prévaloir de la condition résolutoire qui, si elle opérait de plein droit, lui serait opposable aussi bien qu'au débiteur : celui-ci en n'exécutant pas ses engagements arriverait ainsi à rompre un contrat qui, peut-être, est onéreux pour lui et dont il se repent.

Le débiteur, de son côté, a intérêt à ce que la résolution n'opère pas de plein droit, lorsque la convention est avantageuse pour lui : il peut, tout en étant de très bonne foi, ne pas se trouver en mesure d'acquitter son obligation, il est juste alors qu'un délai lui soit accordé ; ce délai résulte implicitement de la nécessité où se trouve le créancier de faire prononcer la résolution par le juge : une demande en justice a prévenu le débiteur du danger où il se trouvait, et il a pu, jusqu'à la fin de l'instance, recueillir les ressources nécessaires pour s'acquitter. En outre le juge peut lui accorder un nouveau délai dont il détermine la durée (art. 1134 § 3).

Tout le monde sait que c'est le créancier qui fait la loi dans les contrats : aussi les prohibitions de cette dernière n'atteignent-elles leur but que si la loi y attache le caractère d'ordre public. Dans le cas contraire, ces dispositions sont souvent réduites en pratique à l'état de lettre morte ; citons, comme exemple, les fréquentes

exceptions que subit en pratique l'article 1154 du
Code civil prohibant l'anatocisme (1).

L'article 1184 est un de ceux auxquels déroge souvent la convention des parties : le créancier prend, en
général, dans cet article ce qu'il contient d'avantageux
pour lui, et oblige le débiteur à abandonner tout ce qui
est édicté dans son intérêt. Cette convention est, sans
aucun doute, valable. L'article 1184 l'indique implicitement lui-même en disant que la condition résolutoire
est sous-entendue dans les contrats synallagmatiques :
une convention expresse peut évidemment détruire une
convention tacite.

C'est notamment ce qui arrive en matière d'assurance. Nous avons dit que la condition résolutoire pour
inexécution des conditions opère de manière à concilier les intérêts du créancier et ceux du débiteur : en
pratique, ce dernier est complètement sacrifié.

1° Le créancier se réserve le droit de ne pas se prévaloir de la déchéance ; en ce sens, la déchéance ne diffère
pas de la résolution prévue par l'article 1184 du Code
civil.

En général, l'assureur préférera cette solution tant
que le sinistre ne se sera pas produit : il aura intérêt à
recueillir les primes, — créance certaine, — puisque
sa dette, qui consiste à payer l'indemnité, n'est de son
côté qu'éventuelle.

(1) On sait que la jurisprudence considère l'article 1154 comme une disposition basée sur la volonté présumée des parties, et à laquelle la convention peut déroger.

Si, au contraire, un sinistre s'est produit, l'assureur ne manquera pas d'invoquer la déchéance et l'assuré, qui aura acquitté les primes, n'acquerra pas l'indemnité. Cela est d'autant plus fâcheux, que cette déchéance est stipulée même pour le cas où l'inexécution de l'obligation de l'assuré n'aura causé aucun préjudice à l'assureur, — et qu'en outre le juge ne jouit, comme nous allons le voir, d'aucun pouvoir d'appréciation.

Le choix de la Compagnie reste en suspens : elle ne se hâte pas de faire connaître la décision qu'elle veut prendre. Aussi l'assuré a-t-il intérêt à provoquer cette décision, et, quoi qu'il ne soit pas d'usage d'interroger directement l'assureur, certains événements sont de nature à faire présumer de la part de celui-ci l'intention de ne pas se prévaloir de la déchéance et de continuer le contrat.

Cette volonté constitue une renonciation ; il faudra donc que l'assuré qui l'invoque, puisse citer les faits supposant nécessairement une telle volonté de la part de l'assureur.

Le fait le plus fréquent, et aussi celui qui manifestera le plus formellement l'intention de la Compagnie, sera la réception des primes : si l'on suppose que l'assuré ait été frappé de déchéance pour défaut de payement d'une prime, et que cette même prime soit ensuite acquittée entre les mains de l'agent de la Compagnie, celle-ci ne peut, en cas de sinistre, refuser de payer l'indemnité : elle avait en effet le choix entre les deux ressources que

lui accorde la loi : exiger le payement, se prévaloir de
la résolution du contrat. En s'en tenant à la première,
elle répudie nécessairement la seconde.

Le payement des primes est également une preuve
certaine de la renonciation, lorsque la déchéance provient de l'inexécution des autres obligations de l'assuré, et notamment de l'omission des déclarations exigées par la police. Ici, cependant, il convient de faire
une importante réserve : la Compagnie peut accepter les
primes sans connaître l'existence des faits sujets à déclaration ; on ne peut évidemment, dans une telle circonstance, prétendre qu'elle a renoncé à la déchéance ; car
on ne peut renoncer à un droit sans le connaître ; aussi
l'assuré doit-il prouver que la Compagnie a eu connaissance de l'événement ; la réception des primes sera
alors considérée comme une manifestation de la volonté
de ne pas s'en prévaloir.

La renonciation peut se produire, expressément ou
tacitement, même après le sinistre ; ainsi la Compagnie
qui, connaissant le motif de la déchéance, a consenti à
une expertise, ne peut plus se refuser à payer l'indemnité. Il ne suffirait donc pas qu'elle eût accepté l'expertise sans faire aucune réserve ; le silence qu'elle a gardé
ne peut être invoqué qu'en raison des faits qu'elle a connus (1).

2° Nous avons dit, en second lieu, que la police sup-

(1) Rouen, 2 juillet 1839. *Jurisprudence générale des Assurances*, II, 337. —
Voy. cep. Colmar, 3 février 1863, *eod. op.*, II, 263.

prime, en général, ceux des caractères de la condition résolutoire qui sont favorables au débiteur.

On voit donc disparaître à la fois la nécessité, pour le créancier, de s'adresser au juge pour faire prononcer la résolution, et le droit du débiteur d'obtenir un délai du juge.

Ce dernier point ne donne lieu à aucune difficulté ; la déchéance atteignant le débiteur de plein droit, le juge reviendrait sur les effets déjà produits par la convention en accordant un délai ; il ne peut donc se baser ni sur l'équité, ni même sur l'usage généralement suivi par la Compagnie ou par les autres assureurs, pour suspendre les effets de la déchéance (1).

Quant à la dispense, pour le créancier, de s'adresser au juge, elle constitue une grande économie de temps, en lui évitant les lenteurs de la procédure. C'est l'un des intérêts les plus considérables qu'offre la distinction entre la déchéance et la simple résolution ; et il se rencontre au plus haut point dans la question de la portabilité et de la quérabilité des primes.

Nous avons vu que le défaut de payement à l'échéance des primes portables entraîne immédiatement la déchéance ; et qu'il en est autrement des primes quérables, qui ne donnent lieu qu'à une simple action en résolution.

La jurisprudence a augmenté encore l'intérêt de la question, en considérant comme quérables les primes

(1) Cass., 2 août 1875. *Journal des Assurances*, 1875, p. 419.

stipulées portables, que la Compagnie a pris l'habitude
de faire recouvrer au domicile de l'assuré.

Une demande judiciaire n'est pourtant pas dans ce
dernier cas nécessaire.

Il est en effet permis aux parties, qui peuvent aller
jusqu'à stipuler la déchéance de plein droit, de décider
qu'elle aura lieu sans qu'une demande soit exigée de la
part du créancier, et après une simple sommation ou
mise en demeure.

Or la convention portait que la déchéance aurait lieu
de plein droit, plus tard l'assureur a accompli un acte
qui supposait nécessairement chez lui l'intention de ne
pas se prévaloir de cette déchéance ; cette renonciation
doit être interprétée dans le sens le moins préjudiciable
à son auteur : il suffit donc que l'assuré soit en faute de
n'avoir pas accompli son obligation, pour être passible de la résolution : une sommation extra-judiciaire
produit pleinement cet effet. Nous allons même plus
loin, et nous admettrons qu'un avis énergiquement
donné à l'assuré et auquel il ne s'est pas conformé,
suffit pour entraîner sa déchéance, qui doit en résulter
immédiatement.

La jurisprudence est assez divisée sur ce point : pour
la Cour de cassation la mise en demeure doit résulter
d'un des actes indiqués par l'article 1139 du Code civil,
c'est-à-dire d'une sommation ou d'un autre acte équivalent (1). Les cours d'appel se contentent souvent de la

(1) Cass., 26 avril 1876. S. 77. 1. 30. — Cass., 14 novembre 1876.

présentation de la quittance au domicile de l'assuré (1),
d'une lettre missive (2), de la lettre de conciliation
donnée par le greffier de la justice de paix (3), d'une
lettre chargée (4).

L'opinion qui se contente d'un avis énergique nous
paraît la plus exacte, elle n'est pas seulement, comme
on le dit généralement, inspirée par le désir de tempérer
la rigueur que présente pour les Compagnies la doctrine
de la jurisprudence sur la portabilité des primes ; elle
dérive aussi d'une exacte application des principes.

Nous n'avons sur ce point qu'à répéter le raisonnement que nous venons de faire : l'usage suivi par la
Compagnie est une renonciation au droit que lui confère
le contrat, et la portée de cette renonciation ne doit pas
être exagérée. L'assuré une fois prévenu, cette dérogation n'a plus de raison d'être : il ne se repose plus
dorénavant sur une confiance trompeuse et ne peut s'en
prendre qu'à lui-même s'il n'a pas acquitté les primes.

§ III. — *Des effets de la déchéance.*

Les effets de la déchéance seraient, si les parties ne
s'expliquaient pas à cet égard, ceux de la résolution :

S. 76. 1. 466. — Cass., 2 juillet 1883. *Journal des Assurances*, 1884.
   (1) Nîmes, 22 juillet 1851. *Jurisprudence générale des Assurances*, II.
123. — *Contrà* Amiens, 23 mars 1876. S. 77. 2. 13.
   (2) Trib. Salins, 9 mars 1856, *eod. op.*, III, 14.
   (3) Trib. Bordeaux, 31 janvier 1865, *eod op.*, III, 129.
   (4) Trib. Seine, 4 décembre 1875, *eod. op.*, III, 207. — Paris, 14 juillet 1882. D. 83. 27.

l'assureur, même l'assuré seraient remis au même état que si l'assurance n'avait pas eu lieu.

Cette solution ne satisferait pas l'assureur ; car elle l'obligerait à restituer les primes perçues jusqu'au moment de la résolution. Un tel résultat serait contraire à l'équité ; la Compagnie a, en effet, supporté les risques jusqu'à la déchéance ; tant que l'assuré a satisfait aux obligations qui lui étaient imposées par le contrat, il a eu droit à l'indemnité ; et si aucun sinistre ne s'est produit, il n'en est pas moins vrai que la Compagnie en garantissait l'éventualité.

Aussi les polices permettent-elles à l'assureur de retenir toutes les primes perçues jusqu'au moment de la déchéance et même de poursuivre le recouvrement de celles qui dues à ce moment, n'auraient pas encore été acquittées. Cette clause doit évidemment s'exécuter, mais il ne nous semble pas qu'elle doive nécessairement s'induire de l'article 1184 ; les parties étant placées dans la même situation que si le contrat n'avait jamais été fait, une stipulation est nécessaire pour permettre la retenue des primes acquittées.

A plus forte raison n'admettrons-nous pas, malgré des controverses, la Compagnie à demander les primes qui viendront à échoir jusqu'à la fin normale du contrat(1). Il est clair que cette solution consiste à maintenir un contrat résolu, ce qui ne peut s'admettre. En vain dit-on que

(1) *Contrà*, De Lalande et Couturier, *Traité du contrat contre l'Incendie*, n° 819.

l'assuré ne peut, en négligeant d'accomplir ses obligations, priver la Compagnie du bénéfice sur lequel elle a
compté en contractant; ce raisonnement pourrait être
également mis en avant pour la résolution de toute espèce de contrat, et permettrait, notamment, de prétendre
que le preneur, qui, par sa faute, a donné lieu à la résolution du bail, doit continuer à payer les loyers pendant
la durée primitivement convenue.

Il est d'ailleurs inexact de soutenir que la faute de
l'assuré nuise, dans l'espèce, à l'assureur. Celui-ci
trouve une ressource suffisante dans le droit commun ;
l'article 1184 lui permet en effet de demander des dommages-intérêts.

On peut d'ailleurs convenir que les primes postérieures resteront dues : les parties ont le droit de fixer
d'avance le montant des dommages-intérêts, et la clause
pénale ne peut, en aucun cas, être réduite par le juge
(art. 1152, C. civ.).

En somme, à moins d'une modification conventionnelle d'ailleurs fréquente, la déchéance permet à l'assuré
de répéter les primes déjà acquittées et de refuser le
payement des autres. Quant à l'étendue de la déchéance,
elle a été étudiée avec les effets de la nullité.

A la conséquence que nous avons indiquée, les polices
en ajoutent souvent une autre : elles portent qu'au cas
où l'assuré n'acquittera pas la prime dans le délai fixé,
le contrat sera suspendu jusqu'au lendemain du jour
où cette prime sera payée, à midi. C'est toujours ac-

cessoirement à la déchéance que cette clause est insérée au contrat.

Il paraît cependant y avoir une contradiction flagrante
entre la déchéance et la suspension ; l'une détruit le
contrat, l'autre le laisse subsister et en fait cesser simplement les effets pour un temps déterminé, et généralement très court : car on stipule que la suspension
cesse, si dans les dix-huit mois qui suivent l'échéance
de la prime, celle-ci n'est pas acquittée.

Aussi la jurisprudence a-t-elle longtemps (1) hésité à
sanctionner la clause de suspension, mais aujourd'hui
elle en reconnaît unanimement la validité, et avec beaucoup de raison (2).

La contradiction que nous avons rappelée disparaît, en
effet, si l'on se rappelle que la déchéance, quoique pro-
duisant ses effets de plein droit, ne les produit qu'au profit de la Compagnie, qui est entièrement libre d'y renoncer. Si elle y renonce, la déchéance est censée n'avoir
jamais eu lieu, et le contrat a suivi, sans interruption,
son cours normal ; un sinistre produit au moment où
l'assuré était en retard pour le payement de l'une des
primes devra donc être réparé.

C'est précisément à ce résultat que la clause de suspension a pour but de remédier ; son but est en effet de

---

(1) Voy. notamment : Paris, 29 août 1884. *Jurisprudence générale des
Assurances*, II, 62.

(2) Paris, 8 février 1877. *Jurisprudence générale des Assurances*, II, 537.
— Trib. co. Seine, 27 juillet 1880, *eod. op.*, III, 255. — Voy. surtout Cass.,
15 novembre 1852, *eod. op.*, I, 66.

permettre à la Compagnie, qui renonce à la déchéance, de ne payer aucune indemnité si le sinistre arrive pendant le temps de la suspension.

On ne voit peut-être pas encore très bien le but de la suspension; la Compagnie, dira-t-on, même sans la clause de suspension se gardera bien de renoncer à la déchéance, puisque cette renonciation mettrait une indemnité à sa charge; elle cherche donc, par cette clause, à se soustraire à un danger purement imaginaire.

On oublierait en faisant ce raisonnement que la déchéance produit ses effets aussi bien pour l'avenir que pour le passé, et que, par conséquent, — nous l'avons démontré, — aucune prime n'est due dans la suite ; or, si la Compagnie a intérêt, en cas de sinistre, à se prévaloir de la déchéance, elle n'est pas moins intéressée à maintenir un contrat qui lui procure annuellement les primes stipulées; la déchéance détruit le contrat, la suspension le maintient, tout en permettant à la Compagnie de conserver pour l'avenir les droits que lui conférait la convention. Si, en effet, l'incendie se déclare pendant le temps de la suspension, la Compagnie se prévaudra de la clause ajoutée à celle de déchéance et n'invoquera pas cette dernière ; l'indemnité ne sera pas à sa charge et cependant le contrat continuera son cours.

Ainsi il est inexact de voir, comme l'ont fait les décisions judiciaires qui ont annulé la clause de suspension, une contradiction entre cette clause et celle de déchéance, le maintien, et la rupture simultanés du contrat ;

le contrat est maintenu, tel est le principe ; seulement
il cesse momentanément de produire ses effets au profit
de l'assuré.

Section III. — De la cessation du contrat d'assurances.

L'assurance est, en général, faite pour un temps déterminé ; sans doute un propriétaire peut assurer sa
maison à une Compagnie pour un temps indéfini, de
même qu'il peut la louer à un tiers pour une durée indéterminée. Mais cette hypothèse est assez peu fréquente.
Les assurances contre l'incendie se contractent donc en
général pour un temps déterminé ; elles cessent alors de
plein droit après l'expiration du délai fixé.

Tel est le mode normal par lequel l'assurance prend
fin. Il en existe, en outre, d'anormaux ou d'extraordinaires qu'il faut soigneusement distinguer des cas de
résolution, puisque — et cela même rend inutile l'indication des effets de la cessation, — les premiers ne
réagissent aucunement sur le passé et ne produisent
leurs conséquences que dans l'avenir. Rappelons d'ailleurs que certains cas de cessation peuvent être justement qualifiés de déchéances, puisqu'ils se présentent
comme des peines édictées contre les parties.

Les modes extraordinaires de cessation peuvent se
diviser en deux catégories : les uns proviennent de l'assureur, les autres de l'assuré. Nous parlerons d'abord

des seconds qui offrent beaucoup moins de difficultés.
Avant de les étudier il convient de dire quelques mots
de la tacite reconduction.

§ 1. — *De la tacite reconduction.*

La tacite reconduction est d'un usage trop général
en matière de location pour avoir besoin d'être définie:
c'est la clause en vertu de laquelle un acte fait pour un
temps déterminé continue ses effets pour une nouvelle
période si, à la fin de l'époque fixée par le contrat, l'une
des parties ou celle d'entre elles qui est désignée n'a pas
manifesté l'intention de le faire cesser.

Les polices d'assurances stipulent souvent la tacite
reconduction, pour le cas où l'assuré ne dénoncera pas
le contrat ; cette tacite reconduction n'est d'ailleurs pas
nécessairement d'une durée égale à celle du premier contrat; elle est souvent fixée à une année. Il ne faut pas la
confondre avec une clause que nous avons mentionnée
plus haut, celle en vertu de laquelle l'assurance est indéterminée ; dans ce dernier cas aussi la volonté de l'une
des parties est nécessaire pour mettre fin au contrat, qui,
lorsque cette intention n'est pas manifestée, poursuit son
cours ; mais c'est toujours le même contrat qui lie les parties, ce n'est pas une nouvelle convention qui se forme.

Cette distinction ne manque pas d'intérêt : on sait en
effet que tout nouveau contrat est dépourvu des sûretés
que l'ancien avait eu soin de stipuler; si donc l'assureur,

comme garantie du recouvrement des primes, avait obtenu une hypothèque sur les biens de l'assuré, cette hypothèque s'éteindra de plein droit par l'expiration de la durée assignée au contrat, à moins d'une réserve formelle, y eût-il tacite reconduction. Un acte nouveau pourra, bien entendu, accorder à la Compagnie une nouvelle hypothèque ; mais celle-ci ne prendra rang qu'à sa date.

Une autre raison de distinguer entre la continuation d'un contrat d'une durée indéterminée et la tacite reconduction de l'assurance faite pour un nombre d'années fixe, c'est que cette dernière, — à moins de clause contraire, — n'a lieu qu'une seule fois, et que la police prend fin définitivement à l'expiration du temps assigné à la tacite reconduction ; une dénonciation de l'assuré est donc, à ce moment, inutile. Il en est autrement de l'assurance à durée indéterminée, qui se continue jusqu'au moment où la partie qui en a le droit, manifeste son intention de mettre fin au contrat.

Enfin la validité de l'assurance à durée indéterminée n'a jamais été contestée ; au contraire on a soutenu pendant longtemps que la tacite reconduction constituait une clause illicite.

La jurisprudence ne met plus en doute l'opinion contraire (1), dont l'exactitude n'est pas sérieusement contestable.

_____

(1) Trib. Seine, 14 janvier 1874. *Jurisprudence générale des Assurances*, III, 181.

On donne le nom de désistement à l'acte par lequel l'assuré fait connaître à la fin de la période pour laquelle l'assurance a été contractée, qu'il n'entend pas user de la tacite reconduction et désire mettre fin au contrat. Le désistement doit être fait avant l'époque de la cessation du contrat ; les polices vont encore plus loin et exigent une dénonciation encore plus ancienne et dont elles fixent exactement la date.

Aucune forme n'est requise pour le désistement, un acte extra-judiciaire n'est donc pas indispensable, il suffit que, par un moyen quelconque, l'assuré fasse connaître d'une manière certaine sa volonté à la Compagnie (1) ; il semble même que l'agent qui a rédigé la police ou l'agent le plus rapproché du lieu où se trouvent les objets assurés peut être, sur ce point comme sur tant d'autres, considéré comme le mandataire de la Compagnie.

La police détermine souvent la forme dans laquelle le désistement doit être donné ; elle exige, par exemple, une notification par acte d'huissier. L'assuré est-il tenu de se conformer à cette prescription ?

Si le contrat n'exige pas formellement le mode de désistement, nous croyons qu'il ne faut voir là qu'une simple indication à laquelle l'assuré n'est pas tenu de se conformer. Il importe peu à la Compagnie d'être,

---

(1) Voy. cep. Trib. Seine, 17 avril 1880. *Jurisprudence générale des Assurances*, III, 250.

d'une manière ou d'une autre, informée de la volonté
de l'assuré.

§ 2. — *De la cessation provenant de l'assuré.*

Ordinairement le contrat prend fin après que le sinistre est terminé, en outre les polices stipulent souvent que la faillite de l'assuré mettra fin à l'assurance ;
enfin la Compagnie se réserve le droit, quand l'assuré
aura fait les déclarations exigées par la police à la suite
de certains événements, de rompre le contrat pour l'a-
venir. Voilà donc trois faits dont l'étude s'impose, nous
en rappellerons ensuite les effets.

I. — CESSATION DE L'ASSURANCE A LA SUITE D'UN SINISTRE.

Nous avons déjà fait la remarque que l'incendie même
total de la chose, ne détruit pas immédiatement les
charges du contrat ; certaines obligations sont encore
imposées aux parties : l'assuré est tenu notamment de
déclarer l'incendie aux autorités locales et à l'assureur,
ce dernier doit payer l'indemnité.

Néanmoins le contrat a produit son effet et ne peut
plus durer : aussitôt après l'exécution des obligations
que nous venons de rappeler, rien n'en subsiste plus.

Mais avant ce moment et dès l'incendie, on peut dire
que le contrat cesse de produire ses effets ; de même l'expiration du temps fixé met fin au contrat, quoique les
obligations des parties ne soient pas encore remplies.

L'assurance ne revit pas après le remplacement du mobilier et la reconstruction de la maison ; car ce sont juridiquement aussi bien qu'en fait des objets différents. La convention contraire quoique possible ne se rencontre pas en pratique ; il est en effet impossible de déterminer avant l'existence de ces choses leur valeur et les chances d'incendie qu'elles présentent.

Pour que l'assurance cesse fatalement, il faut que le sinistre soit total ; un incendie partiel ne l'éteint pas, pourvu qu'il reste une portion appréciable de la chose assurée, les polices prévoient toujours ce dernier cas et laissent à l'assureur le choix entre deux partis : il peut, à son gré, continuer ou faire cesser le contrat ; dans ce dernier cas les primes cessent évidemment d'être exigibles pour l'avenir ; dans le premier, elles subissent une diminution dont le chiffre est fixé par les parties.

A l'incendie de la chose, il faut assimiler sa destruction produite par un événement quelconque, le cas fortuit ou même le fait de l'assuré : une inondation empêche la continuation du contrat aussi bien qu'un incendie : il est en effet désormais impossible que l'assuré touche une indemnité pour un objet qui ne peut plus être incendié ; et il est inique que la Compagnie se fasse payer une prime, alors qu'elle ne court plus aucun risque.

Si la destruction provient de la faute de l'assuré, la Compagnie ne subit aucun préjudice. Elle a le droit de

demander au tribunal des dommages-intérêts qui seront fixés d'après le gain dont elle est privée, sans cependant atteindre le montant des primes futures, puisqu'elle n'encourt plus aucune responsabilité. Ce cas est
d'ailleurs très rare ; il suppose un assuré détruisant sa
chose sans aucune utilité pour lui et dans le seul but
de nuire à la Compagnie ; cette étrange hypothèse ne va
guère sans la folie de l'assuré ; et nous savons que la
folie enlève toute responsabilité au contractant.

L'assuré, qui par sa faute, et dans un but d'utilité personnelle, détruit la chose est tenu d'indemniser la Compagnie pour le dommage que cette dernière a éprouvé,
car il a contrevenu au contrat (art. 1137).

Avant de terminer sur l'incendie de la chose, il faut
remarquer que souvent ce sinistre permet la cessation
non pas seulement de l'assurance des objets incendiés,
mais de toutes les polices conclues entre l'assureur et
l'assuré. On stipule, en effet, généralement qu'après un
sinistre même partiel, la Compagnie peut résilier toutes
les polices au nom du même assuré en lui restituant la
fraction de prime afférente au temps restant à courir
jusqu'à la fin de l'année. C'est, on le voit, une cessation
de l'assurance pour l'avenir. On comprend le motif de
cette clause, la Compagnie peut, sans en avoir la preuve,
supposer que le sinistre provient d'un crime de l'assuré ; elle craindra alors la reproduction du même
fait.

II. — FAILLITE DE L'ASSURÉ.

Aux termes de l'article 346 du Code de commerce, si l'assuré tombe en faillite, l'assureur maritime peut demander une caution ou la résiliation du contrat.

Quoi qu'il en soit, il nous paraît certain que l'article 366 du Code de commerce n'est pas de plein droit applicable à l'assurance contre l'incendie. Il contient, en effet, une disposition qui n'est en rien l'application des principes généraux.

La question ne se pose pas en pratique ; car l'article 346 du Code de commerce est généralement reproduit par les polices.

Afin de permettre à la Compagnie de se prononcer sur le parti à prendre, on stipule que l'assuré devra déclarer sa mise en faillite aussitôt qu'elle aura été prononcée ou dans un délai très court fixé par la police.

Si cette déclaration n'est pas faite, l'assuré subit une déchéance, qui présente le caractère que nous avons déjà indiqué plus d'une fois, sauf qu'elle n'est pas rétroactive, elle opère de plein droit, l'assureur seul peut s'en prévaloir; la preuve d'un préjudice causé à ce dernier n'est pas nécessaire.

Il n'en est d'ailleurs ainsi que de la faillite postérieure au commencement de l'assurance (1), celle qui serait antérieure n'emporterait pas déchéance, même

(1) Paris, 22 février 1866. *Jurisprudence générale des Assurances*, II, 311.

si elle était inconnue de l'assureur; une déchéance doit en effet être restreinte à l'hypothèse même en vue de laquelle elle est prononcée: or la police n'impose aucune déclaration à l'assuré, au sujet de sa solvabilité actuelle.

Si la déclaration de la faillite est faite, on retombe dans la question que nous allons étudier dans un instant, celle de l'effet de la déclaration qu'a faite l'assuré sur les changements des risques.

La police assimile à la faillite la suspension de payements, ou la liquidation d'une Société. Il faut également mettre sur la même ligne, même en l'absence de toute clause, la déconfiture, c'est-à-dire l'insolvabilité, dûment constatée, d'une personne non commerçante (1).

Il est vrai, et nous avons fait nous-même plus d'une application de cette idée, que les déchéances sont de droit étroit, au point de vue de leurs causes aussi bien que de leurs effets; mais il n'en faut pas moins entendre dans un sens raisonnable les dispositions les plus restrictives; or il est bien difficile de supposer que les parties, en prévoyant textuellement la faillite, n'aient pas eu également en vue la déconfiture. Celle-ci, comme on l'a dit souvent, n'est qu'une sorte de faillite civile; bien plus, elle fait mieux que cette dernière ressortir l'insolvabilité de la personne qui la subit : la faillite peut tenir à des circonstances momentanées et

(1) Toulouse, 18 novembre 1854. D. 57. 2. 31.

n'être qu'une présomption trompeuse, tandis que la déconfiture indique d'une manière à peu près certaine
que le débiteur est au-dessous de ses affaires.

Nous pouvons, en faveur de cette opinion, invoquer la
doctrine généralement suivie à propos d'une autre disposition ; l'article 1188 du Code civil, cité tout à l'heure,
fait subir la déchéance du terme au débiteur failli ; or
on étend sans discussion, en doctrine et en jurisprudence, cette disposition à la déconfiture.

Mais nous n'assimilerons pas à la faillite la liquidation de l'assuré : si la liquidation d'une Société modifie
l'opinion du risque en faisant cesser la personnalité, il
en est tout différemment d'un simple particulier ; il
peut, en liquidant ses affaires, conserver toute sa solvabilité (1).

III. — DÉCLARATIONS MODIFIANT L'OPINION DU RISQUE.

Nous avons indiqué, en différents endroits de cette
étude, quelles déclarations la police impose à l'assuré
et quelle est la sanction de l'omission de ces déclarations : nous avons montré que la déchéance en résulte
généralement, en vertu des clauses du contrat, et que
cette déchéance est tout en faveur de la Compagnie, au
profit de laquelle elle produit ses effets.

Si les déclarations sont faites, le contrat peut continuer; mais la Compagnie a également le droit de le faire

(1) Paris, 29 novembre 1852. D. 54. 2. 106.

cesser pour l'avenir. C'est ce qu'on appelle la résiliation facultative.

La Compagnie, dans un délai qui généralement n'est pas fixé par le contrat, et qui, par conséquent, doit être apprécié par le juge, dénonce ses intentions à l'assuré.

Si elle accepte la continuation du contrat, elle demande souvent une augmentation de prime ; le contraire peut également arriver, par exemple si le changement de lieu n'augmente pas les risques ; on peut même supposer un fait qui diminue les risques, et qui par suite est de nature à atténuer la prime ; c'est ce qui aura lieu si une toiture en chaume est remplacée par une couverture en ardoises.

Aucune difficulté ne se présente si les parties ne demandent aucune modification dans la prime ; mais lorsque l'assureur se croit en droit de l'augmenter, ou l'assuré de la diminuer, il est nécessaire qu'un accord se produise. Des pourparlers s'engagent, et si on ne peut aboutir à une entente amiable, le contrat cessera de produire ses effets. On ne peut, en effet, proposer de confier à des experts la fixation de la modification à apporter dans le chiffre de l'indemnité, puisque les parties ne l'ont pas prévue. La clause contraire est, bien entendu, permise.

La Compagnie peut, dans le cas particulier de faillite, ne consentir à la continuation du contrat qu'à la charge d'une caution que devra fournir l'assuré ; la police lui réserve formellement le droit d'exiger cette garantie. En revanche, elle ne peut demander une augmentation de prime ; la somme annuelle que doit payer l'assuré est, en effet, déterminée d'après les chances d'incendie que présente la chose, et non d'après la situation particulière de l'assuré ou sa solvabilité.

Pour le même motif, la mutation de la propriété ne saurait, à elle seule, justifier la demande d'une surprime annuelle ; nous avons déjà indiqué dans quelles circonstances l'assurance continue au profit du successeur, universel ou particulier, de l'assuré ; la Compagnie est tantôt obligée, tantôt autorisée à admettre cette continuation ; elle ne peut, en aucun cas, exiger une augmentation de prime. Ici encore, la clause contraire est incontestablement permise.

Passons au cas où la Compagnie préfère le second parti et veut faire cesser le contrat.

Elle en a toujours le droit lorsqu'elle a eu le soin de se le réserver dans la police ; l'assuré ne pourrait le lui enlever même en lui offrant soit une augmentation des primes promises, soit une garantie sérieuse de leur payement, soit même leur consignation. En vain crierait-on à l'iniquité, en vain dirait-on que les clauses des conventions doivent s'interpréter dans un sens raisonnable, que les polices ont simplement voulu accorder à la Compagnie un moyen d'éviter une perte et que les offres de l'assuré la mettent à l'abri de tout préjudice : le contractant qui use d'un droit qui lui a été conféré n'a aucun motif à donner de sa décision, fût-elle aussi contraire à ses intérêts qu'à ceux de l'autre partie.

Nous allons plus loin encore et nous permettrons à la Compagnie d'invoquer la cessation du contrat quand, en réalité, le fait déclaré ne lui a pas causé le moindre préjudice. Supposons qu'un changement de lieu se soit produit sans augmenter les risques, la Compagnie peut faire cesser pour l'avenir les effets du contrat. Cette solution est fâcheuse, mais elle ne peut prêter au doute surtout en présence de la décision identique que nous avons donnée à propos de la résolution.

IV. — DES EFFETS DE LA CESSATION PROVENANT DE L'ASSURÉ ET COMMENT ELLE OPÈRE.

Les effets de la cessation sont ceux de la résolution, sauf qu'une convention n'est pas nécessaire pour les restreindre complètement à l'avenir, nous n'avons à propos de la divisibilité des dommages-intérêts qu'à répéter ce qui a été dit plus haut.

Il en est de même de la manière dont opère la cessation. La Compagnie seule peut s'en prévaloir, quoique généralement la déchéance produise, d'après la police, ses effets de plein droit.

On a pourtant soutenu le contraire à propos de la faillite ; la déchéance, lorsqu'elle doit se produire de plein droit, pourrait être invoquée même par l'assuré (1).

_____

(1) De Lalande et Couturier, *Traité du contrat d'assurance contre l'incendie*, n° 848.

Nous ne voyons aucun motif pour admettre dans cette hypothèse une solution spéciale, que ne justifierait pas suffisamment la nature de cette déchéance, et qui, dans tous les cas, serait en désaccord avec son but : c'est dans l'intérêt de l'assureur que la faillite de l'assuré produit une déchéance ; on ne peut donc s'en prévaloir contre lui. En outre, nous avons vu que c'est également pour dispenser l'assureur d'une demande en justice, que la déchéance a lieu de plein droit, et nous en avons conclu, à propos de la résolution, que la Compagnie peut y renoncer.

§ 3. — *De la cessation provenant de l'assureur.*

Les événements qui, au chef de l'assureur, mettent fin au contrat sont nécessairement très peu nombreux ; pourvu que la Compagnie se trouve, au moment du sinistre, en mesure d'acquitter l'indemnité, l'assuré ne peut se refuser à payer la prime promise.

Il faut donc supposer, pour que celui-ci puisse demander la cessation du contrat, que la solvabilité de la Compagnie devienne douteuse ou son insolvabilité certaine, en raison d'événements imprévus lors de la signature de la police. Les conditions du contrat seront alors gravement modifiées, et l'assuré fera prononcer pour l'avenir la déchéance de la Compagnie.

Les faits qui rentrent dans cette catégorie se rangent naturellement sous deux chefs : la Compagnie qui a joué le rôle d'assureur peut céder la charge, en même temps que le bénéfice du contrat, à un autre assureur, elle peut aussi entrer dans une situation qui enlèvera toute confiance à l'assuré.

Après avoir étudié ces deux sortes d'événements, nous nous occuperons des effets de la cessation ainsi obtenue.

I. — DE LA RÉASSURANCE ET DE LA CESSION DE PORTEFEUILLE.

L'assureur peut céder à une autre Compagnie son portefeuille, c'est-à-dire lui transférer purement et simplement la suite des assurances qu'elle a contractées ; c'est ce qu'on appelle la cession de portefeuille.

Elle peut aussi, sans aller aussi loin, et tout en conservant son rôle vis-à-vis de l'assuré, assurer elle-même ses assurances à une seconde Compagnie, qui joue le rôle d'assureur à son égard.

La première de ces combinaisons, que nous étudierons successivement, s'appelle *cession de portefeuille* ; la seconde prend le nom de *réassurance de portefeuille*.

1° *Cession de portefeuille*. — Les cessions de portefeuille se font surtout lorsqu'une Compagnie, par suite des pertes qu'elle éprouve, craint de ne pas pouvoir acquitter le cas échéant les indemnités qu'elle a promises ; elle cède alors toutes ses affaires à une Compagnie plus prospère, qui se substitue à la fois à ses créances et à ses dettes.

Que l'assuré puisse, s'il le désire, considérer la Compagnie cessionnaire comme son assureur, c'est ce qui ne fait pas doute : cette dernière, en acceptant la cession, s'est par là-même engagée à prendre à sa charge tous les contrats passés par la Compagnie cédante ; c'est une sorte de délégation que l'assuré, — en sa qualité de créancier — a le droit d'accepter et qui produit alors tous les effets de la délégation parfaite (1).

Mais l'assuré est-il forcé de prendre ce parti et ne peut-il pas dénoncer à la Compagnie cessionnaire son intention de mettre fin au contrat ? La jurisprudence a, pendant quelque temps, hésité sur cette question et a fini par permettre à l'assuré de rompre l'assurance (2).

Cette opinion nous paraît exacte.

Tout d'abord, il est certain qu'un créancier ne peut être contraint à changer de débiteur. Or c'est le contraire qui arriverait, si on permettait à la Compagnie cessionnaire de se substituer au premier assureur pour l'acquittement de l'indemnité éventuelle.

Il est vrai qu'en sens inverse, un débiteur peut, contre sa volonté, changer de créancier. Mais il ne peut en être ainsi dans une convention synallagmatique, où la dette n'a été contractée qu'en échange d'une créance ; c'est dans l'espoir, et pour ainsi dire dans la certitude

---

(1) Voy. Trib. Seine, 15 décembre 1885. *Journal des Assurances*, 1886, p. 25.

(2) Trib. Seine, 23 décembre 1880. *Jurispr. génér. des Assur.* III. 262. — Trib. Seine, 13 février 1883. *Gazette des Tribunaux* du 16 février. — Cass., 20 octobre 1885. *Journal des Assurances*, 1885, p. 593. — Trib. paix Beaune, 17 juin 1885, *eod. op.*, 1885, p. 345.

de toucher une indemnité en cas de sinistre que l'assuré
a promis une prime annuelle ; cette certitude, il l'a pui-
sée dans la situation de la Compagnie qui l'a assuré ; on
ne peut donc l'obliger à en accepter une autre, avec
laquelle il aurait sans doute refusé de contracter directement.

Nous ne nous fondons pas, comme on le voit, pour
donner notre solution, sur une violation du contrat
commise par l'assureur, sur une inexécution des conditions qui lui étaient imposées ; on ne peut prétendre
sérieusement que l'une des conditions imposées à la
Compagnie par la police était de continuer son existence
jusqu'à la fin du contrat ou jusqu'au sinistre (1) ; il y a
plutôt impossibilité d'exécution qu'inexécution, et, par
conséquent, plutôt cessation que résolution.

Il importe peu d'ailleurs que la cession du portefeuille
soit faite au profit d'une Compagnie déjà existante ou
d'une Compagnie qui se forme dans le seul but d'acquérir les contrats passés par le premier assureur ; fût-elle
composée des mêmes éléments que la première Compagnie, lui empruntât-elle son nom, elle n'en est pas moins
une société nouvelle ; ce qui permet à l'assuré de se
dégager du contrat (2).

---

(1) L'idée contraire est souvent exprimée dans les arrêts. Voy. Lyon,
29 décembre 1885. *Journal des Assurances*, 1886, p. 93.

(2) Trib. Lyon, 30 août 1882. *Journal des Assurances*, 1882, p. 512. —
Toulouse, 3 mai 1883. S. 83. 2. 175. — *Contrà*, Trib. Seine, 3 décembre
1878. *Jurispr. gén. des Assur.*, III, 232. — Trib. co. Seine, 12 février 1879.
eod. op. III, 234.

Cette règle comporte une importante exception, pour un cas assez fréquent en pratique où la cession du portefeuille est accompagnée d'une restriction : il arrive souvent que la Compagnie, tout en cédant son portefeuille, déclare conserver son existence légale pour les polices en cours. La société commerciale continue donc de subsister et l'assuré ne peut invoquer la disparition de son ancien débiteur pour mettre fin au contrat. En vain l'assuré viendra-t-il soutenir que la solvabilité de son débiteur a diminué ; ce n'est pas là, comme on sait, un argument invocable par un créancier chirographaire: celui-ci ne peut aucunement se plaindre de la diminution de son gage (1). Dans l'espèce, la police a bien été cédée, mais les rapports entre l'assureur et l'assuré ne se sont pas modifiés.

A plus forte raison, l'argument que nous avons mis dans la bouche de l'assuré lui fera-t-il défaut, si la Compagnie se contente de céder une partie de son portefeuille ou quelques-unes seulement des polices qu'elle a contractées ; elle conserve alors son existence légale, non pas seulement quant aux polices en cours, mais d'une manière générale.

Il en sera ainsi même si parmi les assurances cédées figure celle du propriétaire qui veut invoquer la cessation du contrat : que lui importe une cession qui, nous

<hr />

(1) Douai, 19 novembre 1879. S. 82. 2. 1. — Trib. Toulouse, 7 août 1880. *Jurispr. gén. des Assur.*, III, 256. — *Contrà*, C. Just. de Genève, 25 août 1884. *Journal des Assurances*, 1885, p. 507.

nous l'avons montré, ne peut produire, contre sa volonté, aucun effet à son égard ? Il peut, d'un côté, considérer la cession comme non avenue ; et d'un autre autre côté, rien ne l'empêche d'acquitter les primes entre
les mains de son assureur et de s'adresser à lui pour le
payement de l'indemnité, puisque ce dernier n'a pas
disparu. En droit, ses intérêts sont pleinement sauve-
gardés ; si, en fait, il peut craindre de se heurter, en
cas d'exigibilité de l'indemnité, à l'insolvabilité de la
Compagnie auprès de laquelle il s'est assuré, ce n'est là
qu'un simple accident (1).

2° *Réassurance de portefeuille.* — Nous avons étudié
la réassurance de la police ; nous avons montré qu'elle
ne peut motiver la rupture du contrat, puisque loin de
nuire à l'assuré, elle lui est très profitable : la Compagnie auprès de laquelle il s'est assuré reste sa créancière aussi bien que sa débitrice ; mais, vienne le droit à
l'indemnité, il peut également s'adresser, du moins par
la voie oblique, au réassureur, (art. 1166).

La réassurance de portefeuille n'est qu'un agrandis-
sement du même acte ; c'est la réassurance de toutes
les polices contractées par une même Compagnie.

L'assuré n'a donc pas le droit de s'en prévaloir, pour
demander la cessation de l'assurance, puisqu'il ne fait
qu'y gagner (2). Son assureur conserve son existence et

(1) Voy. cep. Trib. Seine, 15 décembre 1885. *Journal des Assurances,*
1886, p. 25.
(2) Trib. Co. Toulouse, 16 août 1882. *Journal des Assurances,* 1882, p. 437.
— Agen, 24 novembre 1835. *Journal des Assurances,* 1886, p. 5.

par suite le contrat demeure debout. Le réassureur
n'est, en quelque sorte, qu'un second débiteur qui vient
s'ajouter au premier, loin de se substituer à lui comme
dans la cession du portefeuille.

Si les tribunaux ont assez souvent décidé le contraire
c'est qu'il s'agissait, dans les espèces qui leur étaient
alors soumises, d'une cession de portefeuille déguisée
sous le nom de réassurance (1) ; on comprend l'intérêt
qu'ont les deux Compagnies à qualifier de réassurance
le premier de ces contrats : la Compagnie cédante y
gagne de n'être pas attaquée en résiliation de la police ;
la Compagnie cessionnaire perd le bénéfice de polices
que les assurés auraient rompues s'ils avaient connu le
véritable état des choses.

Cette sorte de dissimulation est facile à pratiquer ;
mais rien n'empêche l'assuré d'en administrer la preuve,
que souvent, d'ailleurs, il ne fera qu'avec difficulté : la
perte de la personnalité de la Compagnie qui a assuré
nous paraît être la circonstance par laquelle on recon-
naîtra le véritable caractère du contrat : nous avons vu,
en effet, que cette hypothèse est la seule qui permette à
l'assuré de rompre le contrat, mais qu'en revanche elle
le lui permet toujours ; or la véritable réassurance ne
fait jamais perdre sa personnalité à la Société réassu-
rée, puisque ce contrat suppose, au contraire, qu'elle

_____

(1) Trib. paix Lyon, 9 décembre 1884. *Journal des Assurances*, 1885,
p. 509. — Amiens, 31 décembre 1835, *eod. op.* 1886, p. 525.

prend de nouveaux engagements, et, par suite, qu'elle existe.

La distinction serait, on le conçoit, beaucoup plus difficile à faire si le premier assureur était un simple particulier.

II. — FAILLITE ET LIQUIDATION DE LA SOCIÉTÉ.

Les hypothèses que nous venons d'étudier nous ont amené à une solution très simple : l'acte par lequel la Compagnie qui a assuré cède le bénéfice et la charge du contrat à une nouvelle Compagnie ne permet à l'assuré de rompre le contrat que si la personnalité de la première compagnie a disparu.

Qu'arrivera-t-il si la Compagnie, au lieu de se dissoudre en cédant son portefeuille, se dissout purement et simplement ? Deux hypothèses doivent être envisagées : la faillite et la liquidation.

1° *Faillite.* — L'article 346 du Code de commerce permet à l'assuré aussi bien qu'à l'assureur de se prévaloir en matière d'assurance maritime de la faillite de son contractant pour demander la rupture du contrat.

Quoique la police soit généralement muette sur la faillite de l'assureur, on s'accorde pour lui appliquer l'article 346 du Code de commerce. Cette solution se justifie par cette considération qu'il n'est pas juste que l'assuré continue à payer des primes s'il perd tout espoir de toucher l'indemnité en cas de sinistre.

Aussi lui permet-on d'exiger, soit la cessation du con-

trat, soit une caution qui lui garantisse le payement de
l'indemnité, c'est d'ailleurs l'assureur et non pas l'assuré
qui choisirait entre ces deux partis ; on sait, en effet, que
l'obligation alternative dépend, sauf convention, de la
volonté du débiteur, et c'est ici l'assureur qui est débiteur de l'indemnité. Il est vrai que c'est également l'assureur — quoique créancier — qui choisit en cas de faillite de l'assuré ; mais c'est qu'une clause formelle de la
police le lui permet.

Telle est la solution généralement donnée, nous ne
lui reconnaissons pas le moindre intérêt pratique : la
faillite, en effet, entraîne la dissolution de la Société et
par suite lui enlève tous ses droits en même temps
qu'elle la soustrait à toutes ses obligations. Il ne peut
donc plus être question de la continuation du contrat.
La décision que nous avons rappelée n'est par suite d'aucune utilité pour l'assuré qui ne peut même, comme
nous le verrons, répéter les primes déjà payées.

2° *Liquidation.* — La liquidation diffère essentiellement de la faillite ; sans doute elle provient généralement, comme celle-ci, de l'insolvabilité de la Compagnie ;
sans doute, elle aboutit à la dissolution comme elle ;
mais cette dissolution n'est pas absolue.

Lorsqu'une Société craint de ne pas être en mesure
de faire face à ses engagements, elle préfère souvent à
la faillite la liquidation, moyen plus honorable de sortir
de difficultés. La liquidation arrête toutes les opérations nouvelles que la Société serait tentée de contracter

aucune police d'assurance ne peut donc plus être souscrite au nom de la Compagnie qui entre en liquidation.

Mais celle-ci n'en conserve pas moins sa personnalité;
les assurés n'ont donc aucun argument à leur service
pour demander la rupture du contrat : il est vrai que la
Compagnie a prouvé qu'elle était peu solvable ; mais ce
n'est pas là, comme on l'a vu, un motif pour faire cesser
les effets du contrat. Les liquidateurs encaisseront les
primes en retard et celles qui viendront désormais à
échoir ; ils payeront, en revanche, l'indemnité qui sera
due si un sinistre éclate. La liquidation, loin de nuire
aux assurés, est faite dans leur intérêt, puisqu'elle a
pour but d'empêcher la Compagnie d'arriver à l'insolvabilité complète et à la faillite ; elle est d'ailleurs en pratique toujours accompagnée d'une réassurance du portefeuille, qui achève de sauvegarder complètement les
assurés.

Il en est ainsi, soit que la liquidation soit volontaire (1),
soit qu'elle soit imposée à la Compagnie par le tribunal,
comme mesure de précaution, sur la demande d'un assuré, et afin d'entraver la marche de la Société vers la
ruine : le motif que nous avons donné s'applique à l'une
et à l'autre de ces deux hypothèses.

Le contraire a cependant été jugé en ce qui concerne
la liquidation forcée, celle qui est ordonnée par la
justice (2).

(1) Trib. Lyon, 15 mars 1856. *Journal des Assurances* 1856, p. 292.
(2) Trib. Lyon, 23 août 1882. *Journal des Assurances* 1883, p. 52.

La décision que nous rapportons a cru pouvoir assimiler la liquidation forcée à la faillite, et le raisonnement qu'on peut établir en ce sens a quelque chose de spécieux : la faillite et la liquidation ne font-elles pas toutes deux présumer l'insolvabilité ? Si la liquidation volontaire peut laisser, sur ce point, quelque doute, — car une Société n'a pas à rendre compte des motifs pour lesquels elle se dissout, — n'en est-il pas autrement de la liquidation forcée ?

Ce raisonnement ne peut évidemment être soutenu qu'auprès de ceux qui appliquent à l'assurance contre l'incendie l'article 346 du Code de commerce. Même dans cette opinion il ne nous paraît pas exact.

Si, en effet, la faillite fait présumer l'insolvabilité actuelle d'une Société, il en est tout autrement de la liquidation, qui donne simplement lieu de craindre cette insolvabilité ; il est, en somme, fort possible que l'assuré recouvre, le cas échéant, son indemnité. Le contraire fût-il probable que nous refuserions encore d'étendre à la liquidation la règle admise en matière de faillite : la Compagnie s'est-elle engagée à rester solvable jusqu'au moment du payement de l'indemnité ? C'est ce qu'on paraît admettre, en accordant une sorte d'action résolutoire, qui, sans doute, se base sur l'inexécution des charges. Or ne voit-on pas qu'une telle théorie aboutirait à un bouleversement complet des principes ? L'article 1184 du Code civil, qui permet la résolution au cas où l'une des parties ne remplit pas son engagement, serait largement dépassé : car il suffirait que l'un des contractants parût, bien avant le moment d'exécuter son obligation, hors d'état d'y satisfaire, pour que la résolution pût immédiatement être prononcée.

Il vaut mieux s'en tenir aux principes : la résolution, nous l'avons dit plus haut, ne peut être d'aucune utilité à l'assuré, puisqu'elle ne peut être demandée qu'après le sinistre, — lorsque naît la dette de la Compagnie, — et qu'à ce moment elle aurait, pour l'assuré, des résultats moins avantageux que la poursuite de l'indemnité. Il ne peut être question que de la cessation des effets du contrat, et cette cessation n'est elle-même admissible qu'au cas où l'assureur disparaît en perdant sa personnalité.

Mettons pourtant à part la liquidation forcée qui suit la nullité d'une Société, prononcée par le Tribunal en raison d'une constitution irrégulière. Ici la liquidation n'est pas, comme dans le cas d'insolvabilité, un acte principal; elle est, au contraire, la conséquence fatale de la nullité. Ce sont donc les effets de la nullité de la Société qu'il faut considérer; ils consistent évidemment dans la nullité de toutes les assurances qu'elle aura contractées. C'est un cas tout différent de celui que nous étudions : l'assuré a droit, en raison de l'effet rétroactif de toutes les annulations, au remboursement de toutes les primes versées.

III. — DES EFFETS DE LA CESSATION PROVENANT DE L'ASSUREUR ET
COMMENT ELLE S'OPÈRE.

Lorsque la cessation du contrat s'opère par la dissolution de la Compagnie, elle a lieu de plein droit, et sans
qu'il soit possible à l'assuré de l'éviter : l'un des contractants disparaissant, sans transmettre à un tiers ses
droits et ses obligations, le contrat ne saurait subsister.

Ce résultat peut également se produire lorsque la dissolution est accompagnée d'une cession de portefeuille ;
mais, en ce cas, il n'est pas fatal, et l'assuré peut l'é-
carter : nous avons vu, en effet, que ce dernier a le
droit d'accepter l'offre qui lui est implicitement faite par
la Compagnie cessionnaire et de continuer le contrat
avec cette dernière. Mais la cessation n'en a pas moins
lieu encore de plein droit, en ce sens que l'assuré, tant
qu'il n'a pas manifesté une volonté contraire, est censé
avoir préféré la rupture du contrat : il faut, en effet, une
convention nouvelle pour que le contrat, passé avec une
personne, continue avec une autre personne, il faut une
acceptation formelle de la part d'un créancier pour que
le changement de débiteur lui soit opposable.

La rupture s'opère donc toujours de la même manière, et la modification qui, dans une hypothèse, est
introduite en faveur de l'assuré, n'existe que s'il y
consent.

Les effets de la cessation sont également toujours les

mêmes : ils se produisent dans l'avenir, et ne rétro-
agissent pas dans le passé.

Il est, en effet, certain, que l'assuré ne peut répéter
les primes qu'il a versées aux époques réglementaires.
Cette solution est admise par tout le monde ; mais elle
ne paraît guère conciliable avec l'opinion de ceux qui
voient dans la dissolution de la Compagnie une cause
de résolution pour inexécution des conditions ; s'il est
difficile de comprendre alors comment, — en l'absence
d'une clause formelle de la police, — la cessation a lieu
de plein droit, et sans la nécessité d'une demande judiciaire, il devient encore bien plus difficile d'éviter l'effet
rétroactif : on a tenté de justifier cette solution en disant que la prime, qui répond au risque couru par la
Compagnie jusqu'au moment de sa dissolution, doit lui
rester irrévocablement acquise. En équité, cet argument
est fondé ; au point de vue du droit, il ne saurait se justifier : l'article 1184 du Code civil donne un effet rétroactif absolu à toute espèce de résolution ; aussi avons-
nous vu qu'au cas de déchéance de l'assuré, une clause
est nécessaire pour l'empêcher de redemander les primes
qu'il a versées.

Ceci montre une fois de plus combien il est plus exact
de voir dans la dissolution de la Compagnie une cause
de cessation du contrat qu'une cause de résolution.

Quant aux primes à échoir, il est évident que l'assuré
peut refuser de les acquitter, — à moins qu'il n'opte,
dans le cas où cela lui est permis, pour la continuation

du contrat ; il peut même, par application des principes généraux, répéter les primes qu'il a payées par
erreur (1). On ne peut objecter que ces primes corres-
pondent à un risque réellement couru par la Compagnie cessionnaire ; cette considération, qui n'a aucune
valeur en droit, n'est exacte qu'en fait.

La seule question qui puisse s'élever est de savoir à
partir de quel moment l'assuré peut refuser de payer les
primes. La jurisprudence paraît divisée sur ce point :
nous croyons que l'assuré peut suspendre le payement
des primes à partir du jour où il déclare se prévaloir de
la cessation du contrat, mais non pas dès le jour où
commence l'instance, dont le résultat sera de dissoudre
la Société ou les opérations engagées à l'amiable pour
aboutir à cette dissolution : c'est en effet la disparition
de la personnalité de la Société, qui seule mettra fin au
contrat (2).

L'assuré n'est pas toujours obligé de se contenter
d'une satisfaction qu'on peut qualifier de négative ; il
lui est permis de demander des dommages-intérêts à
condition toutefois qu'il puisse prouver la faute de la
Compagnie (art. 1137, C. civ.), ou le fait ou la négligence d'un tiers (art. 1382). Mais il ne suffit pas, selon
nous, que la Compagnie soit déclarée en faillite pour que

(1) Comp. Trib. Toulouse, 28 mai 1879. *Jurisprudence générale des Assurances*, III, 239.
(2) Trib. Seine, 21 décembre 1858. *Jurisprudence générale des Assurances*,
III, 70. — *Contrà*, Trib. Seine, 22 mars 1876, *eod. op.*, III, 210.

des dommages-intérêts puissent lui être réclamés (1) : l'insolvabilité ne dérive pas nécessairement d'une faute. Au contraire la cession du portefeuille pourra généralement justifier la demande en dommages-intérêts ; il n'en sera autrement que si la Compagnie s'est vue forcée par le mauvais état de ses affaires à opérer cette cession.

Section IV. — De la réduction.

L'opération que nous abordons maintenant ne fait pas disparaître, comme les précédentes, le contrat ; elle n'a pour objet que de diminuer la prime et l'indemnité, au lieu de les supprimer entièrement.

Cette étude n'est donc pas seulement le corollaire de celles du même chapitre ; elle forme également le pendant de l'examen des déclarations imposées par le contrat à l'assuré, et qui ont généralement pour objet de produire une augmentation des primes et de l'indemnité.

Il existe, en réalité, deux sortes de réduction : l'une, qui est de l'essence même du contrat, est dans l'intérêt de l'assuré ; l'autre est stipulée dans certaines polices au profit de l'assureur.

(1) *Contrà*, Cass., 1er juillet 1828. Dalloz , *Répertoire*. Vo *Assurances terrestres*, no 286.

§ 1. — *Réduction demandée par l'assuré.*

L'indemnité est fixée en raison de la valeur de la chose au moment où l'assurance est contractée ; tout événement qui diminue cet élément permet à la Compagnie de demander une modification de la convention si, au moment du sinistre, la valeur de la chose est devenue inférieure à l'indemnité convenue, cette indemnité ne sera pas intégralement due. Nous n'avons plus à insister sur ce point, qui a été suffisamment développé ; nous avons même montré que la clause contraire n'est valable que si l'intention libérale est démontrée chez l'assureur.

Or il en est de même de la prime ; elle est également fixée en raison de la valeur de la chose ; en outre, la nature et l'importance des risques ont singulièrement influé sur la détermination de son montant. Aussi faut-il admettre que l'assuré a le droit, au cas où la modification survenue dans l'un de ces éléments diminue l'opinion du risque, de demander une réduction de l'assurance, même en l'absence d'une clause qui le lui permette : la Compagnie réaliserait injustement un bénéfice, si elle gardait son droit à une prime annuelle fixée en raison d'une indemnité, dont le montant diminue. Le contraire peut, il est vrai, être stipulé ; mais une clause de cette espèce constituera, soit une donation éventuelle, soit, si l'intention libérale fait défaut, la promesse d'une surprime également éventuelle.

§ 2. — *Réduction demandée par l'assureur.*

La Compagnie n'a pas à se réserver le droit de diminuer l'indemnité promise si, au moment du sinistre, la valeur de la chose a elle-même diminué. Cette solution, nous l'avons montré, s'impose, et l'application de la règle proportionnelle vient encore la rendre plus rigoureuse pour l'assuré.

Aussi n'est-ce pas de cette sorte de réduction que nous entendons parler, mais bien d'une clause que contiennent souvent les polices, et qui permet à la Compagnie de réduire à son gré l'indemnité promise, lorsqu'il s'agit d'objets dont le volume ou la consistance sont de nature à se modifier ; les polices donnent comme exemples « les marchandises récoltes, usines et mobilier industriel ». On ajoute que, si l'assuré n'accepte pas cette réduction, le contrat est résilié pour l'avenir ; c'est un nouveau cas de cessation à ajouter à ceux qui ont été étudiés précédemment. Il s'en distingue en ce que tout en étant anormal, il ne peut être imputé ni à l'assureur ni à l'assuré.

Ce qui distingue le droit que la Compagnie se confère ainsi de celui que la nature même du contrat lui attribue, c'est qu'elle peut, en s'en prévalant, demander la réduction de l'assurance sans en donner aucun motif : elle n'a donc pas à prouver que la chose a diminué de valeur.

Aucune limite n'est donc imposée par le contrat à l'arbitraire de la Compagnie. Elle n'en use cependant, en pratique, que lorsqu'elle a l'intention de relever ses tarifs ou pour déjouer certaines fraudes de la part de l'assuré ! elle arrive indirectement au premier résultat, en mettant l'assuré en demeure d'opter entre le relèvement de la prime et la réduction de l'assurance jusqu'à une somme insignifiante. Quant aux fraudes de la part de l'assuré, on peut craindre qu'elles ne se produisent surtout au moment du sinistre : il exagèrera la valeur des choses incendiées, afin de toucher une indemnité plus forte que celle qui lui est réellement due ; la Compagnie évite, jusqu'à un certain point, ce danger, en diminuant la somme assurée.

La réduction de l'assurance présente trop d'inconvénients pour la Compagnie, pour que celle-ci en use fréquemment ; si l'indemnité diminue, il en est de même de la prime, dont l'un des éléments de fixation est le montant de la somme assurée ; or, le gain d'une portion de l'indemnité est aléatoire, puisqu'il suppose un sinistre qui peut ne pas se produire ; et la perte subie par l'assureur sur la prime est, au contraire, certaine.

Ce qui diminue bien plus encore le danger de la réduction, c'est que malgré le silence de la police, la Compagnie n'est pas complètement libre de la faire subir à l'assuré. Outre que, d'après l'intention probable des parties, la réduction de l'assurance suppose une augmentation du risque ou une diminution dans là valeur

des choses, le bon plaisir de l'assureur se heurterait
contre le texte formel de l'article 1174 du Code civil.
« Toute obligation est nulle lorsqu'elle est contractée
» sous une condition potestative de la part de celui qui
» s'oblige ». La Compagnie, débitrice éventuelle de
l'indemnité, ne peut donc, par un simple caprice et sans
en donner un motif sérieux, user de son droit de réduire l'assurance (1).

(1) Toulouse, 28 avril 1885. *Journal des Assurances*, 1885, p. 594.

CHAPITRE VII

DE LA PRESCRIPTION.

Aucune règle spéciale n'étant édictée en matière d'assurance, la prescription suit le droit commun pour sa durée et ses effets (1).

C'est ainsi qu'au bout de cinq ans, l'assuré est à l'abri des poursuites de l'assureur pour le payement des primes, au moins dans l'hypothèse la plus pratique, celle où les primes sont payables annuellement, (art. 1177, C. civ.). S'il s'agissait d'une somme unique, la prescription serait de trente ans à partir du jour fixé pour le payement : il ne serait plus question, en effet, de sommes payables périodiquement.

De même c'est pendant trente ans que l'assuré peut réclamer l'indemnité qui lui est due en cas de sinistre. Les trente ans courent du jour même de l'incendie ; car c'est dès ce moment que le droit à l'indemnité prend naissance, on ne peut donc reporter le point de départ de la prescription à la détermination du montant de l'indemnité ; seulement cette fixation, si elle est faite d'accord avec l'assureur, pourra constituer, de la part de

(1) Paris, 19 décembre 1849. S. 50, 242 (motifs).

ce dernier, une reconnaissance du droit de l'assuré, et, par suite, interrompre la prescription.

En pratique, l'assuré est dépourvu du moyen de protection que lui accorde l'article 2262 du Code civil et ne peut attendre aussi longtemps pour demander le payement de l'indemnité ; les polices décident, en effet, que l'assuré est déchu du droit à l'indemnité, s'il ne la réclame pas dans les six mois qui suivent « l'incendie ou les dernières poursuites ». C'est encore là une de ces clauses si nombreuses que les Compagnies introduisent en leur faveur et qui témoignent du rôle prépondérant qu'elles jouent dans la rédaction des polices.

Au point de vue rationnel, une telle stipulation se justifie fort bien : après que l'assuré a fait la preuve du sinistre, c'est à la Compagnie à lui opposer les moyens de défense qu'elle croit avoir à faire valoir ; si elle prétend par exemple que tel objet a été soustrait pendant l'incendie, que tel autre a été sauvé, que l'incendie a été allumé par la faute lourde ou le dol de l'assuré, elle est forcée d'en faire la preuve. Or, il est facile de comprendre que cette preuve devient de plus en plus difficile à mesure qu'on s'éloigne du sinistre ; non seulement cette situation nuirait à la Compagnie, mais elle favoriserait la fraude de l'assuré, qui attendrait longtemps pour réclamer son indemnité, dans le but de rendre plus difficile la défense de la Compagnie. La clause dont nous parlons a pour but de remédier à cette situation.

La jurisprudence n'en met pas en doute la validité (1), qui, en effet, ne nous paraît pas contestable.

On dit généralement que la prescription est d'ordre public et qu'il est défendu aux parties de déroger à ses règles ; cette maxime est certainement exacte, à condition qu'on l'entende dans un sens raisonnable. Or la prescription a été édictée surtout dans l'intérêt du débiteur qui, sans cela, aurait été indéfiniment à la merci du créancier ; et pour éviter que le créancier, qui fait la loi dans le contrat, n'obligeât le débiteur à accepter une dérogation aux règles de la prescription, on les a mises hors de la portée des conventions.

C'est pour ce motif que le débiteur ne peut, aux termes de l'article 2220, renoncer d'avance à la prescription ; et on décide sans hésitation, pour le même motif, que le débiteur ne peut pas consentir à une prolongation de la prescription. Il serait, en effet, insuffisamment protégé s'il pouvait consentir d'avance à rester pendant soixante, cent ans ou davantage sous le coup de la poursuite du créancier.

Mais le même motif nous conduit à la solution absolument contraire pour l'abréviation de la prescription ; une clause de ce genre ne peut qu'être profitable au débiteur, et par suite doit être favorisée, et non pas réprouvée. Or c'est précisément ce qui se produit lors-

---

(1) Cass., 1er février 1853. D. 53. 1. 77. — Trib. co. Seine, 1er octobre 1872. *Jurispr. génér. des Assur.*, III, 165. Cass., 6 août 1874 *eod. op.* I, 158. — Nancy, 26 octobre 1885. *Journal des Assurances*, 1883, p. 69.

qu'on substitue à la prescription légale de trente ans une prescription conventionnelle de six mois.

Il reste à déterminer le point de départ de la prescription qu'édicte cette clause.

La police le fixe au jour du sinistre ou aux dernières poursuites. En d'autres termes, si l'assuré ne réclame pas l'indemnité à la Compagnie dans les six mois qui suivent l'incendie, son droit est prescrit ; il en est de même si, après avoir commencé les poursuites, il les interrompt pendant six mois. Il s'agit d'ailleurs de réclamations judiciaires ou extrajudiciaires, une demande amiable, on le sait, n'est pas considérée comme suffisante pour interrompre le prescription.

Jusqu'ici la prescription conventionnelle ne donne lieu à aucune difficulté. Il s'en élève si, au lieu d'une assurance de choses, nous nous trouvons en présence d'une assurance de responsabilité ; la prescription courra-t-elle du jour du sinistre ?

Cette solution serait bien dure ; car l'assuré ne songe pas dès le sinistre, à agir contre la Compagnie. Celle-ci ne lui doit que la réparation du préjudice, or il ne connaît le montant et même l'existence de ce préjudice, qu'après qu'il est lui-même actionné en responsabilité. Il est donc injuste de faire courir la prescription du jour du sinistre.

Nous croyons cependant impossible et, malgré les controverses qui ont pu s'élever sur ce point, d'éviter cette décision. Il est rare que l'assuré ne sache pas à

quoi s'en tenir avant l'expiration du délai de six mois ;
il peut provoquer la poursuite de son créancier en lui
demandant s'il entend s'adresser à lui ; il a dans tous
les cas le droit de prendre contre la Compagnie, qui
lui a promis une indemnité, des mesures conservatoires (1).

En vain invoque-t-on l'article 2257 du Code civil, qui
prévoit une hypothèse toute différente. Cette disposition
porte que les créances conditionnelles, et notamment
l'action en garantie, ne se prescrivent que du jour où
elles deviennent pures et simples. Ici il n'est pas question d'une créance conditionnelle : l'existence même du
sinistre a fait naître la responsabilité de l'assuré, quoiqu'il n'en connaisse pas toujours le montant (2).

En admettant même que l'article 2257 s'applique ici,
nous ne voyons pas dans cette disposition une règle
d'ordre public. Rien, croyons-nous, n'empêche les parties de faire courir immédiatement la prescription
d'une créance conditionnelle ; le débiteur en sera libéré
plus vite, et nous savons que les dérogations qui lui
sont favorables ne sont pas interdites. Au surplus la
loi elle-même a admis plus d'une exception à l'article
2257 ; c'est ainsi que la prescription de l'action en garantie court, pour les vices de la chose, avant la décou-
verte de ces vices ; c'est ainsi encore que, d'après l'opi-

(1) En ce sens, Trib. Reims, 15 février 1878. *Jurisprudence générale
des Assurances*, III, 226. — Comp. Cass., 6 août 1874, *eod. op.*, I, 158.
(2) *Contrà*, De Lalande et Couturier, *Traité du contrat d'assurances
contre l'incendie*, n° 924.

nion adoptée par la jurisprudence, et qui tend à prédominer en doctrine, la prescription de l'action en responsabilité des architectes court dès la livraison des ouvrages.

En résumé, toutes les clauses dérogatoires au Droit commun sont permises, si elles ont pour but de favoriser le débiteur ; en l'absence de ces clauses, on applique les règles du Code civil.

Il convient cependant de signaler ici, sans y insister d'ailleurs longuement, une opinion évidemment erronée qui applique à l'assurance contre l'incendie l'article 432 du Code de commerce. Aux termes de cette dernière disposition, toutes les actions dérivant d'une police d'assurance maritime se prescrivent par cinq ans à compter de la date du contrat. Cette brièveté du délai ne se justifie que médiocrement par la courte durée des assurances maritimes, — elles sont toujours inférieures à cinq ans, — et surtout par la rapidité nécessaire aux transactions commerciales. Elle ne se comprendrait aucunement pour les assurances contre l'incendie qui sont dans la plupart des cas contractées, soit pour une durée supérieure à cinq ans, soit même pour un temps indéterminé : la prescription courant dès le contrat, et étant très courte, l'assuré serait tenu de l'interrompre pour l'indemnité qui ne lui sera peut-être jamais due, et l'assureur pour des primes qui ne seront exigibles que beaucoup plus tard.

Telles sont les règles applicables aux actions en payement qui dérivent du contrat d'assurance ; le même

contrat peut donner lieu à beaucoup d'autres actions,
sur la prescription desquelles il est inutile d'insister,
parce qu'elles ne diffèrent en rien de celles analogues
qui sont réglées par le Code civil.

Ainsi les actions en nullité relative se prescrivent par
dix ans à partir du jour où le motif qui donnait lieu à
la nullité a disparu ; les actions en nullité absolue et en
résolution se prescrivent par trente ans à dater de la
naissance de l'action.

Nous faisons cependant une exception pour le cas où
la cessation du contrat provient de la dissolution de la
Compagnie ; la Société cessant d'exister, le contrat est
irrémédiablement nul, car il ne peut y avoir aucune relation avec des êtres qui n'ont pas de personnalité ; en
conséquence, aucun laps de temps ne saurait le conso-
lider. Il en est ainsi même dans l'hypothèse de la cession de portefeuille : le contrat ne peut se reformer avec
le premier assureur ; et quant à la Compagnie cessionnaire, elle ne peut, nous l'avons dit, avoir l'assuré pour
obligé sans la volonté, clairement manifestée, de celui-
ci. Ici encore, nous appliquons le Droit commun.

Enfin, c'est le Droit commun encore qu'il faut consulter, si l'on veut connaître les modes d'interruption
de la prescription. Nous nous contenterons de renvoyer
sur ce point à l'article 2244 du Code civil, et aux nombreuses décisions judiciaires auxquelles son application
a donné lieu, soit en matière d'assurance, soit pour
toute autre question.

CHAPITRE VIII

DE LA PREUVE EN MATIÈRE D'ASSURANCE CONTRE L'INCENDIE.

Toute question de preuve peut se décomposer en deux : quelle est la personne chargée de prouver un fait contesté ? quels moyens employera-t-il pour faire cette preuve ?

La première de ces deux questions est résolue par l'article 1315 du Code civil, dans des termes très simples : « Celui qui réclame l'exécution d'une obligation doit la prouver, réciproquement celui qui se prétend libéré doit justifier le payement ou le fait qui a produit l'extinction de son obligation ».

Quant aux moyens à employer, leur indication ne comporte pas une solution uniforme : l'acte authentique (art. 1317) est toujours admis; l'acte sous-seing privé (art. 1322) n'est rejeté que dans des circonstances exceptionnelles où la loi exige un acte authentique. Les témoins et les présomptions ne constituent un mode de preuve que dans des limites déterminées (art. 1341 et suiv.). Enfin des règles spéciales sont applicables à l'aveu (art. 1354 et suiv.), au serment décisoire (art. 1358 et suiv.), ou supplétoire (art. 1366 et suiv.).

Pour résoudre les questions de preuve qui s'élèvent

en matière d'assurance, il est nécessaire de reprendre successivement, parmi les points qui ont été étudiés jusqu'à présent, ceux qui peuvent donner lieu à des difficultés de ce genre ; nous parlerons donc de la formation du contrat, des engagements des parties, de la fin du contrat.

Section I. — Preuve de la formation du contrat.

Il n'appartient pas plus à l'une qu'à l'autre des deux parties de faire la preuve de la formation du contrat. En cas de contestation, l'article 1315 devra être appliqué ; c'est donc l'assureur, s'il réclame le paiement des primes, ou l'assuré, s'il demande l'indemnité, à prouver que la convention a été conclue.

Quant à la manière de faire cette preuve, elle donne lieu à certaines difficultés.

Nous avons dit déjà, en nous occupant de la forme du contrat, que l'article 332 du Code de commerce, qui paraît exiger un écrit pour l'assurance maritime, n'en fait pas une question de solennité ; cette solution n'est pas difficile à démontrer.

L'article 332 du Code de commerce ne fait que répéter une décision déjà ancienne, et qui elle-même consacrait la pratique antérieure. Dès le 16ᵉ siècle, — longtemps, par conséquent, avant qu'on organisât, en 1657, les offices de greffiers d'assurances, — il existait des

charges de courtiers d'assurances chargés de négocier
et de rédiger les assurances maritimes.

L'ordonnance de 1681 se référait à l'usage en exigeant
que le contrat d'assurance maritime fût rédigé par écrit ;
l'article 332 du Code de commerce ne peut avoir un sens
différent ; il n'est d'ailleurs pas assez formel pour que
l'opinion contraire en résulte invinciblement ; on doit
s'en tenir au Droit commun.

De cela il résulte que si un écrit est exigé, ce n'est
qu'au point de vue de la preuve. Il reste à savoir si l'article 332 du Code de commerce, ainsi interprété, doit
être étendu à l'assurance contre l'incendie.

Commençons par reconnaître que l'affirmative n'aurait rien de bizarre.

Si la loi exige, en matière civile, l'écrit à titre de solennité, pour la formation de certains contrats, — la
donation, la constitution d'hypothèque, le contrat de
mariage, — elle le demande aussi, à titre de preuve,
dans certaines autres hypothèses.

C'est ainsi que l'article 217 du Code civil, dont le sens
est d'ailleurs très contesté, veut que l'autorisation donnée par le mari à la femme, si elle ne résulte pas de son
concours dans l'acte, soit donnée par écrit. De même les
articles 1715, 2044, 2085 pour le bail, la transaction et
l'antichrèse.

L'article 332 du Code de commerce, peut-on dire,
se justifie également par des motifs spéciaux qui en com-
mandent l'application à l'assurance contre l'incendie.

Les intérêts garantis par les contrats d'assurance sont de la plus grande importance ; souvent c'est la fortune entière de l'assuré qui serait compromise par l'éventualité d'accidents journaliers si l'assurance n'existait pas. Il est donc important qu'il reste de ce contrat une trace certaine ; la nécessité d'un écrit donne en même temps une arme à l'assuré pour exiger de l'assureur que le contrat soit rédigé ; celui-ci, qui, en fait, est le maître de toutes les stipulations, se contenterait d'une convention verbale dont il dénaturerait ensuite les conditions.

Nous préférons donner à l'article 332 du Code de commerce une interprétation restrictive, et en refuser l'application à l'assurance contre l'incendie.

Il est à remarquer, tout d'abord, que cette disposition est tout à fait contraire au Droit commun. Le champ de la preuve est déjà assez restreint pour la généralité des conventions, sans qu'on aille étendre au delà de leurs termes les règles qui la restreignent encore. Si l'on doit accueillir avec faveur les dispositions qui reviennent à la liberté des preuves, — laquelle est de droit naturel, — il en est autrement de celles qui exagèrent les limitations.

En outre, l'article 332 du Code de commerce paraît inspiré par des motifs dont quelques-uns au moins, et les plus importants, ne s'appliquent pas à l'assurance contre l'incendie.

La valeur des assurances maritimes est souvent beau-

coup plus importante que celle des assurances terrestres ; quoiqu'en dise la Cour de cassation (1), l'indemnité est généralement plus faible dans ces dernières
assurances ; si l'on ne garantit d'ordinaire contre les
accidents de mer que de fortes cargaisons, un mobilier
peu important fait souvent l'objet d'une assurance
contre l'incendie. La comparaison entre les primes est
encore bien plus édifiante : le taux des primes très élevé
en matière d'assurance maritime, l'est très peu dans
les assurances contre l'incendie, où les dangers sont
bien moindres.

Ce n'est là d'ailleurs qu'un point de vue insignifiant ;
ce qui nous paraît surtout avoir déterminé la législation
commerciale à exiger un écrit pour le contrat d'assurance maritime, c'est l'incertitude, ce sont les dangers
de la preuve qui constituent en matière commerciale le
Droit commun ; on sait que le juge peut y admettre les
témoins quelle que soit l'importance des débats (arg.,
art. 10, C. comm.), et personne n'ignore les erreurs
auxquelles peut conduire une telle preuve.

Aussi n'en est-il pas de même en Droit civil : les témoins ne sont admis que jusqu'à 150 francs (art. 1341,
C. civ.), au delà de cette somme ils ne sont pas entendus,
à moins qu'il n'y ait un commencement de preuve par
écrit (art. 1347) ou que le titre n'ait été égaré (art. 1348).
Il est facile de voir qu'en présence de ce Droit com-

(1) Cass., 29 mai 1859. S. 59. 1.476. — Cass. 5 novembre 1862. S. 63.
1. 147.

mun, la nécessité d'un écrit est beaucoup moins grande.

Nous décidons en conséquence que la preuve de l'existence du contrat d'assurance s'administre suivant le Droit commun (1) ; il en est ainsi par là même de la preuve de l'existence des obligations qui prennent leur source dans ce contrat.

Quant aux autres modes de preuves, ils ne peuvent donner lieu à aucune contestation : les présomptions de l'homme sont assimilées à la preuve testimoniale, au point de vue des hypothèses dans lesquelles on peut y recourir (art. 1353, C. civ.). Le serment décisoire peut être déféré par l'une des parties à l'autre dans toutes les contestations (art. 1358). L'aveu est opposable à la partie qui l'a fait, à condition d'être considéré comme indivisible du moins s'il est fait en justice (art. 1354 et 1358). Le serment supplétoire est déféré par le juge qui en apprécie l'opportunité (art. 1366).

Section II. — Preuve de l'exécution des engagements.

La preuve de l'existence et du montant des obligations se confond avec celle du contrat ; car elles font partie intégrante de la police ; nous n'avons donc pas à y revenir.

Deux points restent à déterminer : la preuve de l'ar-

(1) Grenoble, 29 août 1879. S. 80. 2. 325.

rivée des événements qui rendaient l'exécution de ces
engagements obligatoires, et la preuve de l'exécution
elle-même.

§ 1. — *Preuve de l'arrivée des événements qui rendent*
obligatoire l'exécution des engagements.

Distinguons les obligations de l'assuré et celles de
l'assureur.

I. — OBLIGATIONS DE L'ASSURÉ.

Nous connaissons les deux principales obligations de
l'assuré.

L'événement qui donne naissance à la prime est le
début de l'année à laquelle elle s'applique ; il suffit donc
qu'à ce moment le contrat dure, — et c'est à l'assuré,
en vertu de l'article 1315 du Code civil, qu'il incombe
de prouver que la convention a pris fin, — pour que la
prime ne puisse être exigée. La date à laquelle a commencé le contrat, et dont les anniversaires marquent le
point de départ de nouvelles annuités, doit donc seule
être prouvée par l'assureur ; ce point a été traité plus
haut.

Quant aux événements qui donnent lieu aux déclarations de l'assuré, l'assureur n'aura besoin de les prouver que si ces déclarations n'ont pas été faites ou l'ont
été trop tard ; faits dont la Compagnie se prévaudra
pour invoquer la sanction prévue au contrat.

Cette preuve peut, en pratique, présenter quelque difficulté ; mais ce qui facilitera la tâche de la Compagnie, c'est qu'elle pourra invoquer le témoignage ou les présomptions de l'homme même au-dessus de 150 francs. Il se trouve, en effet, dans la situation prévue par l'article 1348, n'ayant pas pu se procurer un écrit pour un fait auquel il n'a pas participé ; en outre il s'agit presque toujours d'un pur fait, et l'on sait que les restrictions de la preuve testimoniale ne s'appliquent qu'aux faits juridiques.

Ainsi l'assureur prouvera par tous moyens, — sauf pourtant la commune renommée, qui est, comme on le sait, un mode de preuve exceptionnel, — le changement du lieu des risques, l'introduction de matières inflammables dans la maison assurée et autres événements du même genre.

Nous savons que l'assuré n'a pas le droit de chercher à démontrer que l'inexécution de l'obligation qui lui était imposée n'a causé aucun préjudice à l'assureur.

II. — OBLIGATIONS DE L'ASSUREUR.

Le payement de l'indemnité est la seule obligation que nous ayons relevée à la charge de l'assureur. Quel est l'événement qui rend nécessaire l'acquittement de cette obligation ? c'est le sinistre. En outre le montant des dégâts devra être établi ; car on sait que l'indemnité est basée, en partie, sur le préjudice causé.

1° *Incendie*. — L'assuré, réclamant l'indemnité qui

lui a été promise, doit, avant tout, établir l'existence du sinistre. Cette preuve se fera par tous les moyens légaux, puisqu'il s'agit d'un pur fait ; il est inutile de remarquer qu'une contestation sur ce point est impossible, l'incendie étant, par nature, visible à tous les yeux.

L'incendie prouvé, l'assureur n'est pas encore dans l'obligation d'acquitter l'indemnité ; il a le droit d'établir certains faits, qui pourront faire disparaître son obligation.

Il se peut tout d'abord que la Compagnie ait refusé de garantir l'incendie provenant de certaines circonstances, par exemple des faits de guerre. C'est à elle à faire la preuve du fait qu'elle invoque ; il s'agit, en effet, d'une restriction aux termes généraux dans lesquels l'assurance était contractée ; or nous avons reproduit l'article 1315, qui contient une nouvelle forme de la vieille règle : *Reus excipiendo fit actor*. La solution serait différente, si la Compagnie n'avait assuré la chose que pour le cas où l'incendie proviendrait d'une circonstance spéciale, comme la communication par une maison voisine ; l'assuré qui réclame l'indemnité est alors tenu de prouver que l'incendie provenait de cette cause ; car c'est à lui qu'incombe l'obligation d'établir toutes les conditions dont la réunion ouvre son droit à l'indemnité.

Nous n'agitons pas, comme on le voit, la question si controversée de savoir si l'incendie est, par lui-même, un cas fortuit ou le résultat d'une faute (1) ; non seulement ce problème nous paraît étranger au débat, mais il n'est, selon nous, jamais besoin d'être posé. Tout se réduit à une question de preuve : l'assuré doit, dans certains des cas où la preuve de l'incendie est à sa charge, prouver également que sa faute n'y est pour rien ; dans d'autres cas, c'est à l'assureur, qui veut éviter le payement de l'indemnité à établir que le sinistre ne provient pas de la cause que la police a prévue. Rien ne peut être dit de général sur ce point, que l'article 1315 suffit toujours à résoudre.

Il existe une seconde hypothèse, — très générale celle-là, — où l'assureur peut éviter le payement de l'indemnité ; c'est celle où l'incendie provient de la faute lourde ou du dol de l'assuré. Nous avons déjà dit que la clause contraire est nulle, comme blessant l'ordre public.

L'assureur qui invoque un fait de ce genre doit évidemment le prouver ; l'adage que nous avons reproduit tout à l'heure lui en impose l'obligation ; un autre texte (art. 1116, § 2) porte également que le dol ne se présume pas et doit être prouvé. Tous les moyens de preuve sont mis à sa disposition, car ici encore il s'agit d'un pur fait.

Souvent l'assureur invoquera l'autorité de la chose jugée, il se basera sur la condamnation encourue par l'assuré pour avoir volontairement mis le feu à la maison. Pourra-t-il se contenter d'invoquer cette condam-

_____

(1) Voy. sur ce point Bourcart, *France judiciaire*, 1887, p. 1 et suiv.

nation, ou devra-t-il prouver le fait une seconde fois? Il
est bien entendu que, si l'on adopte la première opinion, l'assuré ne pourra chercher à administrer la
preuve contraire.

En sens inverse, qu'arrivera-t-il si l'assuré a été acquitté par la juridiction criminelle ?

Cette question soulève le problème très compliqué de
l'influence de la chose jugée au criminel sur le civil.
Nous nous contenterons de résumer la doctrine généralement admise : on décide que la décision de la justice
répressive a autorité de chose jugée en ce qui concerne
l'existence du délit et la culpabilité de l'individu condamné (1). En conséquence si l'assuré a été condamné
comme coupable du crime d'incendie volontaire, il sera
déchu de tous ses droits à l'indemnité.

Réciproquement, l'accusé acquitté, pour n'avoir pas
été l'auteur de l'incendie, ne peut être poursuivi comme
coupable d'un délit civil (2), l'application de cette solution à notre matière est également très simple.

L'acquittement de l'accusé ne fait pas obstacle à une
demande basée sur l'existence d'une simple faute (3),
mais on sait que l'assuré coupable d'une simple faute
conserve son droit à l'indemnité. La solution que nous

---

(1) Cass., 3 août 1864. S. 64. 1. 395. — Lyon, 17 août 1867. S. 67. 2.
149. — Aubry et Rau, 4ᵉ édit., t. VIII, § 769 bis, notes 2, 6 et 9, p. 406
et 407.

(2) Cass., 9 avril 1873. S. 74. 1. 374. — Aubry et Rau, op. et loc. cit.,
notes 10 et 11.

(3) Cass., 20 janvier 1874. S. 74. 1. 374. — Req. 16 mai 1887 (deux
arrêts) D. 87. 1. 265. — Aubry et Rau, op. et loc. cit., note 18.

rappelons ici n'a donc aucune importance en notre matière.

2° *Montant de l'indemnité.* — L'assuré doit prouver le montant du dommage aussi bien que son existence. Cette preuve se fait contradictoirement avec l'assureur qui pourra ainsi contrôler l'exactitude des constatations faites. Nous avons dit que, si les parties ne tombent pas d'accord, le Tribunal fixe, d'après les éléments qu'il possède, la valeur du dommage éprouvé, on indique quels moyens on emploiera pour l'estimer ; nous avons ajouté qu'en pratique, cette besogne est faite par des experts, parce qu'il en est ainsi ordonné par les polices.

Il nous reste à déterminer de quelle manière on parviendra à une évaluation aussi exacte que possible du préjudice causé. Nous laissons de côté l'estimation du montant de la responsabilité assurée. Ce montant se détermine par la somme même qui sera payée par l'assuré à ceux qui l'actionnent en responsabilité.

Le préjudice causé par l'incendie des choses s'évalue, nous l'avons dit, en soustrayant la valeur des choses sauvées de la valeur de toutes les choses qui existaient avant le sinistre. Si la Compagnie prend les objets sauvés, conformément à la faculté qu'elle s'est réservée, et paye la valeur qu'avaient les objets avant le sinistre, la même opération n'est plus à faire ; néanmoins il restera nécessaire d'estimer les objets assurés ; dans le premier cas, il faudra, en outre, évaluer les objets sauvés.

18

Cette dernière opération est celle qui présente le moins de difficultés : il est évidemment très simple de calculer le prix qu'on pourrait retirer actuellement des objets échappés aux flammes, puisqu'on a ces objets sous les yeux. Nous avons dit quels sont les frais que l'assuré peut déduire de la valeur de ces objets, et qui, par suite, viennent augmenter le montant du dommage.

Le seul point à indiquer ici, c'est que la Compagnie ne saurait être admise à prouver que l'assuré, ayant certaines ressources particulières qui l'aideront à réparer le dégât, — par exemple le droit de prendre des bois dans une forêt voisine, — ces ressources doivent être ajoutées à la valeur du sauvetage; il est clair que celle-ci ne s'en augmente pas (1).

Passons à l'autre opération, la plus importante, puisqu'elle est la conséquence obligée de l'incendie.

L'estimation de la valeur vénale des objets assurés avant le sinistre est beaucoup plus délicate que celle des objets sauvés, et cela pour un double motif : il est toujours difficile d'estimer des objets qu'on n'a pas sous les yeux ; cette opération présente des inconvénients plus grands si l'évaluation doit être rétroactive.

Les déclarations de l'assuré fourniraient sur ce point les renseignements les plus précieux, — car, mieux que tout autre, il conaît la valeur de ses biens, — si elles n'étaient pas suspectes : l'assuré a intérêt à exagérer la valeur des objets incendiés, afin de toucher

(1) Cass., 10 mai 1869. S. 69. 1. 342.

une portion plus forte de l'indemnité promise. Pour éviter ce danger, les Compagnies stipulent la déchéance lorsque l'exagération est d'une certaine importance.

Outre les déclarations de l'assuré, les experts peuvent provoquer le témoignage de toutes les personnes qui auraient quelque indication à fournir; ils peuvent également consulter les livres de l'assuré, sa correspondance, etc. Ils y acquerront la preuve des marchandises qu'il aura reçues dans les derniers temps, et qui, par suite, auront été encore enfermées dans les magasins au moment de l'incendie ; ils y verront également le prix qui aura été payé pour ces marchandises.

Souvent les experts recourent également à la police et au détail qu'elle donne des objets assurés, mais deux raisons les obligent à ne voir là que de simples indications : d'abord la police est toujours antérieure au sinistre, souvent de plusieurs années ; les objets ont pu se modifier et leur valeur changer. En outre, les Compagnies ont soin de spécifier que les évaluations données par la police, n'étant établies que d'après les déclarations de l'assuré, ne peuvent être invoquées par ce dernier en cas de sinistre. La jurisprudence paraît incliner vers la solution contraire (1), mais sa décision nous semble inexacte, même dans le cas où la Compagnie n'a pas eu soin de se prémunir par une clause de ce genre ; puisqu'en effet, il n'est pas d'usage qu'une

---

(1) Douai, 14 janvier 1865. *Jurisprudence générale des Assurances*, II, 295. — Pau, 13 juin 1872, *eod. op.*, II, 429.

évaluation contradictoire soit faite lors de la rédaction
de la police, on ne peut rendre la Compagnie responsable des déclarations unilatérales de l'assuré.

§ 2. — *Preuve de l'exécution des obligations.*

La preuve de l'exécution de l'obligation de l'assureur
est trop conforme au Droit commun pour donner lieu à
quelque difficulté ; la Compagnie a dû demander à l'assuré une quittance de l'indemnité ; si elle ne l'a pas fait,
elle est en faute, et, par suite, n'est admise à employer
les témoins que si cette indemnité n'est pas supérieure
à 150 francs (art. 1341, C. civ.), ou si elle est en possession d'un commencement de preuve par écrit.

Il est de même de l'assuré, pour l'une ou l'autre de
ses obligations.

L'assuré a pu se procurer un écrit constatant sa déclaration : si elle a modifié les conditions de la police,
un nouvel avenant a dû être rédigé ; dans le cas contraire, l'assuré a au moins pu réclamer à la Compagnie
un récépissé constatant sa déclaration.

L'existence d'un écrit n'est cependant pas nécessaire,
même au-dessus de 150 francs, si on permet à l'assuré
de se prévaloir de la connaissance qu'aurait eue autrement que par sa déclaration, la Compagnie des faits à
déclarer. Nous avons soutenu cette opinion ; elle nous
permet de décider que l'assuré pourra, par tous moyens,
prouver que la Compagnie avait connaissance du fait à

déclarer, car il n'a pu se procurer un écrit constatant cette connaissance.

Quant à l'acquittement de la prime il appelle les mêmes observations que le payement de l'indemnité; ici encore un écrit a pu être rédigé et l'assuré a dû le garder. Il faut cependant remarquer que les témoins pourront être employés plus souvent pour la preuve de l'acquittement de la prime que pour celle du payement de l'indemnité : car, si celle-ci est généralement supérieure à 150 francs, la prime lui est assez souvent inférieure.

Nous avons cité un cas où l'assuré est dispensé de prouver qu'il a payé la prime, et où, au contraire, c'est à la Compagnie, qui prétend ne l'avoir pas touché, à démontrer l'exactitude d'une partie de son allégation.

Cette hypothèse est celle où la prime est quérable; qu'elle ait été ou non stipulée telle : nous avons dit que le débiteur attend alors qu'on vienne lui réclamer le montant de la prime chez lui, sans être tenu de prendre les devants et d'aller l'acquitter au siège social de la Compagnie ou à la résidence de son agent.

Qu'arrivera-t-il si l'assuré prétend avoir payé la prime? Il devra évidemment le prouver : *reus in excipiendo fit actor*. Mais s'il dit que le défaut de payement doit être attribué à la Compagnie, qui a eu le tort de ne pas faire réclamer la prime chez lui? C'est alors à celle-ci à faire la preuve des démarches qui ont dû entraîner la déchéance de l'assuré, aux termes de la police. Il s'agit, en effet, d'une des conditions requises par la loi pour

que la Compagnie puisse se prévaloir de l'un des droits
que lui accorde la police ; or toute personne qui intente
une action est tenue de prouver qu'elle se trouve dans
la situation requise pour l'intenter. Quant à la nature
de ces démarches, elle a déjà été étudiée.

Quelquefois la Compagnie pourra se refuser à faire
cette preuve avant que l'assuré ait lui-même prouvé un
autre fait. Nous faisons allusion à l'hypothèse où, d'a-
près les prétentions de l'assuré, la prime, stipulée portable dans le contrat, est devenue quérable ; nous avons
dit que, dans ce cas, la Compagnie est tenue de prouver qu'elle a envoyé quelqu'un au domicile de l'assuré
pour lui réclamer le payement, mais comme cette obligation suppose la quérabilité de la prime, c'est l'assuré
qui doit prouver ce dernier fait, au cas où la Compagnie le conteste (1).

Les moyens de preuve qu'il emploiera seront ceux
du Droit commun : car il lui a été possible de se procurer des écrits constatant l'usage suivi par la Compagnie.

Le juge appréciera si la preuve est complète : il ne suffirait pas que la Compagnie eût, une seule fois, fait toucher la prime au domicile de l'assuré pour que celle-ci
devînt quérable (2) ni même que l'agent de la Compagnie eût promis de se présenter à chaque échéance chez

(1) Paris, 8 février 1887. *Jurispr. génér. des Assur.*, II, 537. — Trib.
Seine, 10 février 1882, *eod. op.* III, 285.
(2) Trib. com., Castres, 19 mars 1880. *Jurispr. génér. des Assur.* III,
258.

le débiteur (1); il est nécessaire que, plusieurs fois de suite, d'une manière constante, ces démarches aient été faites (2).

Section III. — Preuve des événements qul mettent fin au contrat

Cette dernière question se confond, en partie, avec celles qui ont été étudiées dans la section précédente ; il se produit une résolution de plein droit quand l'assuré ne remplit pas ses obligations ; l'assureur, pour prouver la fin du contrat, n'aura donc qu'à démontrer l'inexécution de ses engagements.

L'assuré pourra alors démontrer de son côté que, malgré l'existence de ces événements, la Compagnie a voulu continuer le contrat, c'est-à-dire a renoncé à son droit de se prévaloir de la déchéance. Cette renonciation a généralement lieu en vertu d'un acte passé avec l'assuré, qui en contient l'expression formelle, ou qui la suppose nécessairement. La preuve s'en fera donc suivant le Droit commun ; nous rappelons qu'elle ne doit pas être facilement présumée.

Les autres modes, par lesquels le contrat prend fin, ne présentent pas plus de difficultés, qu'il y ait nullité ou cessation. Celui des contractants qui invoque la nul-

(1) Poitiers, 5 juin 1878. *Jurispr. génér. des Assur.* II. 574.
(2) Cass., 28 mai 1872. D. 72. 1. 399. — Trib. Seine, 28 juin 1883. *La Loi* du 16 novembre.

lité doit en administrer la preuve, en vertu de l'article 1315, elle se fera très facilement, sans écrit. Quant
à la cessation du contrat pour l'avenir, elle résulte d'é-
vénements assez notoires pour que la preuve en soit
facile : nous avons déjà parlé du sinistre. L'expiration
de la durée fixée est indiquée par le contrat ; la faillite
de l'assuré ou de l'assureur, la liquidation de ce dernier
ne vont pas sans des actes nombreux qui en démontrent
l'existence.

CHAPITRE IX

Toute personne qui, par sa faute, son fait ou sa négligence, cause un dommage à autrui, est tenue de le
réparer (art. 1382 et 1384, C. civ.). Il suit de cette règle, que celui qui a allumé l'incendie doit acquitter le
montant des dégâts : est-ce l'assureur ou l'assuré qui
exercera un recours contre l'auteur de l'incendie ? Par
quel moyen aura-t-il lieu ? Dans quel cas sera-t-il possible ? A quelle réparation aboutira-t-il ? Telles sont les
questions qui seront traitées en premier lieu.

Nous nous demanderons ensuite si l'assuré ne peut
pas en certains cas faire payer par autrui la prime ou
une portion de la prime ; question qui suppose la solution préalable d'un autre problème, celui du caractère
juridique de la prime.

Enfin, nous étudierons le caractère juridique de l'indemnité et nous examinerons comme conséquence à
qui elle appartient.

Section I. — Du recours contre l'auteur de l'incendie.

C'est à la personne qui souffre du fait d'un tiers à intenter contre lui une action en réparation. Le propriétaire incendié, qui n'a pas eu le soin de se faire assurer, agira donc contre l'auteur de cet incendie ; il est même certain qu'un recours lui est ouvert, au cas d'assurance, pour le préjudice qui n'aura pas été réparé par la Compagnie. On sait que, si l'indemnité n'est jamais supérieure au dommage, elle ne l'atteint pas toujours : la règle proportionnelle et le principe relatif au *plein* peuvent s'y opposer. Pour le surplus donc, l'assuré a éprouvé un véritable préjudice, et a le droit de s'adresser à l'auteur du sinistre.

Il faut même aller plus loin et accorder un recours à l'assuré pour la totalité du dommage, lequel sera calculé sans tenir compte de l'indemnité allouée par la Compagnie (1).

Le contrat d'assurance est, en effet, étranger à l'auteur du sinistre ; c'est une *res inter alios acta* dont il n'a pas à se préoccuper ; le dommage a été causé par lui, il doit en fournir la réparation. L'opinion contraire, — inique en ce qu'elle procurerait, en réalité, à l'auteur

---

(1) Voy. en ce sens, Cass., 4 mai 1831. Dalloz, *Répertoire,* Louage n° 800, en note. — Cass., 10 mai 1869. S. 69. 1. 342. — Voyez cependant en sens contraire, Nancy, 28 mai 1883. Dalloz, *Répertoire,* v° *Usage,* n° 395, en note.

du sinistre les profits stipulés par le contrat d'assurance, — produirait, en outre, des conséquences pratiques désastreuses. On prendrait moins de précautions,
si on savait n'avoir pas à répondre des accidents que
l'on cause ; on se laisserait même plus souvent entraîner par le désir de nuire à son voisin en incendiant sa
maison (1).

L'assureur, de son côté, peut-il exercer un recours
contre l'auteur de l'incendie ? L'affirmative paraît, à
première vue, très soutenable : il éprouve un dommage,
puisqu'il est tenu de payer une indemnité à l'assuré ; ce
dommage, c'est l'auteur de l'incendie qui l'a causé, et
sans droit ; les articles 1382 et 1383 paraissent donc
trouver ici leur application.

Cette solution n'est pas la nôtre. S'il est bon que l'auteur
du sinistre supporte les conséquences de son dol, de sa
faute ou de sa négligence, il serait injuste de les lui faire
supporter deux fois ; comment l'obliger à acquitter une
somme supérieure à la valeur des objets détruits ?

D'un autre côté, il ne nous paraît pas que l'assureur
éprouve, à proprement parler, un préjudice. S'il a promis de payer une indemnité en raison des pertes causées par l'incendie, ce n'est pas dans l'espoir de recouvrer le montant de cette indemnité en intentant une

(1) Le contraire a cependant été jugé en matière d'assurance contre les
accidents : la veuve de la victime, déjà indemnisée par une Compagnie
d'assurances, aurait un droit moindre contre l'auteur de l'accident. Trib.
correctionnel de la Seine, 27 novembre 1885. *Journal des Assurances*, 1886
p. 84. Voy. aussi Lyon-Caen, *Revue critique*, 1887, p. 650, qui étend cette
solution à l'assurance contre l'incendie.

action contre l'auteur du sinistre ; c'est tout simplement parcequ'il a trouvé que la certitude de toucher une prime compensait largement l'éventualité d'acquitter une indemnité plus forte. Son calcul, exact en général, s'est trouvé, dans l'espèce, déjoué par les événements ; nul autre que lui ne doit en supporter les conséquences.

Il résulte de ces développements que l'auteur du sinistre est tenu envers l'assuré de la réparation intégrale du préjudice causé à celui-ci, sans qu'on ait à tenir compte de la réparation déjà obtenue par l'assurance ; mais aucune action ne peut être intentée contre lui par l'assureur.

Toutefois, en pratique, ce n'est pas ainsi que les choses se passent ; l'assuré n'agit pas, et c'est l'assureur qui engage une instance, mais en intentant, — observation qui retrouvera son intérêt pratique, — l'action de l'assuré : c'est en nous plaçant dans cette hypothèse que nous répondrons aux questions posées plus haut.

§ 1. — *Par quelle voie l'assureur agit-il contre l'auteur du sinistre ?*

L'assureur n'a, en l'absence de convention, aucun moyen d'agir contre l'auteur du sinistre, en s'appropriant l'action de l'assuré.

Il ne peut, en effet, se prévaloir de l'article 1166 du Code civil, qui donne aux créanciers le droit d'exercer les actions de leur débiteur : l'assuré n'est pas le débiteur de l'assureur.

Il ne saurait davantage, quoiqu'on ait prétendu le contraire, s'appuyer sur l'article 1251, 3° du Code civil qui accorde la subrogation légale à celui qui, étant tenu avec ou pour d'autres, a payé une dette qu'il avait intérêt à acquitter : l'assureur était tenu envers l'assuré, mais il ne l'était pas de la même manière que l'auteur du sinistre. Ce n'est donc pas la dette de ce dernier, mais la sienne propre qu'il a payée ; les deux dettes sont d'autant plus différentes, que l'une dérive d'un contrat, l'autre d'un délit ou d'un quasi-délit (1).

Enfin nous avons vu que, de son chef, il n'a pas le droit d'agir contre l'auteur de l'incendie.

Il en est cependant autrement, à notre avis, et l'assureur peut exercer les actions de l'assuré contre les tiers, s'il a usé de la faculté qu'il s'était réservée de la police, de prendre les objets sauvés moyennant l'acquittement de l'indemnité tout entière ; le délaissement ainsi opéré par l'assuré comporte l'abandon le plus absolu de tout ce que ce dernier pouvait avoir à prétendre, et par suite contient implicitement une cession de la créance contre l'auteur du sinistre. En signifiant la cession à ce dernier ou en obtenant son acceptation,

(1) Cass., 2 juillet 1878. S. 78. 1. 413. — On admet généralement, en vertu d'une tradition constante, que l'assureur maritime jouit de la subrogation légale. Demolombe, *Traité des obligations conventionnelles*, t. IV, n° 597. — Lyon-Caen et Renault, *Précis de Droit commercial*, t. II, n° 2227. — Lyon-Caen, *Revue critique*, 1887, p. 627.

l'assureur peut agir au nom de l'assuré (art. 1690).

En dehors de ce remède exceptionnel, l'assureur s'en réserve, en pratique, un autre. La police contient toujours une clause en vertu de laquelle, sans qu'il soit besoin de nouvel acte, la Compagnie est subrogée dans tous les droits, recours et actions de l'assuré contre toutes personnes garantes et responsables du sinistre et contre leurs assureurs. Ces derniers mots font allusion à l'assurance qu'aura souvent contractée la personne responsable de l'incendie ; nous avons cité notamment l'assurance contre le recours du voisin, du locataire et contre les risques locatifs ; c'est alors l'assureur qui répondra de l'incendie.

On voit que la police d'assurance emploie le mot de *subrogation*. Est-il véritablement question d'une subrogation conventionnelle, ou ne s'agit-il pas plutôt d'une cession de créance ? Des débats très vifs se sont engagés sur ce point.

Il semblerait qu'il n'y eût rien de mieux à faire que d'entendre l'expression dans son sens le plus juridique, et considérer l'opération comme une subrogation ; nous verrons les conséquences qu'il faudrait en tirer.

Telle est, en effet, l'opinion que nous adopterions si nous avions cru devoir accorder à l'assureur une subrogation légale ; la subrogation conventionnelle ne serait qu'un rappel de cette dernière, une redondance, et la validité n'en serait pas contestable.

Malheureusement plusieurs motifs s'opposent à la validité d'une subrogation de ce genre.

Il s'agirait ici d'une subrogation consentie par le créancier ; or celte subrogation a lieu : « lorsque le » créancier, recevant son payement d'une tierce per- » sonne, la subroge dans ses droits, actions, privilèges » ou hypothèques contre le débiteur; cette subrogation » doit être expresse et faite en même temps que le paye- » ment » (art. 1250-1°, C. civ.).

Nous n'aurons pas de difficulté à montrer que ces conditions ne se trouvent pas réunies dans la clause de la police que nous étudions.

La subrogation est, il est vrai, expresse ; mais a-t-elle lieu en même temps que le payement ? évidemment non, puisqu'elle est faite avant le sinistre, et que l'indemnité n'est jamais payée qu'après ce sinistre.

Nous n'attacherions pas une importance exagérée à cet argument, s'il était seul ; car la raison pour laquelle le législateur a exigé une subrogation concomitante au payement ne nuit aucunement à la subrogation consentie au profit de l'assureur. La subrogation, on le sait, est une fiction contraire au principe de l'extinction de la dette par le payement : la somme acquittée est censée rester due dans les rapports du subrogé avec l'ancien débiteur ; c'est pour ce motif qu'on a exigé que la subrogation accompagnât le payement : si elle n'a pas lieu immédiatement, le payement fait purement et simplement a éteint la dette, dont les garanties accessoires ne peuvent plus revivre par une convention postérieure.

Or ce motif ne s'oppose aucunement à ce que la subrogation soit consentie d'avance et précède le payement. En admettant même qu'elle soit interdite, l'obstacle n'est pas invincible : l'assuré n'aura qu'à renouveler la subrogation au moment du payement de l'indemnité que fera l'assureur ; elle satisfera alors aux conditions exigées par la loi.

Mais un argument beaucoup plus sérieux empêche la validité de la subrogation ; et cet argument est celui qui déjà nous a paru décisif contre la subrogation légale.

Si cette dernière exige le payement de la dette de celui contre lequel on entend être subrogé, il en est de même de la subrogation conventionnelle.

Il faut, dit l'article 1250, que le créancier reçoive son payement d'une tierce personne. Quel payement ? évidemment celui de la dette à laquelle on va être subrogé et non pas de la dette de celui qui paye ; on n'agit pas, en effet, en qualité de tierce personne, lorsqu'on acquitte sa propre dette.

Or il n'est pas douteux que l'assureur, en acquittant l'indemnité, ne paye sa propre dette, — laquelle, nous l'avons dit, est différente de celle de l'auteur de l'incendie. Il ne pourrait obtenir la subrogation conventionnelle que s'il payait une dette autre que la sienne (1).

Cela étant, on est condamné, soit à annuler la clause

(1) *Contrà* Lyon-Caen, *Journal du Palais,* 1886, 1. 647.

de subrogation, soit à lui donner un autre nom qui représentera une opération différente.

Cette dernière opinion doit, sans aucun doute, être adoptée, puisque seule elle peut donner effet à la convention (art. 1157, C. civ.). On songera donc tout naturellement à la cession qui présente tant de rapport avec la subrogation, que la pratique n'en distingue pas toujours suffisamment, et que les parties ont fort bien pu confondre avec elle.

La cession est incontestablement possible ; on peut abandonner à une personne quelconque ses droits contre une autre personne.

Il est vrai que cette cession a lieu généralement soit moyennant un prix représentant la valeur de la créance cédée, soit à titre gratuit. Or, si la cession au profit de l'assureur n'a pas été faite à titre de libéralité, il n'est pas moins certain qu'aucun prix n'a été stipulé.

Mais ce n'est pas une condition essentielle à la validité de la cession ; l'absence de prix est trop naturelle, dans l'espèce, pour qu'on puisse s'en étonner ; tout d'abord l'assuré trouve une compensation dans l'indemnité qu'il touche de l'assureur ; en outre, il ne peut être question d'un prix pour une créance purement éventuelle, dont l'existence suppose non pas seulement un incendie qui pourra ne pas se produire, mais la responsabilité d'un tiers que l'incendie ne supposera pas nécessairement.

C'est donc avec beaucoup de raison que la jurispru-

dence (1), appuyée d'ailleurs par des autorités considérables en doctrine (2), considère la prétendue subrogation
consentie au profit de l'assureur comme une véritable
cession.

Les conséquences qu'il faut tirer de ce caractère sont
des plus importantes ; elles se produisent soit au point
de vue du moment à partir duquel l'assureur peut agir,
-soit au point de vue des formalités nécessaires, soit
enfin au point de vue de l'application des articles 1252
et 2037 du Code civil.

1° La Compagnie qui a payé l'indemnité promise peut
évidemment s'adresser, sans tarder, à l'auteur de l'incendie pour obtenir la réparation du préjudice causé à
l'assuré ; mais peut-elle, sans attendre qu'elle ait opéré
ce payement, agir dès le moment du sinistre ?

La doctrine de la subrogation ne doit pas hésiter à
admettre la négative : tant que le payement n'a pas eu
lieu, c'est toujours l'assuré qui reste créancier.

Il en est tout autrement dans l'opinion que nous avons
adoptée : la Compagnie, cessionnaire de la créance,
peut agir dès que cette créance a pris naissance ; elle
a donc le droit de poursuivre immédiatement l'auteur
de l'incendie.

Ce principe est limité cependant par la volonté des
parties : la Compagnie a incontestablement le droit de
prendre des mesures conservatoires, et notamment de

_____

(1) Cass., 5 août 1885. *Journ. du Palais*, 1886, p. 647.
(2) Labbé, *Revue critique*, 1887, p. 453.

pratiquer une saisie-arrêt entre les mains d'un débiteur
de son nouveau débiteur (1). Mais on irait trop loin en
lui permettant de se faire immédiatement payer : la
cession n'a lieu, — nous le montrerons plus tard, —
que dans les limites de l'indemnité due à l'assuré et
comme dédommagement de l'acquittement de cette indemnité : au moment du sinistre, l'assureur ne sait pas
encore ce qu'il doit, et par suite ne connait pas le maximum de ce qui lui est dû ; même après la fixation de
l'indemnité, il ne peut encore recouvrir, parce qu'il re-
couvrerait lui-même, momentanément du moins, une
somme qu'il ne débourserait pas, et s'enrichirait contrairement à sa propre intention (2).

Quoi qu'il en soit, notre doctrine est, à ce point de
vue, plus avantageuse pour l'assureur que le système
contraire.

2° Sous le second rapport, il en est tout autrement :
la subrogation est opposable au débiteur sans aucune
formalité. La cession, au contraire, exige, pour qu'on
puisse s'en prévaloir contre lui, une signification par
acte extra-judiciaire ou son acceptation dans un acte
authentique (art. 1690, C. civ.). Jusqu'à ce moment, il
peut, sans difficulté, payer sa dette entre les mains de
son créancier ou lui opposer la compensation, s'il acquiert une créance contre lui.

L'application de cette idée a pourtant été combattue

(1) Cass., 5 août 1885. *cité.*
(2) En ce sens Labbé, *loc. cit.*

par un arrêt (1) qui, tout en considérant comme une
cession la subrogation consentie au profit de l'assureur,
prétend qu'elle est soustraite, en raison de son caractère éventuel, aux formalités que le Code n'édicte que
pour les cessions fermes. Cet arrêt admet une distinction que les textes législatifs ne laissent pas supposer.

Il est vrai qu'il s'agit ici d'une cession de créance
éventuelle, mais la loi ne la dispense nulle part des formalités ordinaires des cessions ; la seule chose qu'il
faille reconnaître est l'impossibilité de procéder dès le
moment de l'assurance à la signification ; mais aussitôt
que la créance de l'assuré est née, et que le débiteur est,
par conséquent, connu, la signification devient possible
et obligatoire. C'est ce que la Cour de cassation a reconnu sans hésitation (2).

3° Aux termes de l'article 1252 du Code civil, « la
» subrogation ne peut nuire au créancier lorsqu'il n'a
» été payé qu'en partie ; en ce cas, il peut exercer ses
» droits, pour ce qui lui reste dû, par préférence à
» celui dont il n'a reçu qu'un payement partiel. »

On conçoit l'intérêt qu'aurait, dans certaines circonstances, l'assuré à se prévaloir de ce texte ; très souvent,
comme nous le montrerons, son recours contre l'auteur
de l'incendie est plus étendu que son droit à l'indemnité, et par suite que celui de l'assureur contre la même
personne. Il lui serait alors avantageux d'être préféré

(1) Orléans, 26 août 1858. D. 59. 2. 2.
(2) Cass., 15 juillet 1874. S. 75. 1. 211.

à celui-ci, si les biens du débiteur ne suffisaient pas à la satisfaction de ses deux créanciers. Notons, d'ailleurs, que l'article 1252 ne présenterait d'importance pour l'assuré que s'il jouissait d'une hypothèque ou d'un privilège sur les biens de son débiteur, puisqu'on écarte généralement l'application de cette disposition en matière de créance chirographaire.

Il est admis aujourd'hui sans contestation que le cédant ne peut se prévaloir à l'égard de son cessionnaire de l'article 1252 ; quelques auteurs professent même, — mais certainement à tort, car la loi n'accorde pas un tel privilège, — que c'est le cessionnaire qui est préféré au cédant. En considérant comme une cession la subrogation consentie au profit de l'assureur, nous avons rejeté l'application de l'article 1252.

4° L'article 2037 permet à la caution de ne pas acquitter entre les mains du créancier la somme qu'elle lui doit, si, par le fait de ce dernier, la subrogation ne peut plus s'opérer en faveur de la caution.

Si nous rappelons cette disposition, c'est qu'on pourrait être tenté de croire qu'elle s'applique à l'assureur, dans l'opinion qui le considère comme subrogé, en vertu de la police, à l'assuré.

Certains auteurs en effet l'étendent à l'assureur maritime, lequel, avons-nous dit, est subrogé légalement aux droits de l'assuré (1). Et le motif qu'ils invoquent s'applique pleinement à l'assureur contre l'incendie. On

(1) Lyon-Caen et Renault, *Précis de Droit commercial*, t. II, n° 2246.

dit, en effet, que l'assurance est un contrat de garantie contre certains dommages éventuels, comme le cautionnement contre l'insolvabilité du débiteur.

Nous avons déjà indiqué les différences entre l'assurance et le cautionnement ; il faut ajouter que l'article 2037 est fondé sur des motifs spéciaux qui ne se rencontrent pas en matière d'assurance.

L'article 2037 paraît fondé, en partie du moins, sur l'idée que, sans la subrogation, la caution n'aurait pas contracté ; or cette subrogation n'est qu'accessoire dans la pensée de l'assureur, puisqu'elle ne peut s'ouvrir que dans des cas exceptionnels, et que le payement de la prime a été la considération dominante à laquelle il a obéi. On sait d'ailleurs que l'article 2037 présente un caractère exceptionnel, qui en interdit une extension même raisonnable (1).

En somme, l'article 2037 du Code civil ne peut servir de base à aucune opposition entre les conséquences des deux doctrines qui se sont manifestées sur la subrogation de l'assureur. Il est inapplicable dans les deux systèmes.

§ 2. — *Dans quels cas a lieu le recours ?*

On n'est responsable de l'incendie qu'on allume que lorsqu'on a commis une faute ou au moins une négli-

---

(1) En ce sens Cass., 15 mars 1876. S. 76. 1. 347. — Cass., 2 mars 1886. S. 87. 1. 17. — Lyon-Caen, *Revue critique*, 1887, p. 627. — Labbé, S. 76. 1. 337.

gence (art. 1382 et 1383, C. civ.); la preuve en incombe
à celui qui intente l'action (1); car, aucun lien contrac-
tuel ne l'unissant à l'auteur de l'incendie, il est purement et simplement soumis au principe de l'article 1315
du Code civil. Souvent cette preuve résultera suffisamment d'une condamnation criminelle prononcée sur les
poursuites du ministère public. Tout ce que nous avons
dit, à ce propos, de l'incendie allumé par l'assuré, s'applique ici; car les principes de l'autorité de la chose
jugée, sur lesquels nous nous sommes fondé, ne varient
pas.

Il n'est pas difficile, en théorie, de déterminer quel est
le degré de faute dont on répond en matière délictuelle,
c'est-à-dire dont on est obligé de réparer les conséquences dommageables quand elle a nui à une personne avec
laquelle on n'avait pas conclu de convention. Tout
homme répond de ses fautes les plus légères, c'est-à-
dire de celles que pourrait commettre l'administrateur
le plus soigneux; la règle moins sévère de l'article 1137,
et qui d'ailleurs est encore atténuée dans diverses conventions, ne s'applique donc pas : *In lege Aquilia*,
disait le jurisconsulte romain, *et levissima culpa venit*.

La preuve de la faute n'en est pas moins nécessaire,
et ne peut résulter de présomptions plus ou moins
bien fondées. On s'est souvent demandé, à ce propos,
si l'inobservation d'un règlement édicté dans l'intérêt

---

(1) Paris, 4 décembre 1876. *Journal des Assurances,* 1877, p. 201.

public constitue à elle seule une faute, lorsque l'incendie en dérive.

Cette question n'est pas spéciale à la matière des assurances, elle s'est notamment posée en ce qui concerne les accidents arrivés en chemin de fer : la Compagnie en est-elle responsable par cela seul qu'ils proviennent de la dérogation apportée par elle aux règlements qui lui sont imposés, ou faut-il en outre qu'on prouve sa faute ? Problème d'autant plus important que la jurisprudence, contrairement à l'opinion de la plupart des auteurs, applique les règles de la responsabilité délictuelle dans les rapports entre la Compagnie de chemins de fer et les voyageurs.

Nous ne croyons pas, pour notre part, que l'inobservation des lois et règlements puisse dispenser la victime de prouver la faute de celui qui a causé un dommage. Ce n'est pas en effet dans l'intérêt des particuliers que les prescriptions de ce genre ont été édictées, mais avant tout dans l'intérêt de la sécurité publique, aussi les dispositions qui les édictent n'imposent-elles pas, comme sanction, des dommages-intérêts aux personnes lésées, mais une amende et quelquefois un emprisonnement.

C'est ce que nous déciderons, par exemple, pour la contravention à la loi du 15 juillet 1845 qui défend, sous des peines correctionnelles, la construction de toitures en chaume et le dépôt de matières inflammables à moins de vingt mètres des endroits où passe le chemin de fer (art. 7). Si une toiture établie en contravention de cette disposition prend feu et incendie l'immeuble voisin, le propriétaire de cet immeuble ou son assureur ne peuvent se prévaloir d'une prétendue présomption de faute de la part du voisin ; le feu du ciel, aussi bien que le fait du propriétaire, a pu causer l'incendie de la toiture en chaume ; et la preuve incombe à celui qui intente l'action.

Il existe, au contraire, une présomption de faute dans les hypothèses prévues par les articles 1384 et 1385 du Code civil.

Aux termes du premier de ces articles, on répond du dommage causé par le fait des personnes dont on doit répondre ou des choses qu'on a sous sa garde. L'article donne comme exemple la responsabilité du père au sujet de ses enfants mineurs, des maîtres et commettants au sujet de leurs domestiques et préposés, des instituteurs et artisans au sujet de leurs élèves et apprentis. L'article 1385 y ajoute la responsabilité du dommage causé par un animal dont on est propriétaire ou dont on a la garde.

Nous n'avons pas à déterminer les circonstances dans lesquelles existe cette responsabilité et celles où elle cesse, l'extension qu'on peut en faire à d'autres cas non prévus par la loi. Nous renvoyons sur ce point aux traités généraux sur la matière.

Il est cependant bon que nous répondions à la question de savoir si celui dont la responsabilité est ainsi

engagée peut s'en décharger en prouvant que la présomption de faute qui pèse sur lui est erronée.

Cette question est résolue par la loi de deux manières
différentes pour les divers cas de responsabilité réglés
par l'article 1384.

Le père ainsi que l'instituteur et l'artisan sont admis
à prouver qu'ils n'ont pu empêcher le fait qui donne lieu
à leur responsabilité. Le motif peut se tirer du fondement qui doit être assigné à cette responsabilité : ils
sont tenus parce que, si le fait en lui-même ne peut
être imputé à une faute de leur part, ils ont au moins
eu le tort de ne pas accomplir leur devoir de surveillance ; du moment qu'ils prouvent que leur surveillance
n'a pas pu empêcher le fait, ils ne sauraient continuer
à être obligés.

Quant au fondement de la responsabilité des maîtres
et commettants, on le trouve généralement dans le
choix qu'ils ont fait de leurs préposés : ils sont en faute
d'avoir accepté des employés négligents, incapables ou
malveillants ; cette présomption est de celles qui ne
peuvent pas admettre la preuve contraire parce que le
choix doit toujours être éclairé (1). La jurisprudence y
ajoute le droit qu'a tout commettant de donner des ordres à son préposé (2), et en conclut que la présomption

---

(1) Demolombe, *Traité des quasi-contrats* etc., n° 610. — Laurent, *Principes de Droit civil*, t. XX, n° 670. Sourdat, *Traité de la responsabilité*, t. II,
n° 884.

(2) Cass., 25 octobre 1886. S. 87. 1. 457,

de faute disparaît si le commettant prouve qu'il n'était pas en droit de donner ces ordres (1).

Quant à l'article 1385, son fondement donne lieu à de profondes controverses.

Quelques auteurs (2) s'appuyant sur les travaux préparatoires, attribuent cette disposition à une présomption de faute; cette exception à l'article 1383 serait fondée sur les instincts grossiers des animaux que le maître aurait eu le tort de ne pas réprimer ; la jurisprudence s'était jusqu'à ces dernières années rangée à cette doctrine (3).

Elle s'est ralliée depuis à une opinion différente (4) qui compte également des partisans considérables dans la doctrine et qui trouve la base de l'article 1385 dans la propriété ou dans le fait de se servir d'un animal ; ce système, qui tend à prédominer, prend son principal argument dans le Droit romain, où, en effet, l'action *de pauperie* était accordée contre le propriétaire d'un ani-

---

(1) Trib. Moulins, 8 janvier 1887. S. 87. 2. 173. *Contrà*, Tribunal supé-rieur de l'empire d'Allemagne, 11 décembre 1885. S. 87. 4. 18. — Comp. Brémont, *Revue critique*, 1888, p. 79.

(2) Laurent, *Principes de Droit civil*, t. XX, n° 626.— Courtois, *Le Droit* du 20 janvier 1880.

(3) Paris, 8 février 1879 et Cass., 23 décembre 1879. S. 80. 1. 463. — Paris, 9 mars 1884. S. 86. 2. 97. — Trib. Seine, 29 avril 1884, *Droit* du 10 mai 1884. — Chambéry, 28 mars 1885, *Droit* du 21 octobre 1885.— Trib. Moulins, 8 janvier 1887. S. 87. 2. 173.

(4) Trib. Alger, 5 juin 1878. S. 80. 2. 176. — Paris, 23 février 1884. S. 86. 2. 97. — Trib. Seine, 21 novembre 1885, *Gazette des Tribunaux* du 23 décembre 1885. — Cass., 27 octobre 1885. S. 86. 1. 33., — Cass., 9 mars 1886. S. 86. 1. 244. — Trib. de l'Empire d'Allemagne du 11 décembre 1885. S. 87. 4. 18.

mal ou celui qui s'en servait, en raison du dommage
causé par cet animal.

L'intérêt pratique de cette discussion est que la première opinion admet nécessairement la preuve contraire
le maître étant tenu à cause d'une présomption de faute
et reçu à prouver que cette présomption est erronée ; le
fondement que lui assigne le deuxième système n'admet pas cette preuve contraire.

Enfin, aux termes de l'article 1386, le propriétaire
d'un bâtiment est responsable du dommage causé par
sa ruine ; mais cette disposition n'a aucune application
en matière d'assurance contre l'incendie.

Pour nous résumer, c'est à celui qui invoque la faute
d'un tiers à prouver que c'est par cette faute que l'incendie a été allumé. Dans certaines hypothèses exceptionnelles, la faute est présumée, et ces hypothèses se
divisent elles-mêmes en deux catégories : tantôt la personne responsable de l'incendie a le droit de prouver qu'en
fait, aucune faute ne peut-être relevée contre lui ; tantôt, au contraire, la présomption n'admet pas de preuve
contraire, et cette personne n'a aucun moyen d'échap-
per à l'action de l'assuré, qu'intente l'assureur contre
elle. Rien ne l'empêche d'ailleurs, s'il y a une faute
commise par un individu dont elle répond, d'exercer
un recours contre lui (1).

---

(1) Aubry et Rau, 4ᵉ édit. § 448, not. 10. — Giboulot, D. 73. 1. 337. —
Labbé. S. 86. 2. 97.

§ 3. — *A quelle réparation aboutit le recours contre l'auteur
de l'incendie ?*

C'est ici surtout qu'il y a lieu de se rappeler le caractère de l'action dont est passible la personne, qui, aux
yeux de l'assureur et de l'assuré, est responsable de
l'incendie. Nous avons dit que l'assureur n'a, de son
chef, aucune action, et qu'il exerce celle de l'assuré,
après se l'être fait céder.

Or que peut demander l'assuré à l'auteur de l'incendie?

Cette question nécessite une comparaison sommaire
entre les effets de la responsabilité contractuelle et ceux
de la responsabilité délictuelle.

Le contractant qui contrevient aux obligations qui lui
sont imposées est tenu à des dommages-intérêts (art.
1142). Ces dommages-intérêts aboutissent rarement à
une indemnité complète ; car le législateur, voulant
éviter que le débiteur fût ruiné par les exigences du créancier y a mis certaines limites. Ce dernier, à moins que
la somme exigible n'ait été fixée par le contrat (art.
1152), ne peut réclamer que les dommages-intérêts
qu'on a pu prévoir lors du contrat ; il ne fera donc entrer en ligne de compte que le résultat immédiat qu'il
s'est proposé en contractant, et ne sera même en droit
de le faire que si ce résultat pouvait être prévu lors du

contrat (art. 1150). Cette dernière restriction est supprimée quand l'inexécution provient du dol du débiteur;
mais il reste toujours vrai que celui-ci doit indemniser
le créancier uniquement de ce qui est la suite immédiate
et directe de l'inexécution (art. 1151); les pertes que le
créancier a subies et le gain dont il a été privé d'une
manière indirecte ne lui sont pas remboursés.

Cette distinction n'existe plus en matière délictuelle;
car les articles 1382 et 1383 assimilent entièrement le
délit, qui suppose la mauvaise foi et le quasi-délit, qui
ne va pas sans bonne foi. Ajoutons toutefois que la jurisprudence paraît avoir une tendance à punir plus sévèrement le délit que le quasi-délit.

En outre, les délits et quasi-délits obligent à une réparation beaucoup plus complète que la violation d'un
contrat; on ne s'en tiendra pas ici à ce qui est la suite
immédiate et directe de la contravention. Le délinquant
doit donc indemniser sa victime des conséquences les
plus indirectes de sa faute ou de sa négligence.

Que résulte-t-il de cette comparaison? que les deux
débiteurs de l'assuré sont tenus envers lui d'une manière bien différente: l'assureur ne lui doit que la
réparation de son préjudice direct; sans doute, il n'a
pas contrevenu aux obligations qui lui étaient imposées
par le contrat; mais sa responsabilité n'en dérive pas
moins d'un contrat et doit reposer sur les articles 1150
et 1151 qui constituent une interprétation législative des
conventions. Quant au tiers, il répond des conséquences

de l'incendie dans le sens le plus large et doit indemniser l'assuré d'une manière complète.

L'assureur, exerçant l'action de l'assuré, peut-il obliger le tiers à acquitter entre ses mains le montant intégral du préjudice causé à l'assuré par l'incendie?

L'affirmative ne serait pas déraisonnable ; elle paraît même, à première vue, très juridique : la cession d'une créance comprend la créance toute entière, à moins d'une limitation formelle.

L'opinion contraire nous paraît cependant préférable. Quel but ont voulu atteindre les parties en insérant dans la police la clause de subrogation ? elles ont voulu permettre à l'assureur de recouvrer sur le tiers responsable le montant de son indemnité ; peut-être, en même temps, la Compagnie a-t-elle désiré réprimer l'intérêt qu'aurait eu l'assuré à allumer volontairement l'incendie s'il avait dû toucher une double indemnité. On irait au delà de ces intentions en accordant à l'assureur plus qu'il n'a versé ; l'incendie lui procurerait alors un véritable enrichissement. Il vaut donc mieux limiter son droit à ses dépenses. Si elles veulent aller plus loin, les parties devront l'indiquer formellement.

Le tiers ne sera donc tenu de payer à l'assureur que le dommage directement causé à l'assuré, moins encore si, par l'application du principe du *plein* et de la règle proportionnelle, l'indemnité versée par l'assureur n'atteint pas ce préjudice.

En résulte-t-il que pour le surplus l'auteur de l'in-

cendie soit à l'abri de toute action, et conserve ainsi une
portion de la somme qui représente la perte causée par
sa faute ? Pas le moins du monde : l'assuré, qui n'a cédé
qu'une portion de sa créance, conserve évidemment le
surplus : le tiers responsable du sinistre est donc passible
d'une double action, et après avoir remboursé à l'assureur, l'indemnité versée par ce dernier, il remboursera à l'assuré le surplus de ses pertes.

Celui-ci lui réclamera donc à la fois les pertes directes
qui dépassent l'indemnité et les pertes moins immé-
diates.

Ces dernières présentent, on le conçoit, une certaine
élasticité ; il est impossible d'en donner une énumération
complète.

Remarquons seulement que le chômage, c'est-à-dire
l'absence de revenus pendant le temps nécessaire à la
reconstruction, — qui, nous l'avons vu, n'est pas de
plein droit à la charge de l'assureur, — doit être réparé par l'auteur de l'incendie.

En outre, il ne devra pas seulement, comme la Compagnie, la valeur vénale des objets incendiés, mais
tout le profit que l'assuré pouvait légitimement espérer
d'en retirer.

Cette responsabilité est, en pratique, quelquefois atténuée par l'intervention d'un principe généralement
suivi en matière délictuelle : on admet que l'auteur d'un
délit ou d'un quasi-délit n'en doit pas la réparation intégrale, lorsque l'imprudence de la victime a augmenté

le préjudice. La jurisprudence fait journellement de fréquentes applications de cette règle (1), qui repose sur le bon sens et doit, sans aucun doute, être appliquée en notre matière. Supposons que le voisin, dont la maison est incendiée, prévient immédiatement l'assuré, qui néglige de prendre les précautions nécessaires ; celui-ci ne pourra évidemment réclamer au premier que la perte qui n'aurait pas pu être évitée par ces précautions.

Une autre question, également générale, est celle de savoir si les auteurs d'un délit ou d'un quasi-délit, et notamment d'un incendie, en sont solidairement responsables, et peuvent être actionnés chacun pour le tout.

La jurisprudence admet la solidarité (2), par argument de l'article 55 du Code pénal, qui l'établit en matière de crimes et de délits criminels.

Nous préférons le système contraire ; il nous paraît résulter invinciblement de l'article 1202 du Code civil qui semble exiger , même pour la solidarité légale, une disposition explicite. L'article 55 du Code pénal vise des contraventions qui sont presque toujours intentionnelles ; il faudrait, si on l'étendait au point de vue civil, admettre la solidarité même pour les quasi-

---

(1) Voy. Cass., 10 novembre 1884. S. 85. 1. 120. — Cass., 29 mars 1886. S. 86. 1. 173. — Cass., 26 avril 1887. S. 87. 1. 471. — Trib. Seine, 15 juillet 1887. *La Loi*, du 17 janvier 1888. — Aix, 12 décembre 1887. *La Loi*, du 26 janvier 1888. — Cass., 14 décembre 1887. *Gazette des Tribunaux* du 18 décembre 1887.

(2) Cass., 29 janvier 1840. S. 40.1.369.

20

délits, qui ne sont jamais commis avec intention. On ne peut donc appliquer l'article 55 qu'en l'aggravant, et c'en est assez pour le rejeter.

La prime étant une somme d'argent, constitue un meuble ; en outre, comme elle est généralement payable par annuités, on peut la considérer comme une compensation des fruits perçus. Chacun de ces deux points de vue, dont aucun n'est contestable, embrasse des conséquences.

1° La prime est un meuble ; elle est donc, comme les dettes mobilières, à la charge de la communauté qui devra acquitter, pendant sa durée, la prime des assurances contractées par les biens propres des époux.

Il en est ainsi que l'assurance ait été contractée avant ou pendant le mariage, que les époux aient adopté la communauté légale ou l'une des clauses modificatives de la communauté.

2° La communauté n'a même pas à exercer un recours total contre l'époux assuré : il est vrai qu'il s'agit de dettes mobilières relatives à un propre, lesquelles donnent d'ordinaire droit à une récompense (art. 1409-1° C. civ.). Mais les primes stipulées en raison de l'assurance d'une chose, s'appliquant à la toute propriété de

cette chose, concernent pour une partie de leur montant l'usufruit, et pour l'autre partie la nue-propriété :
une ventilation sera donc nécessaire, et cette dernière
portion seule autorisera lors de la dissolution de la communauté, une demande de récompense au profit de la
communauté.

On ne pourrait, en sens inverse, prétendre que la
communauté n'a aucun recours à exercer, parce que les
primes sont des charges de la jouissance. Si l'on peut
considérer comme charges de la jouissance les frais de
récolte et les réparations d'entretien, il en est autrement
d'une dépense facultative, qui est faite aussi bien dans
l'intérêt du nu-propriétaire que dans celui de l'usufruitier.

Mêmes règles, sous les régimes dotal et sans communauté pour les biens de la femme soumis à l'administration et à la jouissance du mari ; la femme lui restitue
la portion de la prime annuelle représentant sa nue-propriété.

Mêmes règles enfin, fondées sur le même motif pour
les rapports entre l'usufruitier et le nu-propriétaire,
dans le cas exceptionnel où, par la volonté du testateur,
l'assurance qu'il a contractée subsiste après sa mort,
et dans celui où le nu-propriétaire et l'usufruitier contractent conjointement une assurance, moyennant une
seule prime : chacun d'eux payera sa part, après ventilation.

Section III. — De la nature juridique de l'indemnité et des conséquences qui en découlent.

L'indemnité est-elle subrogée au bien qu'elle remplace, et prend-elle, notamment, son caractère immobilier ? Telle est la question que nous étudierons en premier lieu.

Nous examinerons ensuite les conséquences de la solution que nous aurons admise, au triple point de vue des créanciers, du régime matrimonial et de la succession.

§ 1. — *Nature juridique de l'indemnité.*

On a fortement discuté, pendant un certain temps, le point de savoir si l'indemnité est subrogée à la chose qui a péri.

Il faut bien s'entendre sur le sens de la question; on ne peut contester que l'indemnité ne porte une somme d'argent, et, par suite, ne soit une créance mobilière avant le payement, et un meuble ensuite. Des conséquences certaines en découleraient tout naturellement, si l'on ne prétendait pas que l'indemnité prend juridiquement, et par une fiction qui dérive autant de la volonté des parties que de l'ordre public, le caractère de la chose qu'elle remplace. Si donc celle-ci est immobilière, l'indemnité, dit-on, sera réputée également immobilière.

Cette idée, en elle-même, n'a rien que de très rationnel, l'intérêt de certaines personnes qui avaient sur la chose des droits spéciaux, même l'intérêt de l'assuré lui-même dans certains cas, la rend équitable. Elle repose en outre sur une théorie générale, celle de la subrogation réelle, dont le Code civil contient au moins une et peut-être plusieurs applications.

La théorie de la subrogation réelle, qui était fort en honneur dans l'ancien Droit, consistait à attribuer à la chose qui, dans le patrimoine, venait en remplacer une autre, les caractères et la destination de celle à laquelle elle se substituait.

Le Code civil a certainement répudié ce principe dont il ne contient pas la formule générale : la difficulté de reconnaître, au milieu de l'abondance des échanges, l'origine de chaque bien, rendait cette abrogation indispensable à la sécurité des transactions.

Les textes qui ont conservé quelque application à la subrogation réelle, et qui, par là même, ont servi d'arguments à la doctrine que nous combattons, prouvent, au contraire, que cette doctrine n'a plus de base sérieuse.

Les articles 1434 et 1435 du Code civil contiennent le seul cas indiscutable de la subrogation réelle.

Ces dispositions portent que l'immeuble acquis des deniers propres à l'un des époux lui devient également pro-

pre, en remplacement de la somme qui a servi à l'acquérir. C'est une dérogation au Droit commun, puisque tous
les immeubles acquis pendant le mariage tombent en
communauté (art. 1402), et que les conventions matri-
moniales ainsi faites ne peuvent être modifiées par les
époux (art. 1395).

Mais cette dérogation est inspirée beaucoup plus par
l'équité que par une réminiscence de la subrogation
réelle ; il est juste que l'époux qui aliéne l'un de ses propres le remplace dans son patrimoine par l'immeuble
acquis des deniers procurés par le premier, et n'en
soit pas réduit à exercer une reprise contre la communauté lors de sa dissolution.

Ce qui démontre d'ailleurs le caractère exceptionnel,
du remploi, ce sont les conditions rigoureuses qu'il
exige.

D'autres exemples de subrogation réelle, mais beaucoup plus discutés, se rencontrent dans les articles 351,
747 et 766 du Code civil, qui accordent un droit de succession anormal à certaines personnes sur les biens
qu'elles ou leurs auteurs ont gratuitement placés dans
le patrimoine du défunt, en ajoutant que cette succession s'étendra à l'action en reprise qui, dans ce patrimoine, remplace le bien aliéné. Si, a-t-on dit, la succession anormale porte sur l'action en reprise, c'est que
cette action est assimilée au bien lui-même ; il en est de
même du prix encore dû sur lequel porte également ce
droit de succession.

La discussion de cette doctrine nous mènerait trop loin ; il nous suffira de dire qu'elle n'est pas suivie par tous les auteurs, et que l'opinion contraire paraît même dominer. On considère cette extension du retour successoral à des objets autres que celui qui a été donné, comme une mesure de pure équité.

Quelque système qu'on adopte sur ce point, l'existence de la subrogation réelle dans notre Droit actuel n'est pas démontrée ; et, au contraire, son caractère exceptionnel ne fait plus de doute. Il est donc certain qu'en dehors des cas où la loi admet formellement la substitution juridique d'un bien à un autre, cette substitution ne peut être créée par l'interprète.

Ce raisonnement très général constitue toute notre démonstration ; la nature de l'indemnité n'est qu'une application de l'idée que nous avons développée. C'est ce qui est d'ailleurs reconnu aujourd'hui, en principe (1), malgré quelques décisions contraires (2).

On a pourtant invoqué en sens opposé, un argument spécial à l'indemnité d'assurance et qui est assez spécieux pour nécessiter une réfutation : la somme payée par l'assureur à l'assuré non seulement représente, dans leur pensée à tous deux, la chose qui a péri, mais est proportionnée à la valeur de cette chose. Décider que l'indemnité ne prend pas la place de l'objet, c'est

---

(1) Cass., 20 décembre 1859. D. 60, 1. 68. — Cass., 31 décembre 1862. S. 63. 1. 351. — Trib. Corbeil, 4 janvier 1882. *Jurisp. génér. des Assur.*, III, 283.

(2) Paris, 13 mars 1837. D.38.2. 154, — Paris, 24 mars 1855. D. 56.2.233.

violer le principe que l'assurance est un contrat d'indemnité ; sans doute l'assuré n'acquiert pas de bénéfice ; mais il en est autrement de certains de ses créanciers, qui, par suite du système qui repousse la
subrogation réelle, gagneront à la destruction de la
chose : on verra, en effet, que les droits réels disparais-
sent dans notre système.

La réponse à cette objection est facile ; car on déna-
ture complètement le sens de la qualification justement
attribuée à l'assurance. Certes, c'est un contrat d'indemnité ; mais en quel sens ? Cette expression n'a d'autre but
que de montrer que l'indemnité ne peut dépasser, dans
le patrimoine de l'assuré, la valeur de la chose qu'elle
remplace : elle n'indique aucunement le sort de l'indemnité, une fois qu'elle est absorbée dans ce patrimoine.
En d'autres termes, elle s'occupe des rapports entre
l'assureur et l'assuré et non pas entre l'assuré et les
tiers.

Nous ne nous appuyons pas, comme on le voit, sur
l'idée que l'indemnité est la représentation, non pas de
la chose, mais des primes versées par l'assuré. Cet argument serait à la fois inutile et dangereux : il serait
inutile parce que le caractère de l'indemnité se démontre surabondamment d'une autre manière ; il serait
dangereux parce qu'il conduirait à admettre la subrogation réelle dans tous les cas où une règle de ce genre
ne pourrait pas être exprimée. Nous préférons reconnaître que l'indemnité représente, non pas les primes,

— puisqu'elle est, la plupart du temps, bien supérieure à ces primes, — mais la chose ; seulement cette constatation n'entraîne aucune conséquence pratique et n'empêche pas l'indemnité de conserver, en droit, les caractères qu'elle offre en fait.

§ 2. — *Des conséquences du caractère de l'indemnité.*

Nous nous sommes proposé d'étudier à un triple point de vue les conséquences qui découlent de la nature de l'indemnité : les rapports de l'assuré avec ses créanciers, son époux et ses successeurs.

1° *Créanciers.* — Si la chose incendiée était immobilière, elle pouvait être grevée d'hypothèques ; les créanciers qui étaient titulaires de ce droit réel avaient la certitude de passer, en cas de distribution par voie d'ordre du prix de cet immeuble, avant les créanciers simplement chirographaires. Il pouvait même exister certains créanciers privilégiés, lesquels, comme on sait, sont encore plus favorables que les créanciers hypothécaires.

Ces distinctions entre les créanciers pouvaient même exister sur les meubles incendiés : car si les meubles ne sont pas sujets à hypothèque, — nous exceptons ceux qui forment des immeubles par destination, — ils peuvent, du moins, être affectés de privilèges.

Tout cela disparaît après l'incendie : la chose ayant péri, aucun droit de préférence ne peut s'exercer sur elle. Et quant à l'indemnité, nous avons montré que si elle représente cette chose, elle ne prend cependant ni sa nature, ni ses caractères ; juridiquement, aussi bien qu'en réalité, l'indemnité est une valeur mobilière nouvelle.

Il était impossible, en l'absence de textes spéciaux, d'éviter cette solution, qui était admise par la doctrine (1) aussi bien que par la jurisprudence (2).

On ne peut se dissimuler pourtant son iniquité : si les créanciers avaient, par leur faute, perdu leurs droits de préférence, ils n'auraient pas été à plaindre. Mais c'est par un événement qu'ils ne pouvaient prévoir qu'ils en étaient déchus.

En pratique, on remédiait à cet inconvénient par la cession éventuelle du droit à l'indemnité : le créancier hypothécaire stipulait généralement dans l'acte même de constitution d'hypothèque, que l'indemnité lui appartiendrait jusqu'à concurrence du montant de sa créance. Ce procédé obvie aux résultats fâcheux de la solution ; mais il n'était pas lui-même sans inconvénients : il nécessitait tout d'abord une signification à l'assureur (art. 1690). En outre, la cession pouvait être consentie au profit de toute personne, par exemple d'un créancier chirographaire ; et il se pouvait qu'au mo-

---

(1) Pont, *Traité des privilèges et hypothèques*, n° 698. — Aubry et Rau, 4ᵉ édit , t. III, § 283, note 10.
(2) Grenoble, 27 février 1834. *Jurispr. Génér. des Assur.*, II, 20. — Trib. de l'Empire d'Allemagne, 11 juillet 1882. S. 82. 4. 33.

ment de la constitution d'hypothèques, l'assuré eût déjà
aliéné son droit éventuel.

Quoi qu'il en soit, la législation s'est occupée de reporter sur l'indemnité les droits de préférence qui pouvaient s'exercer sur l'immeuble.

L'article 17 de la loi du 10 décembre 1874 décide, en
ce qui concerne l'assurance maritime, que les créanciers ayant hypothèque sur le navire peuvent après le
sinistre faire valoir leurs droits sur l'indemnité d'assurance ; cet article a été vivement critiqué par les assureurs, sans doute à cause des complications qu'il entraînait pour eux. Aussi a-t-elle été supprimée par la loi
du 12 juillet 1885.

Cependant une disposition du même genre a été édictée en matière d'assurance contre l'incendie. Jusqu'à
présent la survie des droits des créanciers hypothécaires et privilégiés en cas d'incendie n'avait été admise
que pour les marchandises déposées dans les magasins
généraux. L'article 10 de la loi du 28 mai 1858, sur les
magasins généraux et les warants, dispose que les por-
teurs de récépissés et de warants peuvent faire valoir
sur l'indemnité d'assurance payée après l'incendie leurs
droits, les droits de préférence qui leur avaient été
accordés sur les marchandises assurées.

Le projet de 1850, qui organisait sur de nouvelles
bases la législation hypothécaire, n'avait pas manqué de
conserver sur l'indemnité les privilèges et les hypothèques.

Enfin la loi du 9 février 1889 est venue donner satisfaction à ces désirs et décider que les droits de préférence seraient reportés sur l'indemnité.

Les législations étrangères nous avaient précédé dans cette voie. La loi belge du 16 décembre 1851 (art. 10) pourrait nous servir de modèle.

On peut consulter dans le même sens la loi prussienne du 5 mai 1872 (art. 30) et la loi de Cologne du 17 mai 1884. Toutes ces lois maintiennent les divers droits, de préférence sur l'indemnité qui remplace le bien, sur lesquels ils portaient.

2° *Régime matrimonial.* — Lorsqu'un meuble appartenant à la communauté, — qu'il ait été acquis par elle ou qu'il ait été apporté par l'un des époux, — vient à être incendié, l'indemnité tombe, sans aucun doute, en communauté, d'abord parce qu'elle représente une valeur de communauté, ensuite parce que tous les meubles acquis pendant le mariage deviennent communs (1).

Mais qu'arrivera-t-il si le bien incendié, meuble ou immeuble, était propre à l'un des époux ? La doctrine que nous avons adoptée à propos du caractère de l'indemnité semblerait, ici encore, devoir conduire à l'attribuer à la communauté, puisqu'elle constitue une valeur mobilière et n'est pas subrogée à la chose (art. 1401, C. civ.).

On admet cependant généralement l'opinion con-

---

(1) Nancy, 30 mai 1856. D. 56. 2. 252.

traire (1) à laquelle nous nous rallions, sans nous approprier tous les arguments sur lesquels on la fonde.

La composition de la communauté dépend essentiellement de la volonté des époux, qui pourraient, s'ils le désiraient, en exclure les meubles, et par conséquent l'indemnité d'assurance.

Cette volonté a-t-elle besoin d'être exprimée et ne résulte-t-elle pas implicitement du régime formellement ou tacitement adopté par les époux ? Ils ont voulu se réserver comme propres tous leurs immeubles, sauf ceux qui seraient acquis à titre onéreux pendant le mariage. N'ont-ils pas eu également l'intention certaine d'exclure de la communauté l'indemnité qui viendra remplacer cet immeuble ? et leur persuadera-t-on facilement que, malgré l'assurance qu'il a eu soin de contracter, l'époux propriétaire perdra en cas de sinistre la moitié et peut-être même la totalité, — si c'est la femme et qu'elle renonce plus tard à la communauté, — de la valeur de son immeuble ?

D'un autre côté, l'opinion contraire méconnaît la règle que les trois patrimoines doivent rester intacts et ne peuvent pas s'enrichir aux dépens l'un de l'autre (art. 1433, 1437, C. civ.).

On ajoute quelquefois que l'indemnité est une fraction d'un propre ; mais cet argument exagère évidemment

---

(1) Aubry et Rau, 4ᵉ édit. t. V, § 507, note 26.— Laurent, t. XXI, nᵒ 285. — Rodière et Pont, *Traité du contrat de mariage,* t. I, nᵒ 538. — Bordeaux, 19 mars 1857. D. 58. 2. 261.

le sens de cette expression. L'article 1403, en opposant cette expression à celle de *fruits*, veut uniquement désigner les produits matériels qui sont extraits de la chose sans périodicité.

Le même principe devra être appliqué sous tous les régimes ; néanmoins, et malgré des décisions contraires (1), l'indemnité perçue à l'occasion de l'incendie d'un immeuble dotal de la femme est paraphernale (2). Ici, en effet, la volonté des parties n'est pas souveraine : on n'ignore pas qu'il n'y a de dotal que ce qui a ce caractère d'après le contrat de mariage. Cette solution ne contredit donc pas celle que nous avons admise pour le régime de la communauté ; on sait, pour rappeler un exemple bien connu, que si le donateur peut rendre propres des meubles qui devraient entrer en communauté (art. 1401), il ne peut rendre dotaux des biens qui doivent être paraphernaux.

3° *Succession.* — L'indemnité due à un assuré au moment de son décès appartient, en raison de son caractère mobilier, au successeur des meubles et non pas à celui des immeubles. Il est vrai qu'on doit, dans les testaments, considérer plutôt l'intention du testateur que le sens littéral des termes dont il s'est servi, mais il faut au moins que cette intention soit certaine, et ici il n'en est rien, surtout si, au moment de la confection du testament, l'immeuble était déjà incendié.

---

(1) Trib, Lyon, 31 août 1860. *Jurispr. génér. des Assur.*, III, 83.
(2) Trib. Bordeaux, 3 mai 1859. *Jurispr. génér. des Assur.*, III, 75. — Nîmes, 20 juin 1860. S. 61. 1. 358.

Une autre conséquence de l'absence de subrogation est que le donataire de l'immeuble ne doit pas, en cas d'incendie, le rapport de l'indemnité qui lui est allouée (art. 843). L'équité commande cette solution. Le donataire a contracté ou a continué l'assurance dans son propre intérêt et non pas dans celui de ses cohéritiers.

Pour le même motif, cette indemnité n'est pas comprise dans le montant de la masse pour le calcul de la réserve (art. 922).

Enfin le retour successoral ne s'applique pas à l'indemnité ; il en est ainsi même si on voit dans ce retour une application de la subrogation réelle : nous avons montré, en effet, que l'indemnité ne peut être considérée comme subrogée au bien qu'elle remplace.

Cette solution s'applique également au retour conventionnel, le donataire doit rendre ce qui reste des biens donnés, et n'est pas obligé de tenir compte au donateur du bénéfice qu'il a retiré d'un contrat passé avec un tiers.

CHAPITRE X

La matière dont nous abordons l'étude soulève deux ordres de questions.

Nous ne dirons rien de la procédure en matière d'assurance, elle ne présente absolument rien de spécial et ne mérite, par suite, qu'un renvoi pur et simple au Droit commun.

Section I. — De la juridiction.

La juridiction civile est seule compétente pour décider sur les procès auxquels donnent lieu soit le contrat d'assurance, soit le recours contre l'auteur de l'incendie ou, plus généralement, les rapports de l'une des parties avec les tiers. Il s'agit, en effet, de contestations nées du conflit des intérêts privés.

Section II. — De la compétence.

Trois sortes de tribunaux se partagent le droit de statuer en matière civile : le tribunal de première instance, le tribunal de commerce et le juge de paix. La compétence du tribunal civil, est en notre matière, comme dans toutes les autres, la règle ; celle des autres tribunaux est exceptionnelle, ils ne peuvent juger que des affaires rigoureusement limitées.

Le tribunal de commerce ne peut statuer que sur les actes de commerce et les procès dirigés contre les commerçants. Il en résulte que les procès intentés aux Compagnies d'assurances doivent être jugés par lui, mais qu'il en est autrement de ceux qui sont dirigés contre les assurés. Cette solution est suffisamment justifiée par le caractère du contrat d'assurance. On sait que ce contrat est commercial de la part de l'assureur — Compagnie d'assurance ou simple particulier — qui est guidé par une pensée de spéculation et espère que le bénéfice qui lui est procuré par la perception des primes annuelles ne sera pas détruit par une indemnité purement éventuelle (1).

L'assuré agit dans un intérêt tout différent. Son intention, — elle lui est imposée par la loi, qui n'admet pas l'enrichissement de l'assuré par une indemnité supérieure au préjudice qu'il subit, — est uniquement de ne pas perdre, il ne cherche pas à gagner. Le contrat d'assurance est donc, en ce qui le concerne, forcément éloigné de la spéculation qui caractérise tous les actes de commerce.

La jurisprudence considère cependant l'assurance

(1) Trib. Seine, 1881. *Journal des assurances*, 1882 p. 92.

comme un acte de commerce de la part de l'assuré,
lorsqu'elle a lieu pour des marchandises et qu'en outre
elle est contractée par un commerçant ; elle aurait alors
une cause commerciale (1).

Ces deux circonstances nous paraissent indifférentes
l'une et l'autre.

Peu importe, tout d'abord, que l'assuré soit un commerçant ou un simple particulier. Son but est toujours
le même : conserver la valeur des choses assurées, s'il
ne peut les conserver elles-mêmes.

La seconde des conditions exigées par la jurisprudence comporte la même réponse : qu'il s'agisse de
marchandises ou de meubles garnissant un appartement l'assuré ne cherche pas à faire une opération aléatoire, dont le résultat serait, suivant les circonstances,
une perte ou un gain pour lui : il veut se retrouver après
le sinistre dans la situation de fortune où il était aupa-
ravant. On ne rencontre chez lui aucune pensée de spéculation ; or, il ne suffit pas qu'un acte soit passé par
un commerçant et soit relatif à des marchandises pour
qu'on puisse le considérer comme un acte de commerce ;
il faut qu'en lui-même il présente les caractères du contrat commercial.

L'opinion adoptée par la jurisprudence donne lieu
à une difficulté assez sérieuse lorsque l'assurance contractée par un commerçant concerne à la fois des mar-

(1) Rouen, 22 avril 1847. *Jurispr. génér. des Assur.* II. 81. — Cass.,
10 mars 1855, *eod. op.* I. 68.

chandises et des meubles meublants, ou un mobilier industriel et le local dans lequel il se trouve.

La Cour de cassation y voit, pour le tout, un contrat civil (1); le caractère pratique de cette décision est indiscutable ; car elle évite d'obliger l'assureur, en cas de contestation avec l'assuré, à diviser l'instance, et à la poursuivre en partie devant le tribunal civil, en partie devant le tribunal de commerce. Elle est, en outre, très logique, étant donné le système admis par la jurisprudence, puisque la compétence du tribunal civil est, ainsi que nous l'avons fait remarquer, la règle.

Dans la même hypothèse, un arrêt (2) reconnaît au juge le droit de décider si, dans l'intention de l'assuré, le contrat était civil ou commercial. Ce système n'est évidemment pas soutenable, car il ne dépend pas des parties de dénaturer le caractère juridique d'un acte.

Quant aux recours, nous ne croyons pas que les tribunaux de commerce puissent en connaître : aucune spéculation n'existe ni chez l'assuré, — ou l'assureur qui exerce les actions qu'il s'est fait céder, — ni chez celui qui répond de l'incendie : l'un cherche à se faire indemniser d'une perte, l'autre conteste le chiffre des dommages-intérêts qu'on lui réclame afin de subir le préjudice le moins considérable possible. Il en est ainsi, selon nous, même dans le cas très fréquent où le recours

(1) Cass., 3 juillet 1877. *Jurispr. génér. des Assur.*, I. 199. — Cass., 30 mars 1878. S. 78. 2. 171.

(2) Lyon, 30 mai 1849. S. 49. 2. 688.

est exercé contre la Compagnie d'assurances qui s'é-
tait engagée à garantir l'auteur de l'incendie. Sans
doute les actes passés par les assureurs sont commerciaux en ce qui les concerne ; mais la difficulté dont il
est ici question n'est pas de celles auxquelles donne lieu
le contrat d'assurance : la Compagnie, agissant au nom
de son assuré, est soumise aux mêmes règles que
lui.

Enfin les questions auxquelles donne lieu le sort de
l'indemnité sont de la compétence des tribunaux civils ;
cette solution est certaine : les contestations de ce genre
n'offrent rien de commercial.

En somme, nous n'admettons la compétence des tribunaux de commerce que pour les procès intentés par
l'assuré contre son assureur, quel qu'en soit d'ailleurs
l'objet : réduction des primes, payement de l'indemnité, action en responsabilité.

Encore faut-il excepter l'hypothèse où l'assureur n'a
pas contracté dans un intérêt commercial. Nous faisons allusion aux assurances mutuelles, qui d'ailleurs
ne rentrent pas directement dans le cadre de notre
étude. Les sociétés d'assurances mutuelles sont, on le
sait, destinées à indemniser d'un sinistre éventuel chacun des associés ; ces derniers, qui sont à la fois assureurs et assurés, ne cherchent qu'à éviter une perte. La
jurisprudence n'hésite pas d'ailleurs à reconnaître le
caractère de sociétés civiles aux Compagnies d'assurances mutuelles, même lorsque les associés sont des com-

merçants (1). Elle se montre, sur ce dernier point, peu d'accord avec son système sur l'assurance contractée par un négociant avec une Compagnie à primes.

Passons à la compétence du juge de paix.

Aux termes de la loi du 25 mai 1838 (art. 1er), « les juges de paix connaissent de toutes actions purement personnelles ou mobilières, en dernier ressort jusqu'à la valeur de 100 francs, et à charge d'appel jusqu'à la valeur de 200 francs. »

Cette disposition s'applique, sans aucun doute, à la matière des assurances, qui n'a donné lieu à aucune règle spéciale. En conséquence, le juge de paix tranche, en premier ou en dernier ressort, suivant les distinctions qui viennent d'être faites, toutes les contestations qui peuvent s'élever entre l'assureur et l'assuré, ainsi qu'entre l'un ou l'autre et un tiers.

En pratique toutefois, la compétence du juge de paix est loin d'être aussi étendue qu'elle le paraît. Car la plupart des contestations auxquelles nous faisons allusion dépassent la somme de 200 francs à laquelle est limitée cette compétence : il est rare, par exemple, que l'indemnité réclamée ne soit pas supérieure à cette somme ; on ne pourra donc porter devant le juge de paix les procès sur le montant ou sur le payement de l'indemnité, ni sur les déchéances encourues par l'assuré. La même observation doit être faite pour ce qui regarde le sort de l'indemnité et les recours ouverts

(1) Cass., 8 février 1860. S. 60. 1. 207.

contre les tiers. Ajoutons qu'en ce qui concerne l'indemnité, un autre motif s'oppose à ce que l'action soit portée devant le juge de paix : on sait qu'en matière commerciale ce dernier n'a aucune compétence, et que les procès doivent être directement tranchés par la juridiction commerciale.

La compétence du juge de paix est donc presque restreinte, en fait, aux contestations qui s'élèvent entre l'assureur et l'assuré au sujet des primes ; que le premier en demande l'augmentation ou le payement, il devra porter son action devant le juge de paix, dans le cas le plus ordinaire, celui où il ne s'agira pas d'une valeur de plus de 200 francs.

Le juge de paix connaît en outre de toutes les demandes reconventionnelles ou en compensation qui, par leur nature ou leur valeur, sont dans les limites de sa compétence, lors même que ces demandes, réunies à la demande principale, s'élèveraient au-dessus de 200 francs. Ils connaissent en outre, à quelque somme qu'elles puissent monter, des demandes reconventionnelles en dommages-intérêts fondées exclusivement sur la demande principale elle-même (loi du 25 mai 1838, art. 7).

En conséquence, le juge de paix pourra connaître de la demande reconventionnelle formée par l'assuré, si celui-ci prétend que la prime qu'on lui réclame est compensée par l'indemnité, — de moins de 200 francs, — due en raison d'un sinistre partiel. De même, l'assuré aura le droit de prouver, devant le juge de paix, que la prime réclamée a été payée ou est atteinte par la prescription de cinq ans.

Ces divers points ne donnent lieu à aucune difficulté, mais qu'arrivera-t-il si l'assuré prétend que le contrat d'assurance est nul, et par suite que rien ne peut lui être réclamé?

Une distinction très rationnelle est généralement proposée sur ce point.

Le juge de paix pouvant adjuger des conclusions dont le montant ne dépasse pas 200 francs, a le droit de trancher la contestation que soulève l'assuré par demande reconventionnelle, pourvu que la décision n'ait pas pour conséquence de faire perdre à l'une des parties une valeur supérieure à cette somme.

Supposons, par exemple, que la Compagnie réclame la prime de la dernière année et qu'à cette demande l'assuré oppose la nullité du contrat. Le juge pourra fort bien en affirmer la validité, puisque sa décision n'aura pas d'autre conséquence que d'obliger l'assuré au payement de cette dernière prime (1).

Si, au contraire, plusieurs années de primes restaient à échoir, et que leur montant total fut supérieur à 200 francs, le juge de paix ne pourrait pas en connaître : il aurait alors la faculté, à son choix, de réunir le jugement de la demande principale, ou de renvoyer sur le

_____

(1) Cass., 18 avril 1860. *Gazette des Tribunaux* du 19.

tout les parties à se pourvoir devant le tribunal de première instance (Loi du 25 mai 1838, art. 8, al. 3).

Il faut même aller plus loin ; le juge de paix a le droit
de trancher la question de la nullité du contrat, invoquée comme simple moyen de défense, car il peut alors
s'en occuper dans les motifs de son jugement sans insérer sa solution dans le dispositif ; on ne déroge donc
pas à la disposition qui limite la compétence du juge de
paix ; il n'y a pas, en réalité, de jugement rendu sur le
point invoqué comme moyen de défense, puisque l'autorité de la chose jugée ne s'attache qu'au dispositif (1).
C'est pour cette raison qu'il en est autrement de la
demande reconventionnelle ; cette dernière a besoin
d'être tranchée dans le dispositif, et le juge de paix, en
en connaissant, outrepasserait les limites de sa compétence (2).

Nous n'insistons pas davantage sur tous ces points,
qui sont communs à toutes les matières civiles. Il nous
reste cependant à dire un mot des limites de la compétence et de la manière dont on les calcule.

Nous savons que le juge de paix décide en dernier
ressort jusqu'à 100 francs et en premier ressort jusqu'à
200 francs. Le tribunal civil, à son tour, juge en dernier
ressort jusqu'à 1500 francs et en premier ressort au-
dessus. On sait que de 200 à 1500 francs il n'existe
qu'un seul degré de juridiction, les décisions étant ren-

(1) Cass., 25 juillet 1861. S. 61. 1. 951.
(2) Cass., 25 février 1867. S. 67. 1. 97.

dues sans appel possible par le tribunal civil. Le projet
de loi actuellement en préparation fait disparaître cette
bizarrerie et accorde à toutes les affaires la garantie d'un
double examen : le juge de paix déciderait désormais en
dernier ressort jusqu'à 200 francs et en premier ressort
jusqu'à 1500 francs. L'appel ne serait donc impossible
que pour les procès dont le peu d'importance rend un
recours inutile.

Quant aux affaires commerciales, c'est le tribunal de
commerce qui en connaît jusqu'à 1500 francs en dernier
ressort et indéfiniment en premier. Dans les arrondisse-
ments où n'existe pas de tribunal de commerce, le tribunal civil en remplit les fonctions. Le taux de la compétence ainsi que celui du dernier ressort se déterminent
— les développements qui précèdent l'ont déjà fait
voir — sur l'objet de la demande et non par le montant des obligations des parties l'une envers l'autre. Si
l'on adoptait l'opinion contraire, la compétence du juge
de paix serait bien rare. Ainsi pour calculer le taux de
la compétence dans une action en payement de la prime,
on tient compte du montant de la prime réclamée sans
y ajouter celle des années postérieures. Il n'en serait
autrement, nous l'avons dit, que dans le cas où la demande principale ou reconventionnelle devrait avoir
effet sur la totalité de l'assurance. C'est ainsi que la demande en nullité ou la demande reconventionnelle en
nullité opposée à la réclamation des primes ne peut
généralement être instruite devant un juge de paix parce

que l'intérêt des parties se détermine par le montant même de l'assurance, lequel est presque toujours supérieur à 200 francs. Toutes ces solutions ne sont d'ailleurs que des applications des principes généraux.

L'appel du jugement rendu par le juge de paix se porte devant le tribunal civil ; l'appel des décisions des tribunaux civil et de commerce devant la Cour d'appel dans le ressort de laquelle se trouvent ces tribunaux. Le recours en cassation est autorisé dans les termes du Droit commun.

Lorsque la demande est introduite devant un tribunal incompétent *ratione materiæ*, le défendeur peut opposer l'exception d'incompétence jusqu'au moment où la décision est rendue ; bien plus, il peut encore s'en prévaloir en appel et devant la Cour de cassation. Enfin le tribunal est tenu de proclamer d'office, c'est-à-dire sans réquisition des parties, son incompétence.

La jurisprudence admet cependant une exception pour le cas où le procès serait porté devant le tribunal civil au lieu de l'être devant le tribunal de commerce. Elle part de cette idée, que le tribunal civil a une compétence générale, pour le taux où la loi l'admet ; le tribunal de commerce est, au contraire, un tribunal d'exception, et, ce qui le démontre, c'est que, partout où il n'existe pas, le tribunal civil juge les affaires commerciales elles-mêmes. On en conclut, que l'exception d'incompétence doit être opposée *in limine litis* (1).

(1) Cass., 20 novembre 1848. D. 48. 1. 233.

Section III. — De la compétence ratione personæ.

Une dernière question reste à résoudre : le tribunal compétent *ratione materiæ* une fois déterminé, dans quel lieu le demandeur doit-il assigner le défendeur ?

Toutes les actions qui peuvent s'élever en matière d'assurances sont à la fois personnelles et mobilières.

Le défendeur doit donc être assigné devant le tribunal de son domicile ; s'il n'a pas de domicile, devant le tribunal de sa résidence (art. 59, C. proc.). Par exception, lorsque la procédure a lieu devant le tribunal de commerce, le demandeur peut, s'il le préfère, assigner le défendeur devant le tribunal dans l'arrondissement duquel la promesse a été faite et la marchandise livrée, ou devant celui dans l'arrondissement duquel le payement devait être effectué (art. 420, C. proc.).

L'assuré peut donc assigner la Compagnie avec laquelle il a contracté soit au domicile de cette dernière, soit au lieu où le contrat a été signé, soit enfin au lieu où devait se faire le payement ; ce dernier endroit est généralement, nous l'avons dit, d'après la police, la résidence de l'agent d'assurances, ou le siège de la Compagnie ; car c'est du payement de l'indemnité qu'il s'agit.

Quant aux autres contestations, elles suivent, puisqu'elles sont purement civiles, les règles de l'article 59 du Code de procédure.

La seule question à laquelle donnent lieu tous ces points est celle de savoir ce qu'il faut entendre par le domicile de la Compagnie d'assurances. Ces difficultés sont très souvent évitées en pratique par une clause contenue dans les polices, et aux termes de laquelle les parties font élection de domicile au siège de l'agence de la Compagnie où la police a été souscrite. On sait, en effet, que lorsqu'un acte contient, de la part des parties ou de l'une d'elles, élection de domicile,... les significations, demandes et poursuites, relativement à cet acte, peuvent être faites au domicile convenu, et devant le juge de ce domicile (art. 111, C. civ., art. 59, C. proc.). L'assuré aussi bien que l'assureur pourront donc user de la faculté qui leur est ainsi accordée.

Mais il se peut que cette clause fasse défaut dans les polices. L'assuré pourra alors incontestablement assigner la Compagnie devant le tribunal de son siège social ; car c'est là qu'est son véritable domicile. Pourra-t-il également l'assigner devant le tribunal dans le ressort duquel se trouve la résidence de l'agent qui a rédigé la police ?

Cette question, qui a été très discutée, nous paraît assez oiseuse, parce qu'elle est tranchée par le caractère même du contrat d'assurance.

Nous avons montré que ce contrat est commercial de la part de l'assureur, et que par suite l'assuré peut assi-

gner ce dernier devant la juridiction commerciale. Or
l'article 420 du Code de procédure, cité plus haut, permet d'assigner le défendeur, en pareille matière, devant
le Tribunal du lieu où la promesse a été faite ; et c'est
presque toujours dans le ressort du tribunal dans l'arrondissement duquel est domicilié l'agent, — à ce domicile même ou à la situation des biens, — que la police
est souscrite. Ce raisonnement suffit, à notre avis, pour
permettre à l'assuré d'assigner la Compagnie d'assurances devant ce tribunal.

La jurisprudence emploie, pour arriver à la même
solution (1), une argumentation toute différente, inexacte
selon nous, et qui la conduit à une distinction qui nous
paraît inadmissible.

Quand la Compagnie, dit-elle, établit dans un arrondissement différent de celui du siège social, une succur-
sale à la tête de laquelle elle place un agent chargé de la
représenter, de souscrire des polices, et de recevoir des
primes en son nom, elle indique par là au public que
cet agent est son fondé de pouvoir chargé d'agir pour
elle en justice et de la représenter en toute chose. La
jurisprudence en conclut que, d'une manière générale,
l'assignation peut être donnée devant le tribunal du domicile de l'agent d'assurance. Elle excepte cependant

(1) Cass., 10 novembre 1852. S. 53. 1. 788. — Cass., 10 mars 1873. S.
73. 1. 329. — Nîmes, 18 avril 1882. *Journal des Assur.*, 1882, p. 249. — C'est
d'ailleurs ce qu'on décide également pour les procès intentés aux Compagnies de chemins de fer. Paris, 10 février 1888. *La Loi*, du 22 mars 1888.
— Voy. aussi Aucoc, *Conférences de Droit administratif*, 2e édition, t. II,
n° 1607. — Féraud-Giraud, *Chemins de fer*, t. II. n° 288.

le cas où l'agent n'accomplit aucun travail d'écriture, ne signe après la rédaction de la police aucune pièce au nom de la Compagnie et se contente de remettre à l'assuré les quittances de primes signées par le directeur de la Compagnie (1).

Cette distinction nous paraît aussi inexacte que le raisonnement sur lequel elle repose.

Si l'on doit faire, comme la jurisprudence paraît le croire, abstraction de l'article 420 du Code de procédure civile, on se trouve uniquement en face de l'article 59 du même Code aux termes duquel chacun doit, en l'absence d'élection de domicile, être assigné devant le tribunal de son domicile. Or le domicile de l'assureur ne se confond pas avec celui de son agent ; et, dans le cas très général où cet assureur est une Compagnie, ce domicile est son siège social. En vain soutient-on que la Compagnie a trompé la confiance du public qui a dû croire que son assignation était valable. La maxime : *error communis facit jus* ne représente plus aujourd'hui une règle juridique.

Il n'est pas plus exact de dire que les succursales représentent la Compagnie ; les succursales n'ont, on le sait, aucune personnalité civile, car la Société seule est une personne morale et elle ne saurait, à ce point de vue, se subdiviser indéfiniment.

Enfin, si l'agent est mandataire de la Société, ce n'est évidemment que pour se conformer au but en raison

(1) Cass., 20 mai 1873. S. 73. 1. 329.

duquel il a été institué. Or rien n'oblige à supposer que la Compagnie, afin de faciliter sa représentation, ait élu domicile au lieu où il remplit ses fonctions.

En résumé, on ne peut permettre à l'assuré d'assigner, en dehors d'une élection de domicile, la Compagnie au tribunal dans le ressort duquel se trouve le siège de l'agence, qu'en s'appuyant sur l'article 420 du Code de procédure. Et ce raisonnement conduit à rejeter la distinction admise par la jurisprudence : peu importera le caractère de l'agent et l'étendue de ses pouvoirs ; on ne s'inquiétera que du lieu où la promesse a été faite.

Le lieu où la promesse a été faite et celui où le paye-ment devait être effectué pourront également être choi-sis par l'assuré, dans le cas — très fréquent il y a quelques années mais qui tend à devenir plus rare, — où l'assu-reur est une Compagnie étrangère. Mais ici il ne saurait être question d'obliger l'assuré à assigner la Compagnie devant le tribunal dans le ressort duquel est établi le siège social. S'il en a le droit, l'article 14 du Code civil lui permet aussi de la citer devant les tribunaux de France, que le contrat ait été d'ailleurs passé en France ou à l'étranger (1), à moins qu'il n'y ait renoncé d'a-vance (2).

---

(1) Aubry et Rau, 4ᵉ édit., t. VIII, § 748 bis, not. 20, p. 141. — Rouen, 1ᵉʳ avril 1881. S. 82. 2. 153.

(2) Cass., 16 mars 1885. D. 86. 1. 23. — Aubry et Rau, *eod op.*, p. 142, not. 26 et 27.

APPENDICE

L'assurance contre l'incendie donne lieu à des droits d'enregistrement et de timbre. Nous nous occuperons successivement des uns et des autres.

Section I. — Enregistrement.

La loi du 22 frimaire an VII, qui, aujourd'hui encore, est la loi fondamentale de l'enregistrement, assujettissait tous les contrats d'assurance, de quelque espèce qu'ils fussent, à un droit proportionnel de cinquante centimes pour cent francs du capital assuré (art. 69, § 2, n° 2), auquel la loi du 6 prairial an VII (art. 1) ajoute presque immédiatement un décime par franc. Il est à remarquer que ce décime, qui n'était établi qu'à « titre de subvention extraordinaire de guerre pour l'an VII », ne disparut jamais et qu'au contraire la généralité des droits d'enregistrement, de timbre, d'hypothèque et de greffe fut assujettie depuis à de nouveaux décimes.

La loi du 22 frimaire an VII ne pouvait guère concerner les Compagnies d'assurances contre l'incendie, lesquelles, nous l'avons dit, étaient très rares au début. Il en fut autrement de la loi du 28 avril 1816, qui, au début de la Restauration, doubla le droit proportionnel édicté par la loi de frimaire (art. 51, n° 2). Quelques Compagnies d'assurances contre l'incendie venaient de se fonder, et une circulaire du ministre des finances, en date du 9 mai 1821, décida que la nouvelle législation leur était applicable.

Cette législation avait, au point de vue fiscal, un grand inconvénient. Dans le cas très général où la police n'était pas rédigée par acte notarié, aucun délai d'enregistrement n'était imposé aux parties. Il suffisait donc qu'on la soumît à la formalité avant d'en faire usage en justice ou de la mentionner dans un acte authentique. De là résultait pour le Trésor une perte considérable.

Néanmoins aucun changement n'a été introduit pour les assurances en général. Mais en ce qui concerne les plus importantes, — l'assurance maritime et l'assurance contre l'incendie, — la loi du 13 août 1871 a édicté une législation nouvelle.

Aux termes de l'article 5 de cette loi :

« Tout contrat d'assurance maritime ou contre l'incendie, ainsi que toute convention postérieure contenant prolongation de l'assurance, augmentation dans la prime ou le capital assuré, désignation d'une somme en risque ou d'une prime à payer, est soumis à une taxe obligatoire, moyennant le payement de laquelle la formalité de l'enregistrement sera

» donnée gratis toutes les fois qu'elle sera acquise.

» La taxe est fixée ainsi qu'il suit, savoir :

» Pour les assurances contre l'incendie, et annuelle-
» ment, à raison de 8 pour 100 du montant des primes,
» ou, en cas d'assurance mutuelle, de 8 pour 100 des
» cotisations ou des contributions.

» La taxe sera perçue d'après les mêmes bases sur
» les contrats en cours, mais seulement pour le temps
» restant à courir, et sauf recours par les assureurs
» contre les assurés. »

La taxe est assujettie aux décimes en vigueur, ce qui
l'a portée dès son origine à 9.60 0/0 ; deux décimes devant être ajoutés à tous les droits d'enregistrement (Lois
14 juillet 1854, art. 5, — 2 juillet 1862, art. 14, — 23 août
1871, art. 1er). Les Compagnies prirent immédiatement
l'habitude d'ajouter aux primes un dixième de leur
montant, en prétendant que les 0 fr. 40 0/0 qui excé-
daient la taxe devaient servir aux frais de recouvrement
que la loi du 23 août 1871 avaient mis à la charge. Il est
certain que les assurés pouvaient, en l'absence de convention, se refuser à acquitter ce supplément. La question, d'ailleurs, ne se pose plus aujourd'hui, car la loi
du 29 décembre 1873, ayant encore ajouté un demi-
décime aux droits d'enregistrement, la taxe est aujour-
d'hui portée à 10 0/0.

Nous étudierons très sommairement les trois questions qui se posent au sujet de la taxe à laquelle donnent lieu les contrats d'assurance contre l'incendie :

L'assiette du droit ;

Le mode de payement ;

Les moyens accordés à l'administration de l'enregistrement pour connaître les valeurs sur lesquelles porte la taxe.

Nous dirons ensuite quelques mots des assurances passées à l'étranger et de celles qui concernent les biens situés à l'étranger.

Enfin nous parlerons des pénalités.

§ 1. — *Assiette de la taxe.*

La taxe est établie sur l'intégralité des primes dues chaque année aux Compagnies par les assurés. Il convient donc de distinguer, parmi les sommes payées aux Compagnies, celles qui ont le caractère de primes de celles qui sont perçues à un tout autre titre.

Il faut notamment déduire, pour la perception de la taxe de la somme acquittée par l'assuré entre les mains de l'assureur, la portion qui représente les impôts et notamment la taxe elle-même. Toutefois, à l'époque où les Compagnies exigeaient une taxe supérieure de 0.40 0/0 à celle qui leur était réclamée par le Trésor, ce supplément n'entrait pas en déduction. Il en était de même jusqu'à la loi du 29 décembre 1884 de l'abonnement au timbre, lequel s'élève, comme nous le verrons, à trois centimes six millièmes par cent francs ; les Compagnies exigent quatre centimes. L'excédant constitue en réalité un supplément de prime, lequel est sujet à la taxe.

Il n'y a pas lieu non plus de considérer comme prime la somme dont le montant doit permettre à la Compagnie d'apposer une plaque sur les murs des bâtiments assurés. On sait que c'est là un usage devenu général.

Enfin, les assurés acquittent toujours le coût de la rédaction de la police et le droit de timbre auquel elle donne lieu. Aucune taxe ne peut être établie sur ces sommes.

En un mot, pour asseoir la taxe, il convient de tenir compte de toutes les sommes qui entrent à titre définitif dans les caisses de l'assureur ; tout ce qui, au contraire. ne constitue pas pour celui-ci un bénéfice, doit être soigneusement dédit.

§ 2. — *Mode de payement.*

La taxe est perçue, pour le compte du Trésor, par les assureurs (Loi du 23 août 1871, art. 7). Cette loi ajoute qu'elle doit être également perçue par les courtiers et notaires ; mais, en assimilant clairement par son texte ces deux catégories de personnes aux assureurs, elle paraît partir de l'idée qu'elles jouent un rôle actif dans le contrat. Or s'il en est ainsi des polices d'assurances maritimes, qui doivent nécessairement être dressées par des officiers ministériels, — on sait que les courtiers d'assurances maritimes sont des officiers ministériels, — il en est tout autrement des polices d'assurances contre l'incendie : les courtiers et les notaires, dans les cas accidentels où ils interviennent, ne sont que des intermédiaires ou des rédacteurs, et leur rôle se termine après que l'assureur et l'assuré sont tombés d'accord.

Aux termes d'un règlement d'administration publique, rendu le 25 novembre 1871, pour l'exécution de la loi du 23 avril 1871, et qui avait déjà été annoncé par l'article 10 de cette loi, le payement doit être effectué, pour chaque trimestre, dans les dix premiers jours du troisième mois du trimestre suivant (art. 6).

Les Compagnies doivent, pour fournir les éléments de perception, dresser, à l'appui de leurs versements, un contrat certifié de leurs opérations, contenant le nombre des assurances en cours, le taux et le montant de la prime.

En outre, chaque année après la clôture des écritures des sociétés et assureurs pour l'exercice précédent, et au plus tard le 31 mai, il est procédé à une liquidation générale de la taxe due pour l'exercice entier, et, à cet effet, il est remis au receveur un état récapitulatif et certifié de la totalité des opérations de l'année expirée. Le complément de taxe dont cette liquidation peut faire ressortir l'exigibilité est immédiatement acquitté. S'il y a, au contraire, un excédant, le montant en est imputé sur l'exercice courant (art. 7 et 8 du décret).

L'administration de l'enregistrement admet que la

taxe est due au Trésor sur le montant cumulé des primes, sans tenir compte de la règle générale, édictée par
l'article 2 de la loi du 27 ventôse an IX. On sait que,
d'après cette disposition, la perception du droit proportionnel suit les sommes et valeurs de 20 francs en
20 francs, inclusivement et sans fraction. Nous ne voyons
pas sur quel motif peut s'appuyer une dérogation à ce
principe. Si la loi du 23 août 1871 ne le rappelle pas,
c'est que cela était fort inutile et qu'une disposition expresse aurait été au contraire, nécessaire pour l'abroger.
On conçoit que la règle de l'article 2 de la loi de ventôse
ne soit pas appliquée à l'impôt direct sur le revenu
(Loi du 29 juin 1872), qui n'est pas un droit d'enregistrement ; mais il en est autrement de la taxe établie sur les
primes d'assurance contre l'incendie.

Les contrats de réassurance ne sont pas assujettis à
la taxe, à moins que l'assurance primitive, souscrite à
l'étranger, n'ait pas été soumise au droit (Loi du 23
août 1871, art. 5).

§ 3. — *Vérifications.*

Le montant de la taxe aurait été, en réalité, fixé d'a-
près l'arbitraire des Compagnies, si on s'était contenté
de l'établir sur les renseignements qu'elles sont chargées de fournir. Un moyen de contrôle était nécessaire,
et on n'a pu le trouver que dans une sorte de droit d'in-

quisition accordée à l'administration de l'enregistrement.

Tous les livres, registres, polices, avenants et autres documents, quelle que soit leur date, doivent, à toute réquisition, être représentés aux agents de l'administration, qui se rendent chaque année au siège social pour opérer la vérification contradictoire de l'état récapitulatif de l'exercice précédent (art. 8 du décret).

Cette disposition, qui a soulevé de très vives récriminations, ne contient rien de spécial à la matière des assurances. Le droit de vérification est également accordé pour le contrôle de la perception des droits de timbre, de transmission, et d'impôt sur le revenu dus par les Sociétés et congrégations.

§ 4. — *Polices souscrites à l'étranger ou portant sur des biens situés à l'étranger.*

1° Toute Compagnie étrangère d'assurances doit, avant toute opération ou déclaration et dans le but de prévenir l'administration que des impôts pourront être exigés, et de lui procurer une garantie de payement, faire agréer par le directeur général de l'enregistrement un représentant français, personnellement responsable des droits et amendes (Décret du 25 novembre 1871, art. 10). — Cette obligation est imposée même aux simples particuliers qui joueraient le rôle d'assureurs.

Les contrats d'assurance passés à l'étranger pour des immeubles situés en France ou pour des objets de valeur appartenant à des Français (fussent-ils situés à l'étranger, doivent être enregistrés avant toute publicité ou usage en France (Loi 23 août 1871, art. 8). Ici donc la taxe est perçue sur les polices elles-mêmes qui ne sont plus, comme celles qui sont passées en France, enregistrées gratis. La taxe est due pour toutes les années pendant lesquelles le contrat a cours, fussent-elles déjà écoulées au moment de l'enregistrement (ibid).

2° Les assurances contre l'incendie passées en France pour des biens situés à l'étranger restent soumises aux règles générales : elles n'obligent donc pas les Compagnies à acquitter trimestriellement la taxe. Celle-ci n'est exigée que dans le cas où l'on fait usage de la police en justice, et dans celui où le contrat est mentionné dans un acte authentique. Le droit, qui est fixé d'après les bases indiquées plus haut, n'est alors, par une faveur législative, perçu que sur les années restant à courir (Loi 23 août 1871, art. 9).

§ 5. — *Pénalités,*

Toutes les contraventions aux dispositions que nous venons de rappeler sont frappées d'une amende de 50 francs (Loi 23 août 1871, art. 8 et 10) que l'addition des décimes élève à 62 fr. 50.

Section II. — Timbre.

Le contrat d'assurance contre l'incendie et les écrits qui y font suite sont soumis à trois sortes de droits de timbre : le timbre de dimension, le timbre de quittance et le timbre proportionnel.

Les deux derniers ne donnent lieu à aucune observation particulière : la loi du 23 août 1871 a créé un timbre de 0 fr. 10 que le créancier d'une somme supérieure à 10 francs doit apposer au bas des quittances ou décharges qu'il donne soit de cette somme, soit d'un acompte ou du solde (art. 20). Cette disposition s'applique évidemment aux quittances de prime ou d'indemnité. Comme l'article 20 assujettit en outre à cet impôt les « titres et valeurs », il ne sera même pas nécessaire que la décharge porte sur une somme d'argent. L'assureur devra notamment munir d'un timbre de quittance la décharge qu'il donnera à l'assuré des biens sauvés, s'il les reprend en usant de la faculté qu'il s'est réservée.

Quant au timbre proportionnel, il frappe les billets à ordre ou au porteur et, d'une manière générale, les mandats, négociables ou non négociables (Loi 13 brumaire an VII, art. 14. — Loi 6 prairial an VII, art. 6). On peut citer comme exemple le *bulletin de virement*, c'est-à-dire l'acte par lequel un agent qui représente plusieurs Compagnies et qui paye une indemnité due par l'une d'elles avec les fonds qui appartiennent à l'autre, certifie que cette dernière a le droit de s'en faire rembourser par la première.

Il nous reste à parler, un peu plus longuement, du timbre de dimension.

La loi du 13 brumaire an VII, article 12, assujettit à un droit de timbre gradué suivant la dimension, et qui varie de 0 fr.50 à 3 fr. — plus deux décimes qui y ont été ajoutés par la loi du 23 août 1871, article 2 — toutes espèces d'actes et d'écrits.

Les polices d'assurances et les actes intervenus à la suite de ces contrats y étaient naturellement compris. Néanmoins, pour éviter toutes difficultés, la loi du 6 prairial an VII (art. 5), et un décret du 3 janvier 1809 (art. 1ᵉʳ) prirent soin de soumettre formellement les polices au timbre.

La pratique, comme il était facile de le prévoir, s'en dispensa : on sait que les actes sous seing privé ne sont pas, sauf certaines exceptions, soumis à l'enregistrement dans un délai fixé. Les parties n'étant pas tenues de présenter à la formalité de l'enregistrement les polices, à moins qu'elles ne fussent sur le point d'en faire usage en justice, l'administration n'avait aucun moyen de s'assurer si des actes qui ne lui passaient pas par les mains étaient timbrés. La loi de brumaire édictait donc en vain une pénalité assez forte ; en fait, ses dispositions étaient, en ce qui concerne les polices d'assurances, dépourvues de sanction.

Le légistateur ne manqua pas de provoquer une réforme qui devait procurer au Trésor public d'importantes ressources. Après un essai infructueux, tenté en 1848 par le ministre des finances, intervint la loi du 5 juin 1850, qui, en autres objets, consacre un titre spécial (titre III) aux polices d'assurances. Ce titre est divisé en deux sections : la seconde a trait aux polices d'assurances maritimes, la première à toutes les autres polices.

L'article 33 décide que tout contrat d'assurance, ainsi que toute convention postérieure contenant prolongation de l'assurance, augmentation dans la prime ou le capital assuré, sera rédigé sur papier d'un timbre de dimension ; lorsque la police, ajoute l'article, contiendra une clause de tacite reconduction, elle sera en outre soumise au visa pour timbre dans le délai de cinq jours de sa date. Le droit de visa sera le même que celui du timbre employé pour l'acte.

On pourrait croire que cette disposition rappelle, sans aucune innovation, les principes généraux; ce serait une erreur.

Tout d'abord, c'est une aggravation d'impôt qu'édicte l'article 33, en soumettant à un double droit la police qui contient une clause de tacite reconduction. Ajoutons que cette aggravation est assez bizarre ; le timbre de dimension, comme son nom l'indique, frappe les écrits en raison de l'étendue du papier employé : or il est inutile de faire observer que la clause de tacite

reconduction n'a rien à faire avec cet élément. Il est vrai
qu'elle constitue un contrat nouveau, venant s'ajouter
conditionnellement au premier ; mais rien n'empêche,
en général, les parties de rédiger plusieurs conventions
sur la même feuille de timbre, pourvu que ce soit dans
le même contexte, et qu'elles ne se trouvent pas séparées l'une de l'autre par la date et la signature (1).

D'un autre côté la loi du 5 juin 1850 exempte du
droit de timbre certains actes qui, d'après les principes
généraux de la législation, devraient y être soumis.
Nous voulons parler des avenants autres que ceux qui
sont énumérés par l'article 33. Nous avons vu que toute
déclaration, faite par l'assuré conformément aux clauses
de la police, donne lieu à la rédaction d'un avenant.
Souvent cet avenant ne contient aucune augmentation
de la valeur assurée ou de la prime ; quelquefois même
c'est une réduction qui s'y trouve stipulée. Dans tous
ces cas, l'emploi du timbre n'est pas nécessaire, et la
loi du 5 juin 1850 déroge à celle du 13 brumaire an VII.

L'administration de l'enregistrement a cependant
essayé de soutenir, dans ces dernières années, que cette
dérogation n'est qu'apparente. Le but essentiel de la loi
de 1850, dit-elle, est, — nous le montrerons tout à
l'heure, — de substituer, sous certaines conditions, l'a-
bonnement à l'emploi obligatoire du timbre. En indi-

(1) Cela est de doctrine et de jurisprudence constantes. Voy. *Dictionnaire de l'enregistrement*, 3e édition. V° *Acte écrit à la suite d'un autre*,
n°ˢ 18 et suiv.

quant que les polices et certains avenants sont soumis
au timbre de dimension, le législateur a voulu à la fois
rappeler les principes et annoncer ce qui allait suivre ;
il n'a entendu en rien abroger les règles antérieures.

Les travaux préparatoires, dont l'examen nous entraînerait trop loin, ne laissent aucun doute sur l'inexac-
titude de cette opinion. Le texte de l'article 33 suffit
d'ailleurs pour la détruire : cette disposition indique
d'une manière limitative les actes qui, en matière d'assurance, sont soumis au timbre de dimension, et exclut,
par là-même, tous les autres actes. On sait, d'ailleurs,
que l'interprétation restrictive est, dans la législation
fiscale, une règle dont il ne faut jamais se départir.

L'innovation la plus importante de la loi du 5 juin
1850 est celle qui permet aux assureurs de s'affranchir
du timbre de dimension, moyennant l'acquittement pé-
riodique, — par abonnement comme le dit la loi, —
d'une somme fixée à forfait.

L'article 37 s'exprime, en effet, de la manière suivante : « Les Sociétés, Compagnies d'assurances et tous
» autres assureurs contre l'incendie... pourront s'af-
» franchir des obligations imposées par l'article 33, en
» contractant avec l'État un abonnement annuel, à rai-
» son de 2 centimes par 1000 francs du total des som-
» mes assurées, d'après les polices ou contrats en cours
d'exécution. » Le droit a été élevé de moitié par la loi
du 2 juillet 1862 (art. 18) et l'addition des deux décimes
créés pour tous les droits de timbre par la loi du

23 août 1871 (art. 2) l'a porté à 0 fr. 36 par 1000 francs
(Loi du 30 mars 1872, art 3). Il est aujourd'hui de 4 centimes par 1000 francs (Loi de budget du 29 décembre
1884, art. 8).

On voit que l'abonnement a pour résultat de dénaturer complètement la nature du droit qui est payé de
cette manière : au lieu d'une taxe variant suivant la dimension du papier employé, on est en présence d'un
impôt qui frappe les valeurs en raison de leur importance. On ne peut, pour ce motif même, faire à l'abonnement aucun reproche au point de vue de l'équité, car
les impôts doivent peser plus fortement sur les fortunes
considérables.

La taxe se paye par moitié et par semestre, au bureau
de l'enregistrement du lieu où se trouve le siège de
l'établissement (art. 37, loi 5 juin 1850). Il se calcule,
d'après l'article 37, sur les opérations de l'année précédente.

Pour faciliter la perception du droit, tout assureur
doit, sous peine d'une amende de 1000 francs, faire,
avant de commencer ses opérations, une déclaration au
bureau de l'enregistrement du lieu où sera le siège du
principal établissement (art. 34).

POSITIONS

———

DROIT CIVIL

Le droit de suite peut survivre au droit de préférence.

La séparation des patrimoines ne confère pas un véritable privilège muni d'un droit de suite.

Le mari n'a pas le droit d'ouvrir une lettre missive adressée à sa femme.

La séparation de biens résultant de la séparation de corps ne rétroagit pas à la demande.

PROCÉDURE CIVILE

Les Tribunaux français chargés de déclarer exécutoires en France les jugements rendus par des juges étrangers, doivent sans réviser le fond se borner à accorder le mandement d'exécution ou à le refuser si la sentence est contraire au droit public français.

DROIT CRIMINEL

L'impunité que l'article 380 du Code pénal assure à l'auteur de soustractions commises entre proches parents ne s'étend pas aux complices étrangers.

Les manœuvres destinées à provoquer la hausse ou la baisse factices des actions et obligations ne tombe pas sous le coup de l'article 419 du Code pénal.

DROIT ROMAIN

Le mandataire est tenu de la *culpa levis in abstracto*.

A la différence du *filius*, la *filia familias pubere* est incapable de s'obliger.

Le caractère des servitudes prédiales se détermine d'après la nature du fonds dominant.

L'accession n'est pas un mode d'acquérir.

Vu par le Président de la Thèse,
Toulouse, le 1er août 1889,
JOSEPH BRESSOLLES.

Vu et permis d'imprimer,
Le Recteur de
l'Académie de Toulouse,
PERROUD.

Vu par le Doyen,
Toulouse, le 1er août 1889,
J. PAGET.

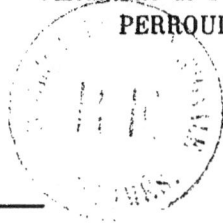

TABLE DES MATIÈRES

DROIT ROMAIN

DU NAUTICUM FŒNUS

DROIT FRANÇAIS

DU CONTRAT D'ASSURANCE CONTRE L'INCENDIE.

Imp. G. Saint-Aubin et Thevenot, Saint-Dizier (Haute-Marne). 30, passage Verdeau, Paris.

www.ingramcontent.com/pod-product-compliance
Lightning Source LLC
Chambersburg PA
CBHW031626210326
41599CB00021B/3320